COMMENT PEINDRE

des Paysages à l'huile

1

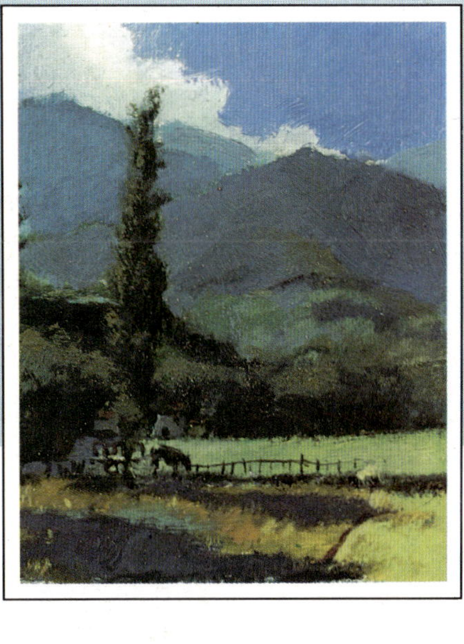

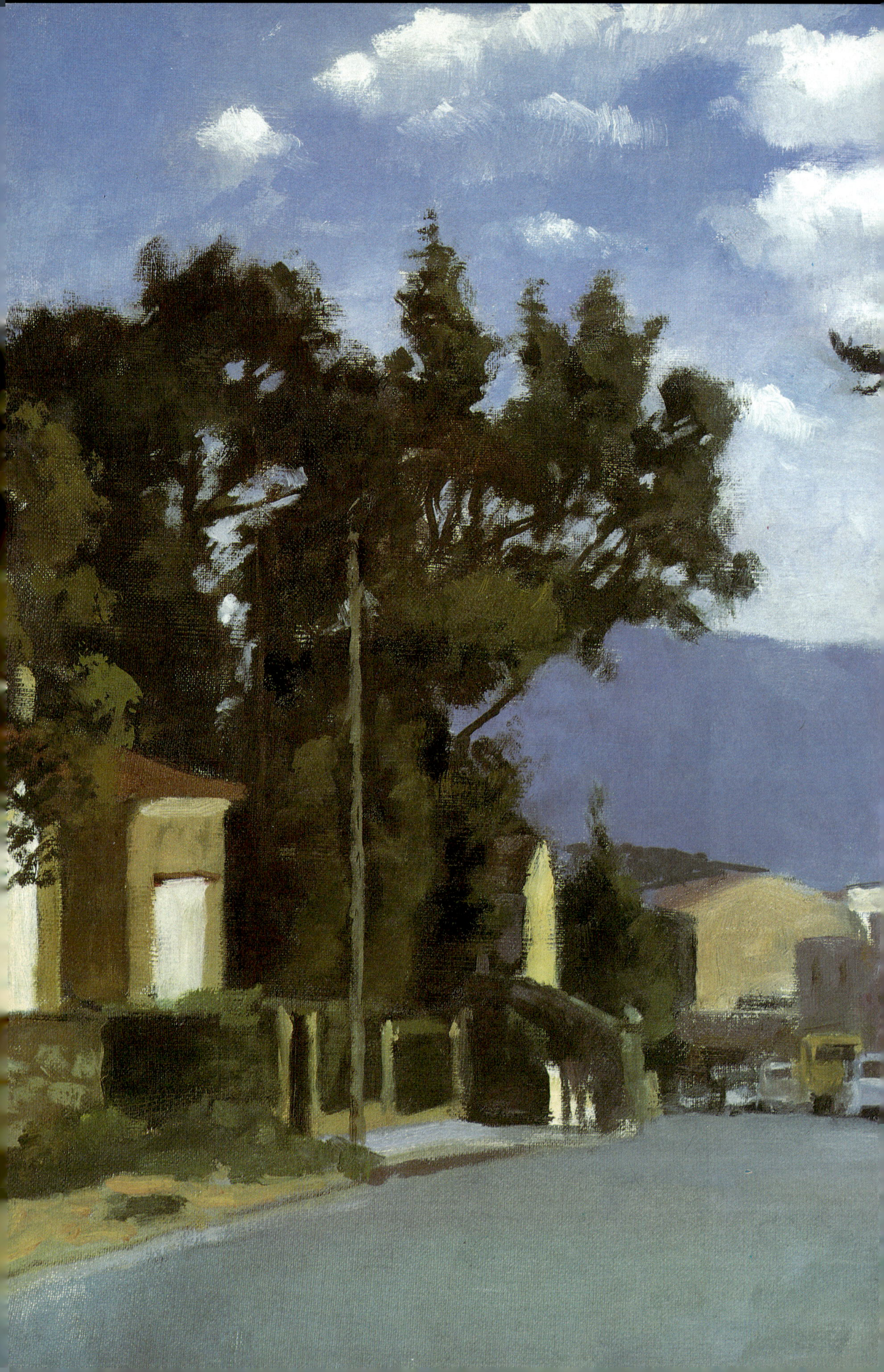

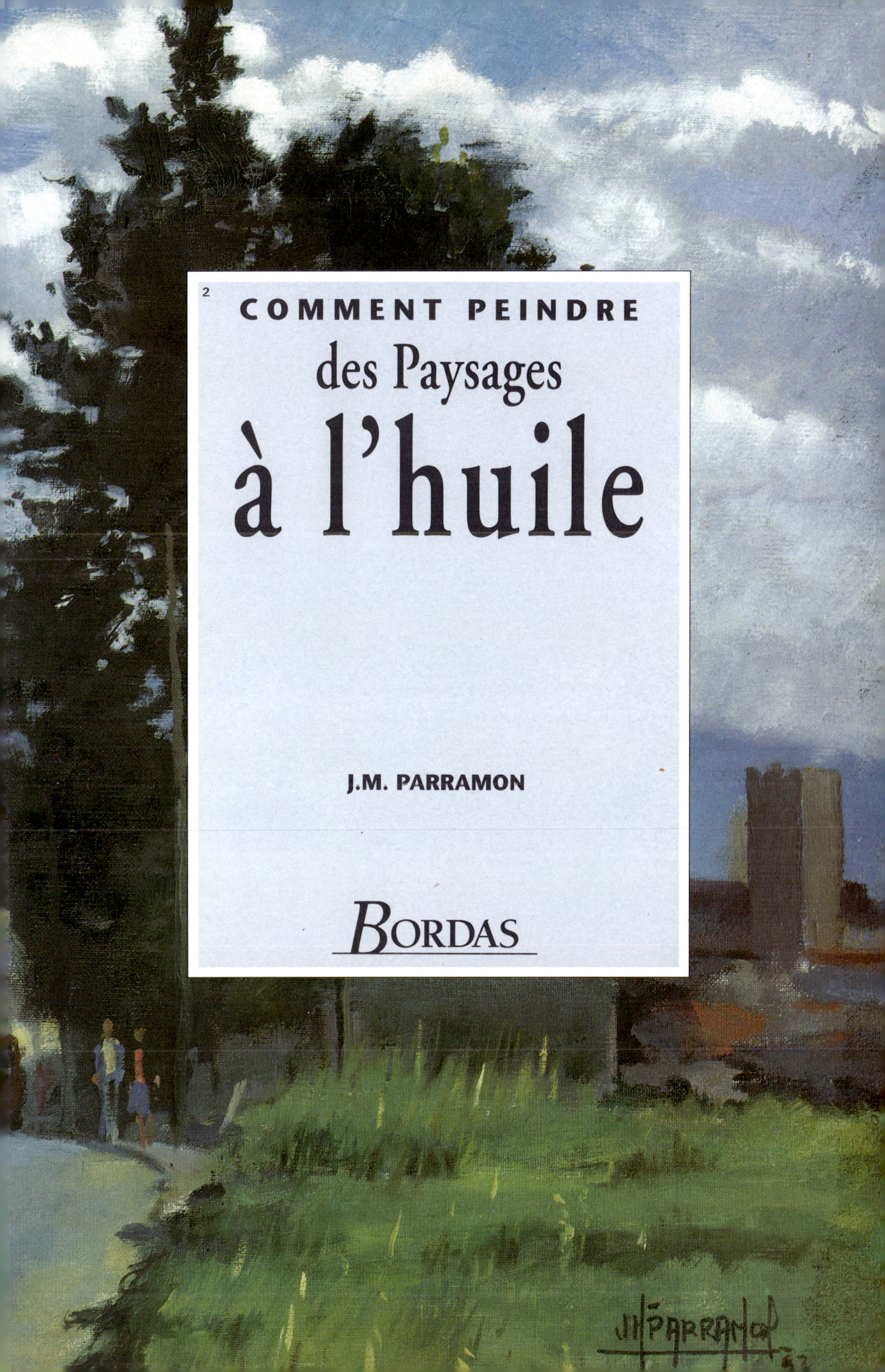

2

COMMENT PEINDRE des Paysages à l'huile

J.M. PARRAMON

BORDAS

Directeur de collection : José M. Parramón Vilasaló
Auteur : José M. Parramón Vilasalo
Maquette : Jordi Segú Pascó.
Traduction française : Marie-Claude Moreau-David.
Édition originale :
Cómo pintar paisajes al óleo
1re édition :
1995, José M. Parramón Vilasalo
1995, Parramón Ediciones, S.A.

Édition française :
Bordas, S.A., Paris, 1995
ISBN 2-04-018426-0
Dépôt légal 1re édition : octobre 1995

Achevé d'imprimer en septembre 1995
Imprimé en Espagne

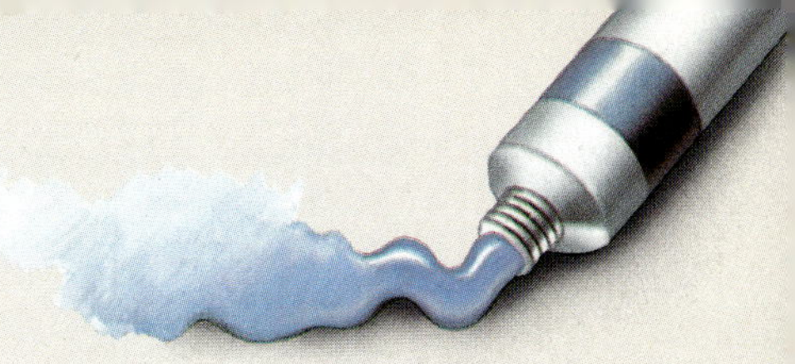

Table des matières

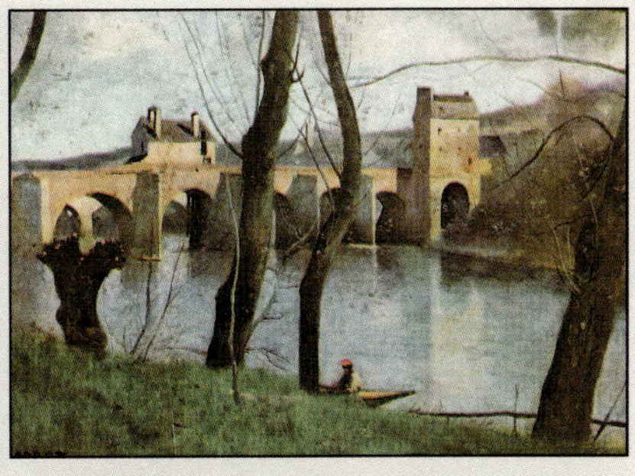

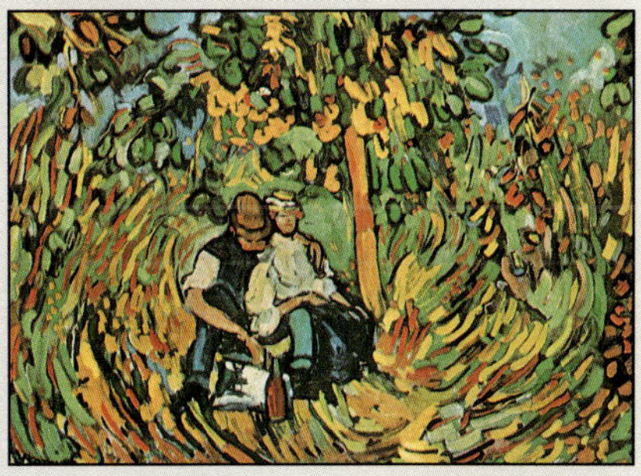

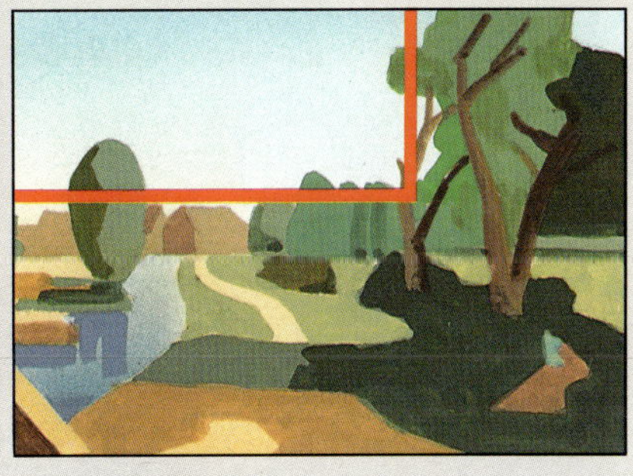

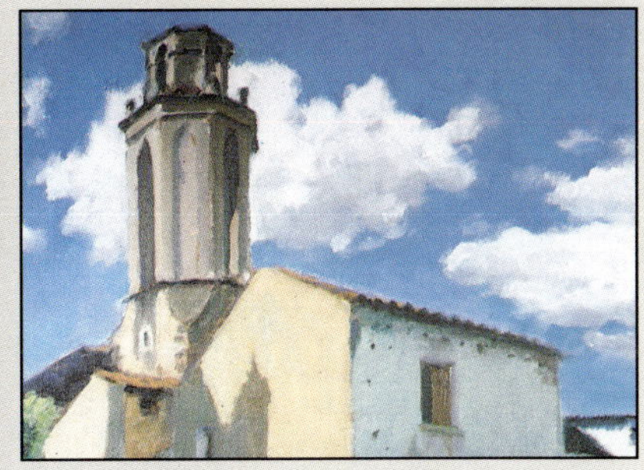

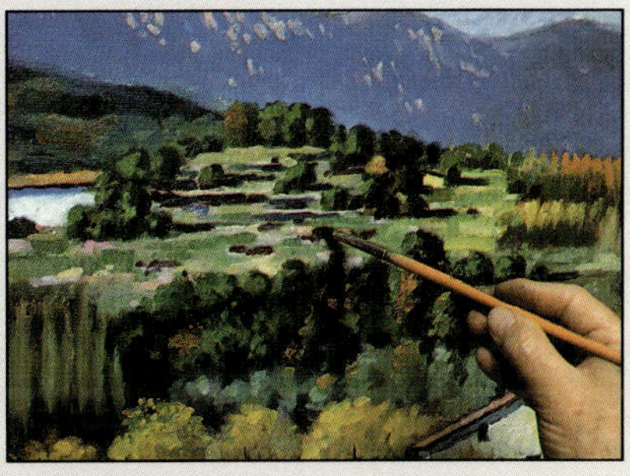

3

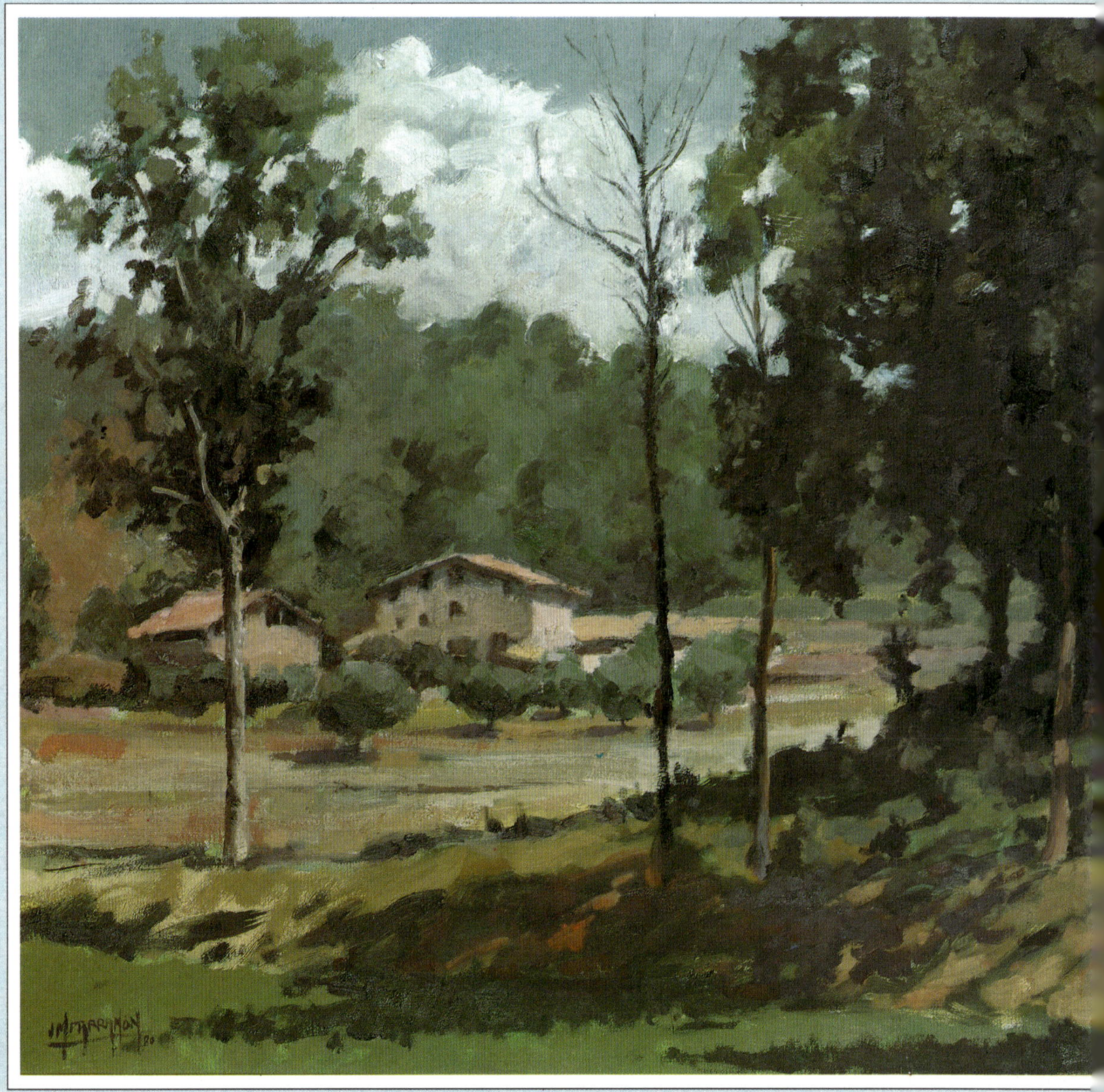

Fig. 1 et 2. (Pages 1, 2 et 3.) José M. Parramón, *Paysage des Pyrénées* (détail), collection privée ; et *Entrée à Breda*, collection privée.

Fig. 3. José M. Parramón, *Paysage de Rupit*, collection privée, Barcelone. Un paysage peint dans une gamme de tons rompus dont je vous parlerai souvent dans ces pages.

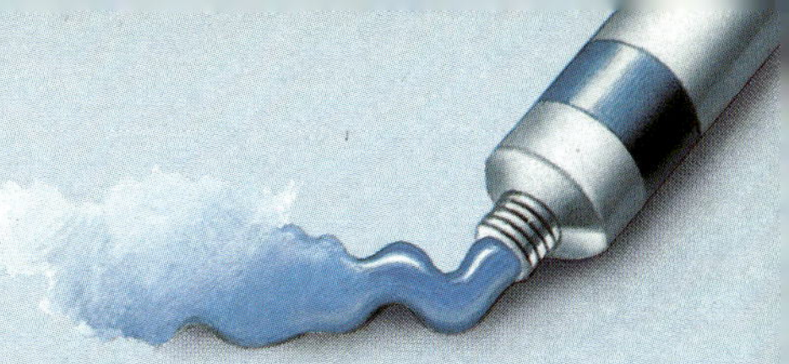

Introduction

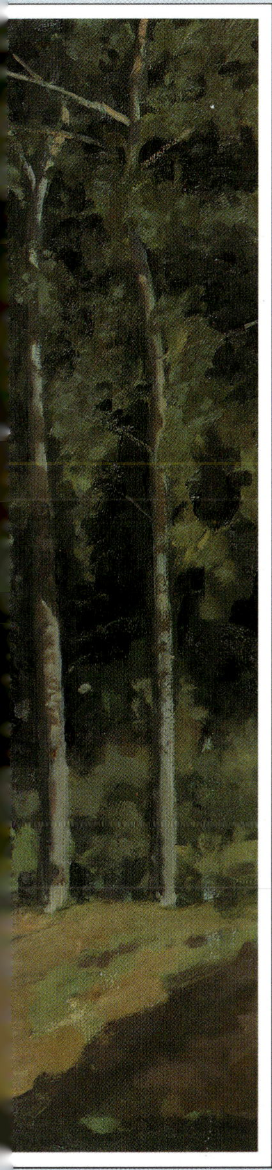

Je me demande souvent s'il n'est pas dépassé de peindre comme un impressionniste, à une époque où l'on voue un culte à l'informel, à l'art conceptuel et au néo-expressionnisme. Et je me demande aussi s'il faut prendre comme modèles les impressionnistes pour enseigner l'art de peindre un paysage.

Malgré mes interrogations et les ouvertures qu'offrent actuellement l'art réaliste et l'art d'avant-garde, je constate que la plupart des artistes amateurs et professionnels continuent à peindre comme les impressionnistes. Ils le font parfois en copiant leur style, parfois avec de légères variantes, soit parce qu'ils ne trouvent pas d'autre « issue » pour interpréter le thème du paysage, soit parce que ce style est accepté et apprécié.

Ainsi donc, les enseignements de ce livres porteront sur la manière dont Monet, Cézanne, Pissarro, Sisley, Van Gogh peignaient leurs paysages. Je ferai en sorte d'actualiser l'enseignement de ces grands maîtres en y ajoutant toutes les connaissances, les techniques, les formules et les expériences successives faites depuis le jour où ils sont partis installer leur chevalet dans la nature.

Dès les premières pages de ce livre, vous trouverez une sélection de paysages célèbres, puis nous passerons à l'étude du choix, de la composition et de l'interprétation d'un thème, en prenant plusieurs exemples de tableaux impressionnistes ; ensuite nous étudierons la couleur et les ciels, la terre, les ombres, la mer, les personnages ; nous terminerons par la réalisation, en plusieurs étapes, d'une série de paysages que j'ai peints moi-même pour ce livre.

J'espère que vous saurez en tirer le meilleur profit pour réaliser vos propres paysages

José M. Parramón

4

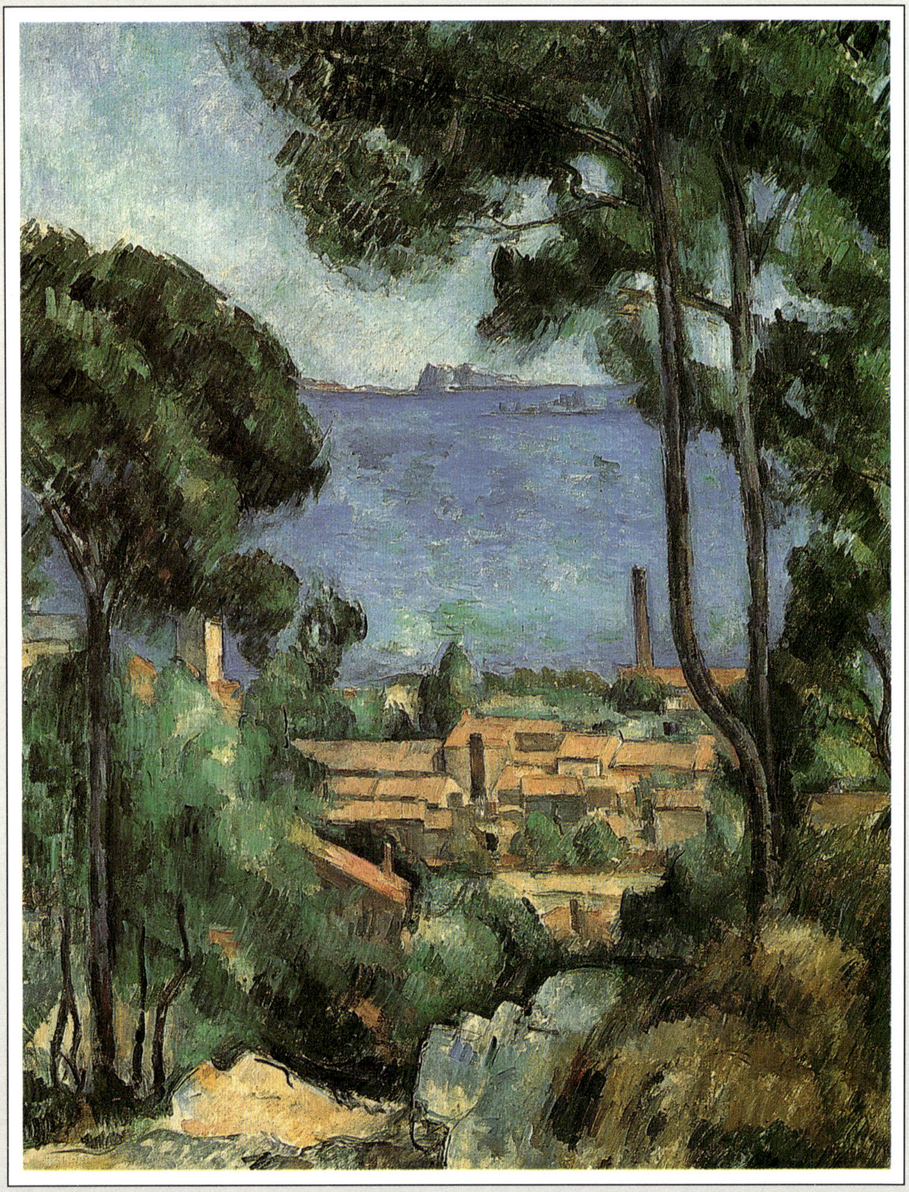

Paul Cézanne, *Vue de l'Estaque à travers les arbres*, collection privée.

Histoire et évolution du paysage à l'huile

Cette histoire-là ne se contente pas de mentionner des noms, des dates et des faits. Bien sûr, il faut parler des peintres, de ceux qui ont lutté pour la liberté de la Hollande, pour Calvin et contre Philippe II, et qui, au cours de cette lutte, ont inventé la peinture à l'huile ; sans oublier des peintres italiens, anglais, français... Mais, plus qu'une histoire pour érudits, c'est une « galerie » d'exemples magnifiques et une étude sur l'évolution du paysage à l'huile, avec des schémas et des commentaires sur la couleur, la composition, l'interprétation... Mais, si vous avez hâte d'apprendre, voyez la page suivante.

Philippe II, Calvin et la peinture de paysage

Philippe II, roi d'Espagne, pour dissuader les rebelles calvinistes du nord des Pays-Bas qui demandaient leur indépendance, envoya à Bruxelles le duc d'Albe. Celui-ci augmenta les impôts et réprima leurs opinions religieuses et politiques avec une telle violence qu'en 1581 ils proclamèrent leur indépendance et instaurèrent une république en Hollande.
Dès lors, les Pays-Bas restèrent divisés en deux groupes ou nations : au nord, la Hollande protestante ; au sud, la Flandre catholique. Ce fait entraîna un changement : les thèmes religieux ou mythologiques, qui dominaient toujours en Flandre, disparurent presque complètement en Hollande, remplacés par des sujets profanes tels des portraits collectifs, des natures mortes, des scènes intimes et des paysages.
Oui, des paysages, car, pour la première fois dans l'histoire de l'art, on se mit à composer et à peindre les premiers paysages à l'huile, non pas comme toile de fond, mais en tant que paysages ayant une valeur propre, composés et peints pour représenter une scène naturelle. Jusqu'alors, sauf rares exceptions, le paysage n'était qu'un sujet accessoire.
Les Grecs en effet, quatre siècles avant Jésus-Christ, et les Romains, un siècle après J.-C., ont peint quelques paysages mais seulement comme toile de fond de scènes mythologiques. Dans les ruines de Pompéi, on peut voir des paysages qui servent d'éléments décoratifs (fig. 5).
Durant la période gothique et pendant la Renaissance, le paysage a toujours été un motif complémentaire, à tel point qu'il y avait des spécialistes pour ce travail. On cite, par exemple, un artiste de Pérouse (Italie) qui, sur un contrat, « s'engage à peindre des paysages et des claires-voies sur les endroits vides derrière les personnages ». Les extraordinaires paysages *à l'aquarelle*, peints par l'Allemand Albrecht Dürer (fig. 6),

5

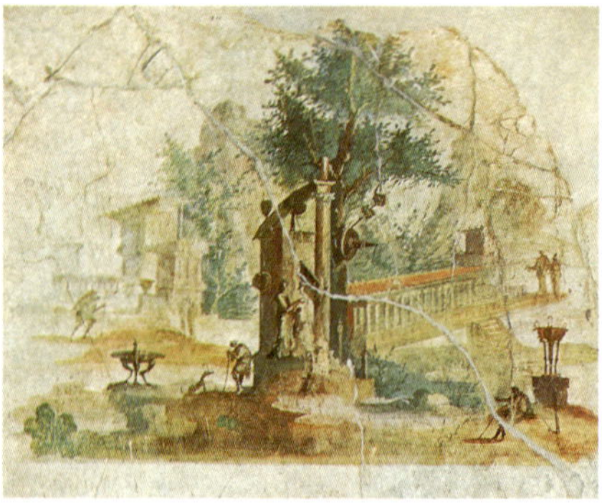

6

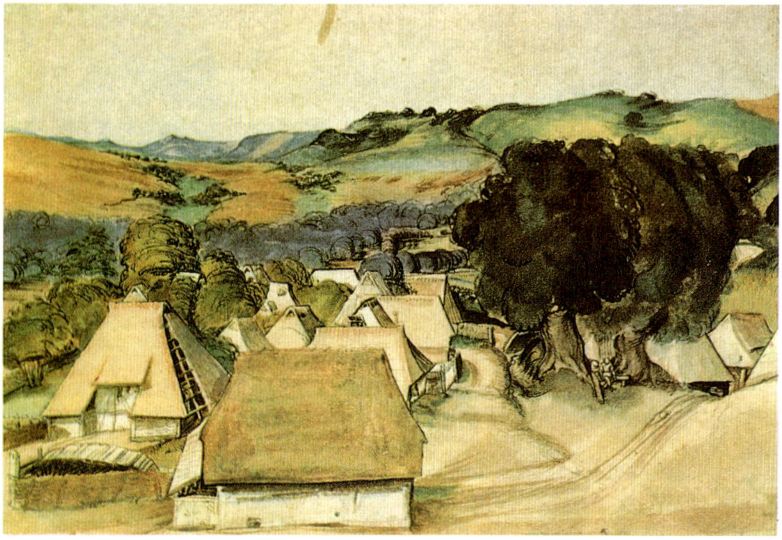

Fig. 5. Anonyme, *Paysage bucolique et sacré*, Musée national, Naples. Paysage romain, probablement inspiré d'une peinture de la Grèce antique, peint dix ans après J.-C. environ, sous le règne d'Auguste, dans la villa d'Agrippa Postumus à Boscotrecase, près de Pompéi, au pied du Vésuve.

Fig. 6. Albrecht Dürer, *Vue de Kalchkreuth*, aquarelle, autrefois à la Kunsthalle, Brême. Dürer a peint au cours de sa vie cent quatre-vingt-huit tableaux, parmi lesquels quatre-vingt-six aquarelles dont vingt paysages aussi beaux que celui-ci. Dürer jugeait pourtant ses aquarelles comme de simples études.

sont des exceptions à l'époque et considérés comme les premiers paysages peints en Europe. Mais Dürer lui-même regardait ces aquarelles comme de simples études « qu'honnêtement je ne peux vendre pour de l'argent ».

Il y a d'autres exceptions qui préludent à la peinture de paysage, parmi lesquelles il faut remarquer le Vénitien Giorgio de Castelfranco, dit Giorgione (1476-1510), auteur du premier tableau considéré comme un paysage d'atmosphère. C'est un tableau énigmatique, peint à la détrempe, où se détache la présence d'un soldat tenant une pique et d'une femme à moitié nue allaitant un enfant, personnages dont il est difficile encore aujourd'hui d'expliquer ce qu'ils font ou représentent dans un tableau intitulé *La Tempête* (fig. 7).

À la suite de l'exemple donné par Giorgione, le paysage prit de plus en plus d'importance, jusqu'au jour où certains artistes, parmi lesquels il faut citer l'Allemand Albrecht Altdorfer et les Flamands Joachim Patenier et Pieter Bruegel, peignirent des tableaux où le personnage n'était qu'un élément secondaire dans le paysage.

Mais voyons maintenant l'illustration concrète des œuvres de ces artistes.

7

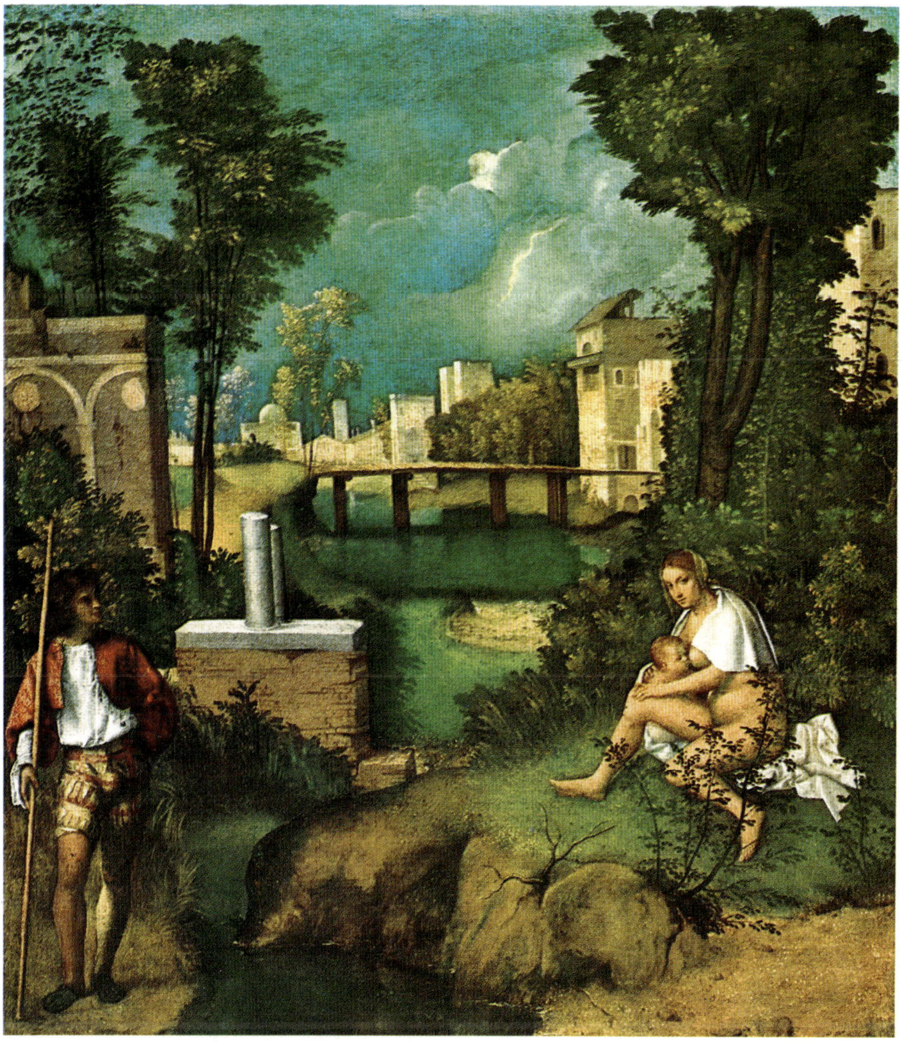

Fig. 7. Giorgione, *La Tempête*, Galerie de l'Académie, Venise. Giorgione fut l'initiateur du style et du coloris vénitiens au XVIe siècle. Mort à Venise, à trente-trois ans, victime de la peste, il n'a peint que trente tableaux. D'après Ridolfi, « Il était amoureux de la vie, des belles femmes et de la musique. »

Les pionniers du paysage à l'huile

Le dernier chapitre du célèbre *Traité de la peinture*, écrit par Léonard de Vinci (1452-1510), est consacré au paysage. Voici un extrait des enseignements contenus dans ce livre :

Parmi plusieurs verts champêtres de la même qualité, les verts des plantes et des arbres seront toujours plus sombres que les verts des prés.

Pourtant Léonard de Vinci n'a jamais peint un tableau dont le thème spécifique fût un paysage. Mais il a peint plusieurs paysages pour servir de toile de fond à ses personnages, comme celui que nous pouvons voir ici (fig. 8), fragment de la copie du tableau *Léda* attribué à Léonard (fig. 9). Il y montre son extraordinaire capacité à représenter les formes, la couleur, et en particulier l'atmosphère dégagée par le paysage, phénomène dont il était lui-même l'inventeur et le précurseur, et auquel il consacre plusieurs pages de son livre. On peut donc considérer à juste titre Léonard de Vinci comme l'un des premiers pionniers du paysage à l'huile.

On peut aussi supposer qu'Albrecht Altdorfer (1480-1538), peintre bavarois établi à Ratisbonne (Allemagne), connaissait les aquarelles de Dürer (autre pionnier) au début du XVIe siècle. Altdorfer décida un jour de faire un voyage en suivant le cours du Danube et, en passant par les Alpes autrichiennes, il fut pris d'un tel enthousiasme pour la nature qu'il devint peintre de paysages (fig. 10). Altdorfer est l'artiste le plus représentatif de l'école dite du Danube, terme qui associe le Danube à la formation des paysagistes.

Dürer était aussi l'ami de Joachim Patenier (1480-1524), peintre flamand qui, en 1515, faisait partie de la corporation des peintres d'Anvers. Patenier représentait des scènes de paysages fantastiques avec des montagnes très découpées, des côtes rocheuses et de petites silhouettes de saints ermites et de paysans (fig. 11) – le Flamand Metsys en peignait également. Dürer assista aux secondes noces de Patenier, à Anvers, en 1521. Il considérait son ami comme l'un des premiers peintres paysagistes.

Pieter Bruegel « le vieux » (1525/30-1569) maîtrisait bien la représentation des personnages, et il a peint les meilleures scènes satiriques de l'époque. C'est aussi l'un des grands artistes flamands à avoir peint des paysages (fig. 12), pour mettre en scène des paraboles religieuses ou des passages bibliques (fig. 12). Après un voyage en Italie (1552-1553), il revint, par les Alpes, à Anvers où il passa la plus grande partie de sa vie comme maître de la corporation des peintres. Son séjour en Italie – où il vit des œuvres de Léonard et de Giorgione –, son voyage à travers les Alpes

8

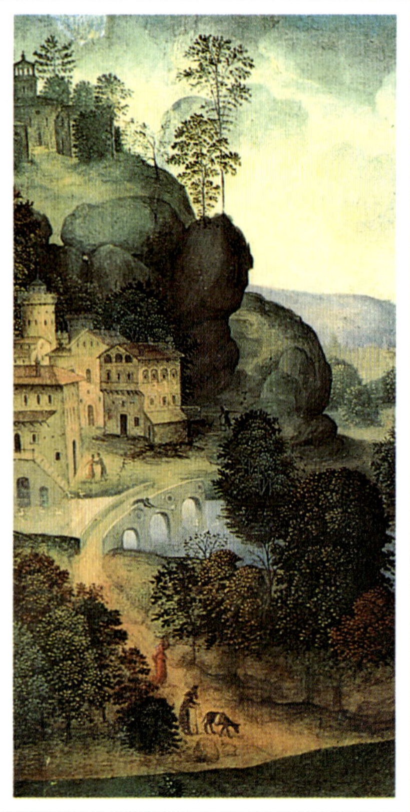

9

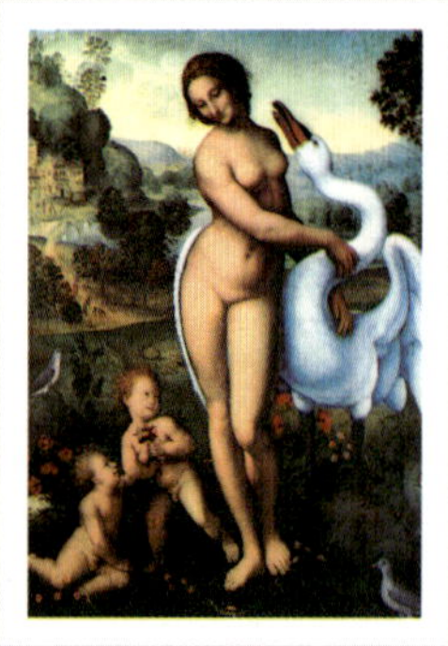

Fig. 8 et 9. Léonard de Vinci, (copie d'après) *Léda*, Galerie Borghèse, Rome. Ce tableau perdu a été copié par les élèves du peintre à Milan. Quoi qu'il en soit, l'atmosphère dégagée par le paysage et le *sfumato* des personnages nous permettent d'affirmer que la facture et la technique de cette *Léda* correspondent au style de Léonard de Vinci.

10

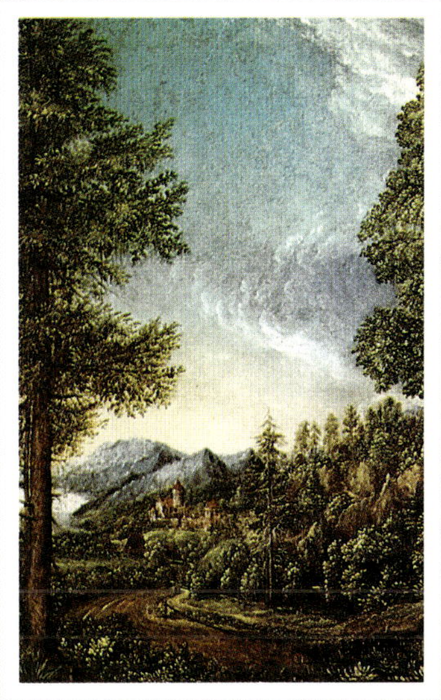

11

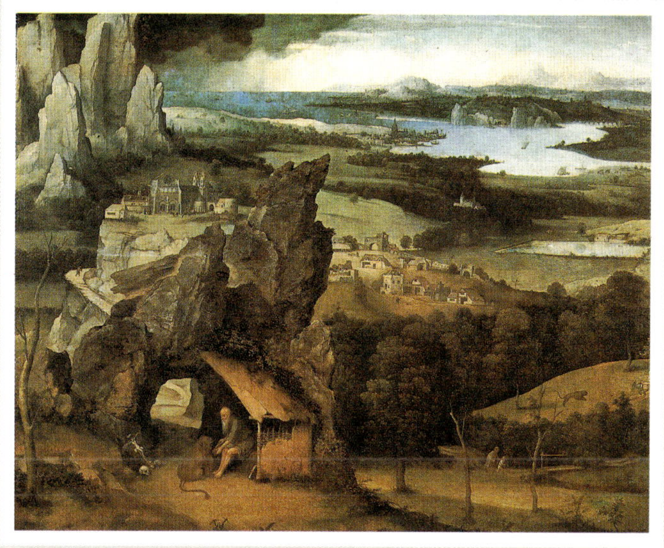

12

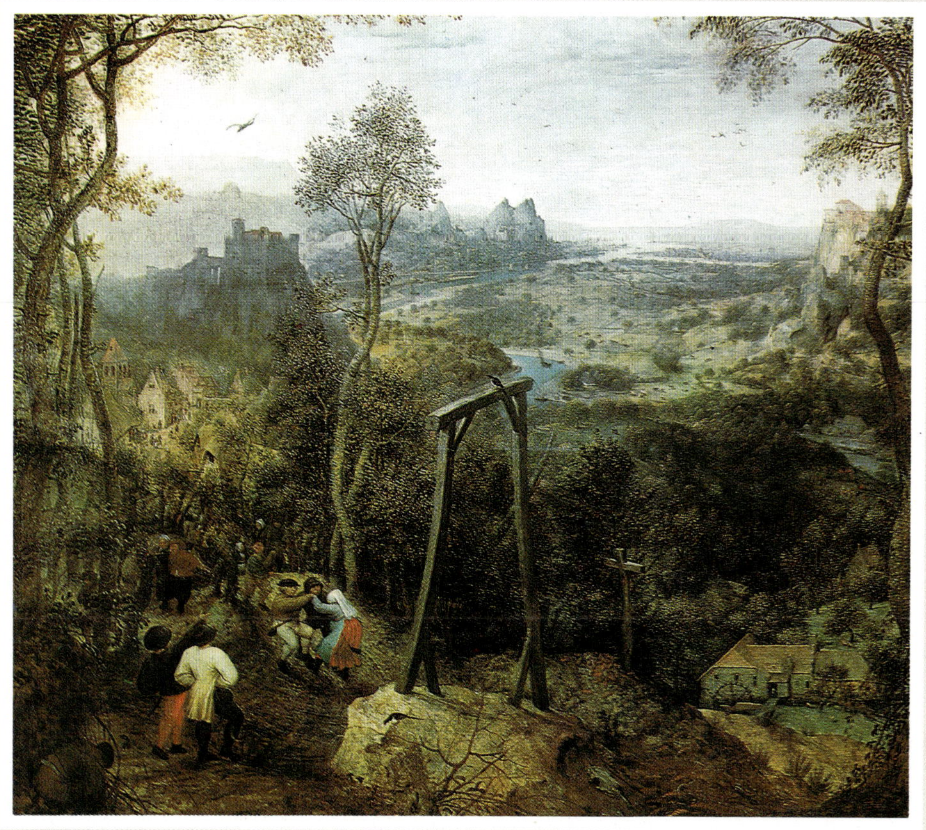

Fig. 10. Albrecht Altdorfer, *Paysage près de Ratisbonne*. Ancienne Pinacothèque, Munich. Altdorfer a d'abord peint des personnages sur fond de paysages, mais après son voyage à travers les Alpes il se désintéressa des personnages : « Le plus important, c'est le murmure des feuillages, près du lac, au pied de la montagne. »

Fig. 11. Joachim Patenier, *Paysage avec saint Jérôme*, musée du Prado, Madrid. Lorsque Metsys peignait les personnages dans les paysages de Patenier, comme pour *La Tentation de saint Antoine*, au Prado également, les deux artistes se partageaient la tâche.

– comme Altdorfer – et sa résidence à Anvers – la ville de Patenier –, dont il connaissait les tableaux – ont probablement été déterminants dans son choix.

Fig. 12. Pieter Bruegel le Vieux, *La pie sur le gibet*, Hessisches Landesmuseum, Darmstadt. Bruegel acquit également la célébrité grâce à des paysages comme celui-ci, où il nous offre une leçon magistrale sur la couleur, le contraste et l'atmosphère.

Les Hollandais inventent la peinture du paysage

C'est dans la Hollande libre et protestante que naît et se généralise l'art du « paysage pur ». Un art, un thème inspirés par la terre, le climat et la religion : une terre aimée, conquise par le sang, faite de plaines et de vastes ciels nuageux ; et une religion qui a proscrit les images sacrées et mis en valeur la peinture profane. L'Église catholique d'Espagne et de Rome ayant suspendu ses commandes, les artistes travaillent alors pour la haute et la moyenne bourgeoisie. Les scènes de genre, les natures mortes et surtout les paysages se vendent facilement à ceux qui veulent décorer leur intérieur avec des sujets typiquement hollandais.

Beaucoup de paysagistes deviennent célèbres : Paul Bril, Salomon van Ruysdael, Jan van Goyen, Esaias van de Velde, Rembrandt, Nicolaes Berchem, Jacob van Ruisdael, Jan Asselijn, Philips Koninck, Albert Cuyp, Meindert Hobbema... et bien d'autres encore. Nous parlerons des quatre plus célèbres : Salomon van Ruysdael, Jacob van Ruisdael, Rembrandt van Rijn et Meindert Hobbema.

Jacob van Ruisdael (1628/29-1682) est le plus grand peintre de paysages réalistes hollandais ; il fait partie d'une famille d'artistes : son père Isaac est peintre, son oncle Salomon van Ruysdael (avec un *y*) était un peintre paysagiste ainsi que le fils de ce dernier. Mais Jacob van Ruisdael est sans doute le meilleur de tous, car son œuvre exercera une influence remarquable sur la peinture du paysage en Europe au cours du XIXe siècle. Comme la plupart des artistes hollandais, il peint des paysages aux horizons bas et aux vastes ciels peuplés de nuages denses et dramatiques (fig. 13, 13A, 14, 14A). Dans *Le Moulin de Wijk*, l'apparition de personnages dans le paysage permet de dater la toile vers les années 1660, époque à laquelle est apparue cette mode.

Son oncle, Salomon van Ruysdael (1600/03-1670), se distingue aussi

Fig. 13 et 14. Jacob van Ruisdael, *Le Coup de soleil*, musée du Louvre, Paris, et page ci-contre : *Le Moulin de Wijk à Duurstede*, Rijksmuseum, Amsterdam. Jacob van Ruisdael a traduit le lyrisme des grandes plaines hollandaises et l'aspect dramatique du ciel après l'orage (fig. 13) ou un ciel chargé de majestueux cumulus (fig. 14).

13 A

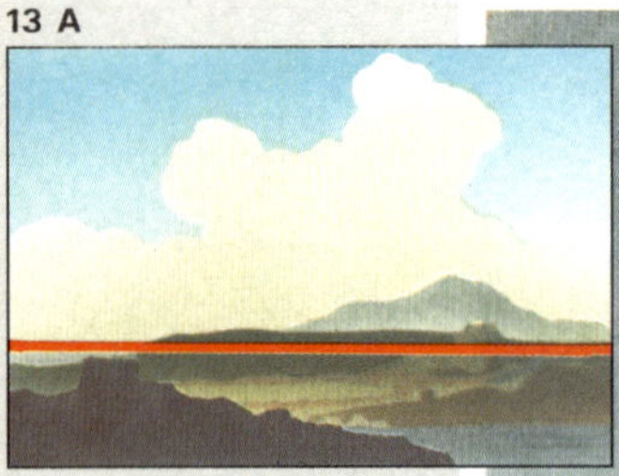

Fig. 13A et 14A (page suivante). Voyez ici la composition du paysage, *Le Coup de soleil* (13A) dont le schéma horizontal occupe le tiers de la hauteur du tableau, et celle du *Moulin de Wijk* (14A), dont le schéma de base est en diagonale.

13

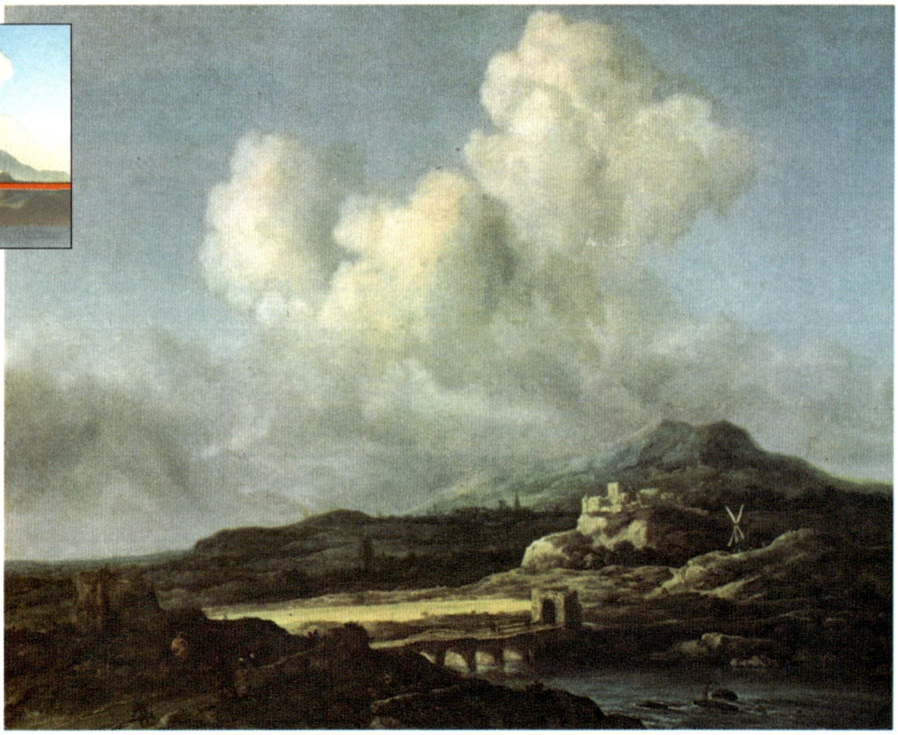

dans la peinture de paysages. Ses premières œuvres sont influencées par les harmonies monochromes de van Goyen, dont il s'émancipe à sa maturité, sans doute grâce à l'exemple de son neveu Jacob, avec qui il travaille à maintes occasion. *Le Bac* (fig. 15), peint en 1649, est un bon exemple de cette évolution vers des couleurs plus variées. Les œuvres de Ruysdael sont visibles dans tous les musées importants : au Louvre et aux Arts décoratifs à Paris, dans les musées d'Amiens, Lille, Caen, Bordeaux...

14

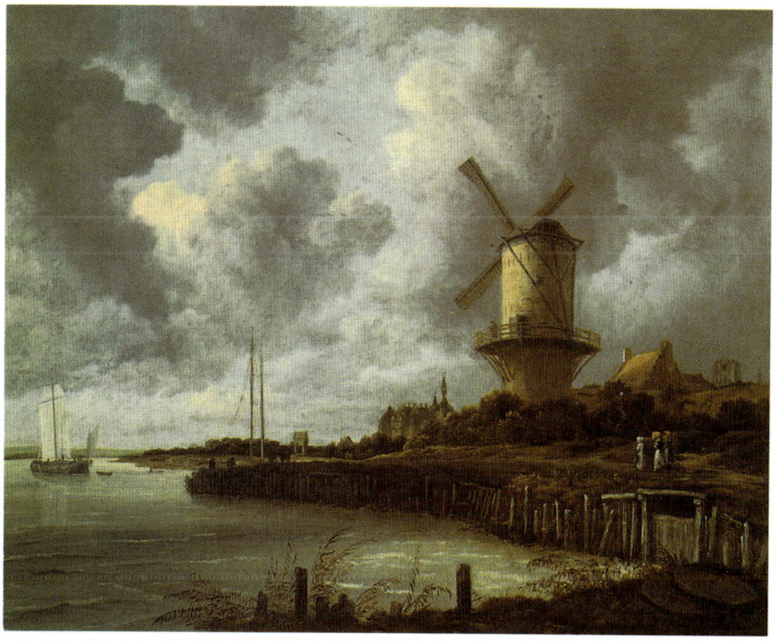

14 A

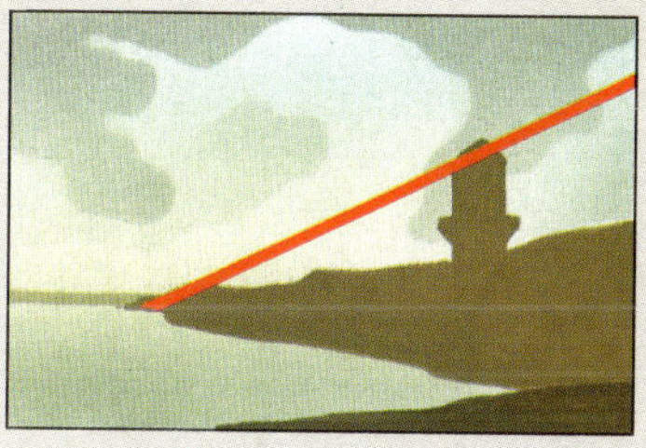

15

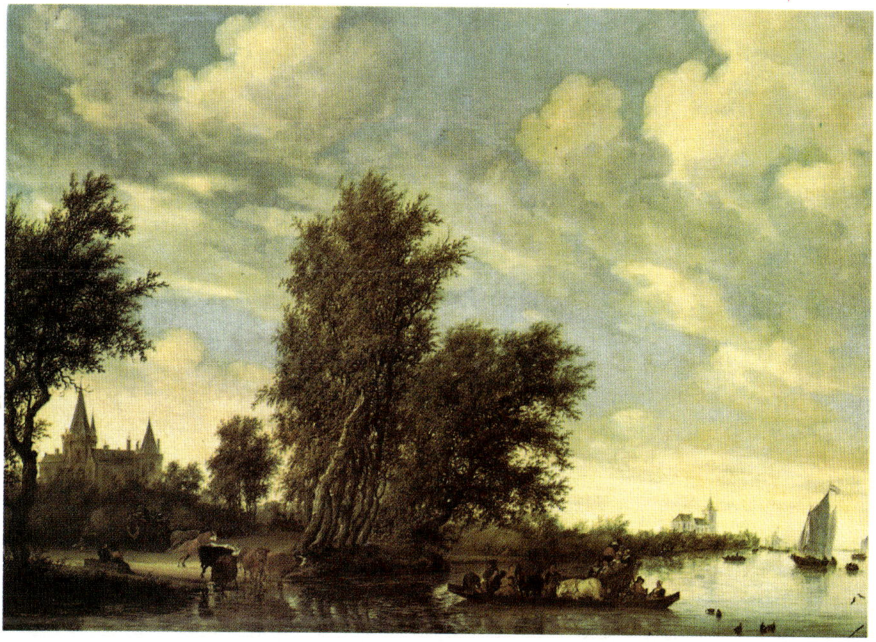

Fig. 15. Salomon van Ruysdael, *Le Bac*, Rijksmuseum, Amsterdam. Ce tableau aux formes et aux couleurs précises illustre bien ce que disait l'historien M. Friedlander : « Quand on regarde les paysages de Ruysdael, on sent qu'il a plu et qu'une fraîche brise a balayé la pluie. »

Rembrandt, peintre de paysages. Hobbema, élève de Ruisdael

Le 20 juillet 1656, le tribunal suprême d'Amsterdam ordonne la vente et la liquidation de tous les biens de Rembrandt van Rijn (1606-1669), complètement ruiné et harcelé par ses créanciers.

Dans l'inventaire de ces biens où figurent sa maison, ses meubles et sa collection de tableaux – dont soixante-dix de Rembrandt lui-même –, il y a plusieurs paysages d'artistes hollandais, en particulier du paysagiste Seghers, et deux albums « de paysages dessinés d'après nature, de Rembrandt » et neuf tableaux de « paysages d'après nature, du même ».

Selon le catalogue de Rizzoli, Rembrandt a peint six cent cinquante-huit tableaux dont dix-sept paysages, parmi lesquels *Le Pont de pierre* (fig. 16), où, suivant le même procédé de composition que pour ses figures, il concentre la lumière sur les arbres du centre et le contour du pont, laissant le reste dans la pénombre du clair-obscur ; remarquez d'ailleurs qu'il adopte ici le schéma de composition de la plupart des paysagistes hollandais : horizon bas et ciel nuageux, voire orageux comme dans cet exemple.

Meindert Hobbema (1638-1709) est un autre paysagiste hollandais. Ami et élève de Jacob van Ruisdael, certains de ses tableaux se confondent avec ceux de son maître, car ils peignent très souvent le même paysage, comme par exemple ce *Paysage boisé* (fig. 17), dont il existe une réplique similaire par Ruisdael. L'œuvre de Hobbema fut très cotée par les collectionneurs anglais des XVIIIe et XIXe siècles. Ses paysages sont baignés d'une fine lumière qui met en valeur chaque détail. Pourtant, ni Hobbema ni la plupart de ses confrères n'eurent de leur vivant une situation économique privilégiée. Il y avait alors en Hollande une telle surenchère dans les offres de tableaux que le marché dégénéra en une concurrence dont les meilleurs artistes furent victimes : Rembrandt, Hals, Vermeer, Ruisdael... Hobbema se maria à trente ans et, pour subsister, devint receveur des impôts, ce qui interrompit sa carrière de peintre pendant près de vingt ans.

Fig. 16. Rembrandt van Rijn, *Le Pont de pierre*, Rijksmuseum, Amsterdam. Rembrandt choisit surtout l'être humain comme thème de ses tableaux, mais il peint aussi quelques paysages de format plutôt réduit, comme celui-ci.

16

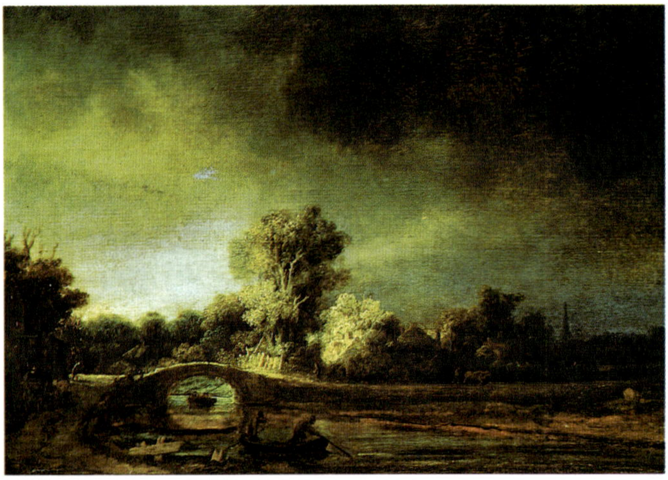

17

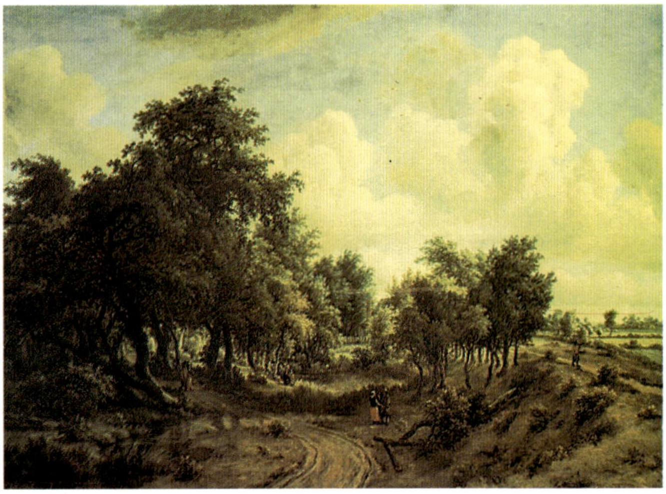

Fig. 17. Meindert Hobbema, *Un paysage boisé*, National Gallery of Art, Washington. Hobbema et Jacob van Ruisdael ont souvent peint le même sujet, c'est le cas pour ce tableau dont il existe une réplique faite par le maître.

Le paysage en Italie

Claude Gellée (vers 1602-1682), appelé également Claude Lorrain ou Le Lorrain, est l'un des paysagistes les plus importants du XVIIe siècle. Né en France, à Chamagne, dans le duché de Lorraine, orphelin à douze ans, il part à treize ans avec un parent pour Rome où il commence comme apprenti chez le paysagiste Agostino Tassi. Vers 1620, il s'établit à son compte, au moment où en Italie les œuvres des paysagistes nordiques et hollandais commencent à être connues : Bril, Elsheimer, Seghers, Rembrandt, Ruisdael... Mais Claude peint toujours des paysages avec des scènes mythologiques ou bibliques représentées par de petits personnages apparaissant au premier ou au second plan (fig. 18), conception utilisée aussi par son compatriote français Poussin, installé à Rome lui aussi.

Claude Lorrain peint ses paysages dans son atelier, à partir de croquis faits d'après nature. Ses compositions sont immuables : une grande masse d'arbres d'un côté, compensée par une plus petite de l'autre, un édifice ou un pont au centre, quelques personnages au premier plan. Claude, comme les Hollandais, applique la couleur selon la formule maniériste : le premier plan en brun, le deuxième en vert et le dernier en bleu (voir le schéma sur la figure 18A).

Giovanni Antonio Canal, plus connu sous le nom de Canaletto, originaire de Venise (1697-1768), fut le grand *vedutista* italien, c'est-à-dire un peintre de vues topographiques réalisées pour la plupart dans sa ville natale de Venise (fig. 19). Canaletto dessinait d'abord le sujet grâce à une « chambre noire », puis il peignait la *veduta* dans son atelier. Cette technique supposait en principe la représentation exacte du modèle – une image calquée sur un verre dépoli –, mais Canaletto transformait ensuite ce dessin en peinture dont le contraste, la luminosité et les couleurs, unis à une grande rigueur du dessin et de la perspective, étaient extraordinaires.

Fig. 18A. Depuis l'élaboration en Hollande du paysage, beaucoup d'artistes ont adopté le schéma chromatique des trois couleurs : le brun au premier plan, le vert au deuxième et le bleu à l'arrière-plan.

18 A

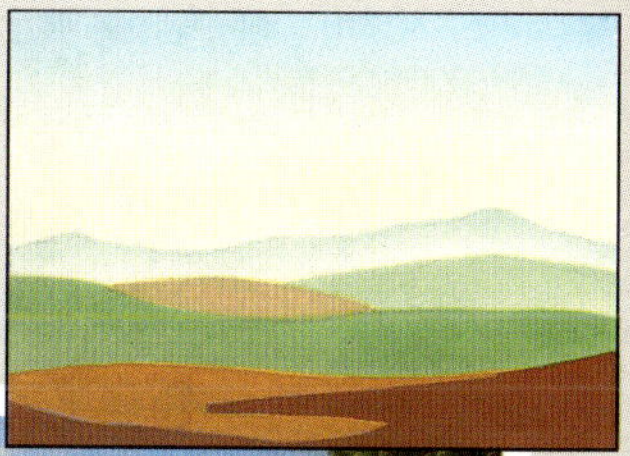

18

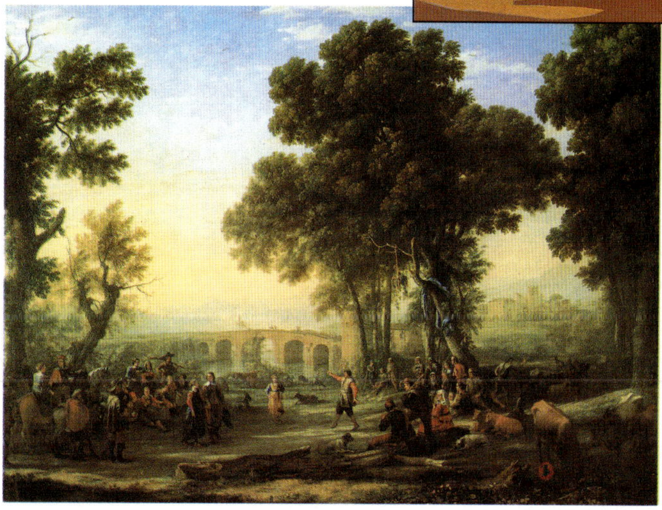

19

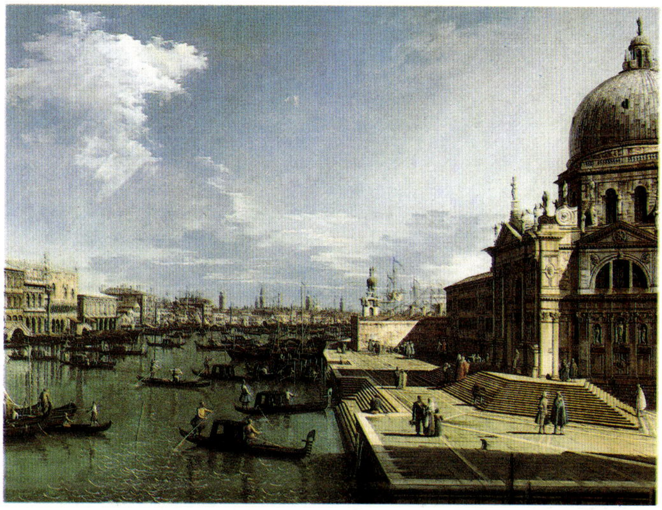

Fig. 18. Claude Lorrain, *La Fête villageoise*, 1639, musée du Louvre, Paris. Si l'on compare ce paysage avec d'autres du même artiste, on en arrive à la conclusion qu'il se copiait lui-même quand il peignait des arbres : tous proviennent de croquis identiques.

Fig. 19. Giovanni Antonio Canal dit Canaletto, *L'Entrée du Grand Canal et l'église Santa Maria della Salute*, musée du Louvre, Paris. Canaletto « copiait » le modèle en se servant d'une chambre noire pour le dessin, puis, dans son atelier, il n'y avait que son talent pour en arriver à une peinture de cette précision.

Le paysage en Angleterre

Gainsborough, Constable et Turner sont les trois plus importants paysagistes anglais des XVIIIe et XIXe siècles. Thomas Gainsborough (1727-1788) naît à Sudbury, dans le Suffolk, où il peint ses premiers paysages, conçus comme ceux des Hollandais Ruisdael et Hobbema, ainsi que l'on peut en juger d'après le plus célèbre de tous, *Le Bois de Cornard* (fig. 20), peint à l'âge de vingt ans et à propos duquel il écrit : « Ce tableau convainquit mon père de m'envoyer à Londres. » Toute sa vie, Gainsborough considère le paysage comme son authentique vocation, bien que par la suite il alterne le paysage et le portrait où il excelle également, en prenant le paysage comme toile de fond de ses personnages, surtout des nobles de son époque. Son succès en tant que portraitiste le met en concurrence avec Reynolds, fameux portraitiste lui aussi et directeur de l'Académie royale des arts. Malgré tout, la famille royale préfère faire appel à Gainsborough pour exécuter ses portraits.

John Constable (1776-1837) est estimé pour son remarquable sens de la composition, son émouvante utilisation du clair-obscur comme facteur d'unité (voir les figures 21 et 21A) et pour ses indiscutables capacités artistiques qui en font le premier paysagiste du Royaume-Uni. Il est un des initiateurs du paysage moderne. C'est un amoureux de la campagne du Suffolk, région où peint Gainsborough dans sa jeunesse. « Ce paysage a fait de moi un peintre », dit Constable. En 1824, il envoie plusieurs tableaux au Salon de Paris, où ils suscitent l'admiration des artistes français, parmi lesquels Delacroix. Constable et Delacroix remportent chacun une médaille d'or à ce Salon.

Fig. 20. Thomas Gainsborough, *Le Bois de Cornard*, ou *La Forêt de Gainsborough*, National Gallery, Londres. Alors qu'il se trouvait à Londres, Gainsborough fut chargé de copier et de restaurer certains tableaux de paysages hollandais, ce qui influença beaucoup son style.

20

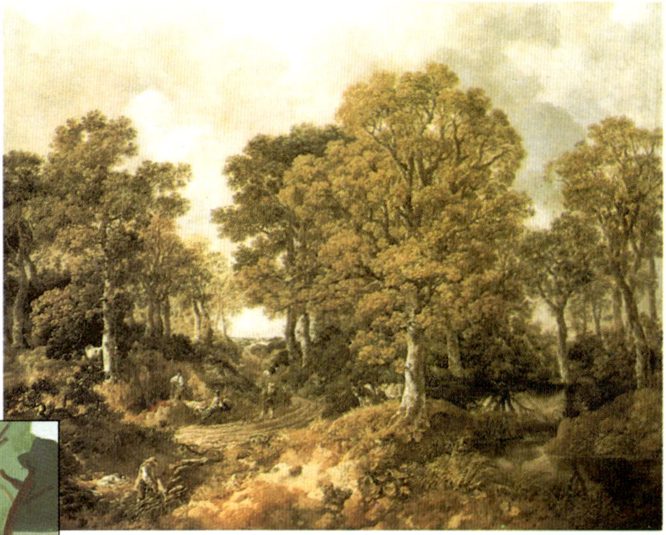

21 A

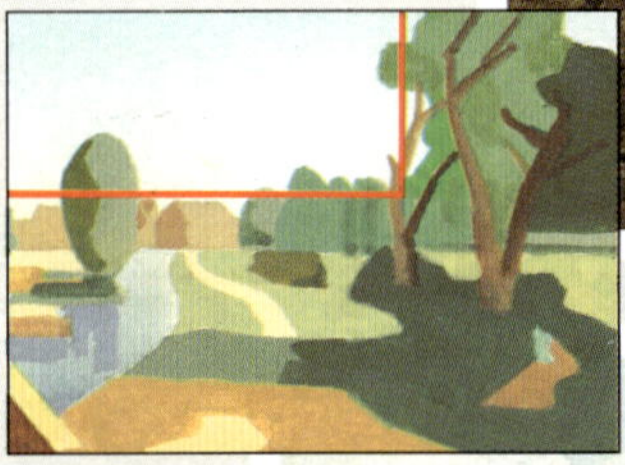

21

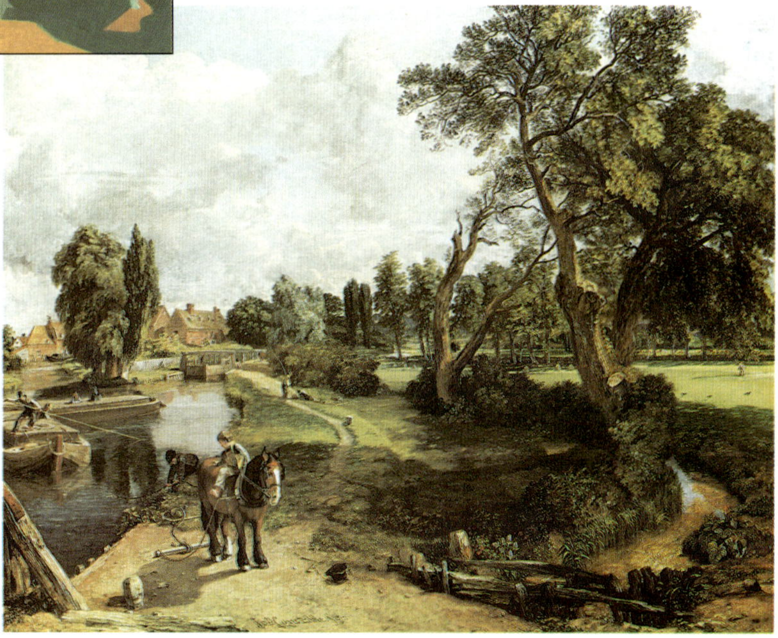

Fig. 21. John Constable, *Vue sur la Stour, le moulin de Flatford*, 1817, Tate Gallery, Londres. Cet artiste eut trois sources d'inspiration : l'œuvre de Claude Lorrain, les paysages hollandais du XVIIe siècle et ceux de Gainsborough.

Fig. 21A. Constable adopte ici une composition géométrique.

Turner et Corot, précurseurs de l'impressionnisme

Joseph Mallord William Turner (1775-1851) commence sa fabuleuse carrière artistique comme peintre de paysages exclusivement à l'aquarelle. En 1796, à vingt ans, il commence à peindre à l'huile, sans pour autant abandonner l'aquarelle. Dans ses premières huiles, les thèmes qu'il traite tournent autour de l'interprétation romantique des forces cosmiques de la nature : l'avalanche, le feu, la tempête. Ce style poétique s'amplifie et se transforme lors de ses voyages en Italie. À Venise, la couleur et la lumière des ciels, de l'eau dans les canaux, des édifices, lui inspirèrent des tableaux extraordinaires (fig. 22 et 22A) qui annoncent le style des maîtres de l'impressionnisme.

Jean-Baptiste Camille Corot (1796-1875) est un impressionniste « avant la lettre ». Né à Paris d'un marchand de tissus qui le retient dans ce négoce, ce n'est qu'à vingt-six ans qu'il abandonne le commerce pour peindre des paysages, des personnages et des portraits, en s'y consacrant pleinement. En 1824, Constable et Turner exposent au Salon de Paris, et leurs paysages, ainsi que les leçons des premiers maîtres de Corot, Achille Michallon et Victor Bertin, orientent définitivement son style, qu'il définit ainsi : « D'abord le dessin, ensuite les valeurs. Ce sont les points d'appui. Ensuite la couleur et, pour finir, l'exécution. » Il fait plusieurs voyages en Italie et peint aux environs de Rome, de Florence et de Venise. Sa peinture et ses idées ont influencé le style de l'école de Barbizon, prélude aux peintres impressionnistes qu'il défendit et qui voyaient en lui un modèle à suivre.

Fig. 23. Jean-Baptiste Camille Corot, *Le Pont de Mantes*, musée du Louvre, Paris. Un style si souvent imité qu'on disait à Paris : « Corot a peint mille tableaux originaux, dont mille cinq cents se trouvent en Amérique. »

23 A

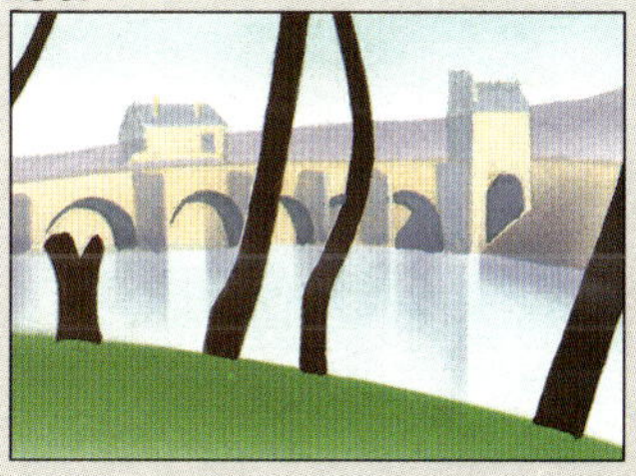

Fig. 23A. Corot met ici en pratique la formule qui consiste à créer de la profondeur en composant un premier plan très détaché du reste : voyez les troncs des arbres.

23

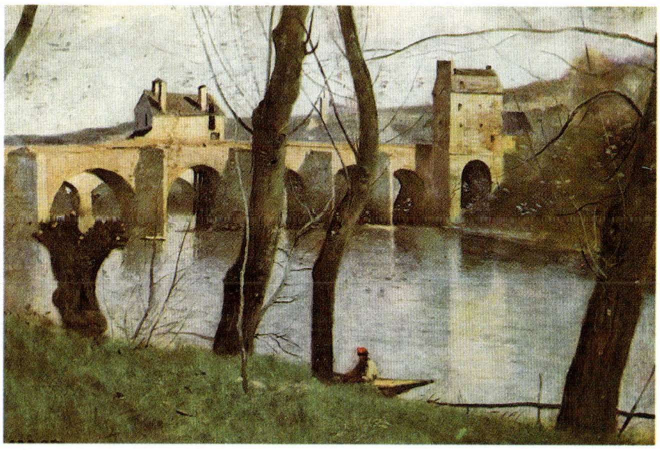

22

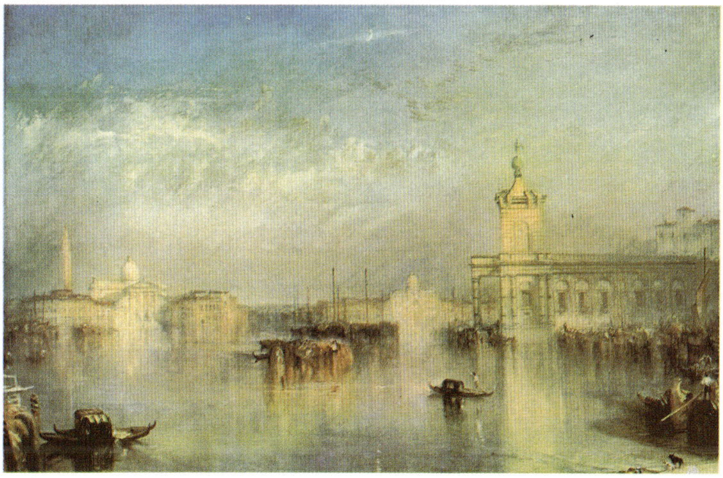

22 A

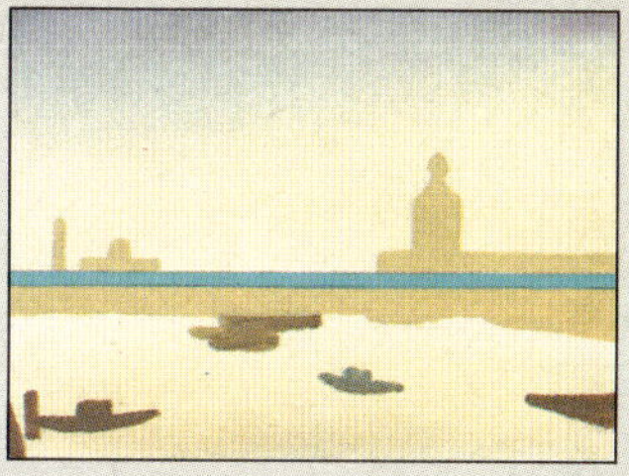

Fig. 22. Joseph Mallord William Turner, *La Douane, Venise*, Tate Gallery, Londres. On a dit et écrit de Turner qu'il a été, avec Velázquez, chacun à sa manière, le précurseur de l'impressionnisme. « Il peint avec de la mousse de couleurs », disait Constable.

Fig. 22A. Turner compose son tableau selon la section d'or, composition dont nous parlerons plus loin.

Les impressionnistes

Jusqu'au milieu du siècle dernier, le peintre peint et compose le paysage dans son atelier ; la palette est sombre, faite de Sienne et de bruns, la peinture académique, aimable et affectée, le format de grandes dimensions, et l'artiste travaille lentement.
À partir de 1850, un groupe de « jeunes révolutionnaires », comme les appelle Zola, change totalement les formules et les normes en vigueur depuis la Renaissance. Ce groupe – les impressionnistes – se met soudain à peindre en plein air, délaissant les bruns et le noir pour des couleurs claires et des touches de pinceau visibles, exécutant le paysage « du premier jet », éliminant les détails, captant des impressions, « peignant en toute liberté des effets de lumière et de couleur » comme dit Claude Monet (fig. 24, 25, 26 et 27).
Les « révolutionnaires » qui forment le groupe à ses débuts – première exposition le 14 avril 1874 –, sont Manet, Monet, Pissarro, Renoir, Boudin, Sisley, Guillaumin, Berthe Morisot, l'Anglais Whistler... et d'autres moins connus. Le terme d'« impressionnistes » vient d'un tableau de Monet intitulé *Impression soleil levant* (fig. 24), qui inspire la critique ironique de Leroy, journaliste de la revue *Le Charivari*.

24

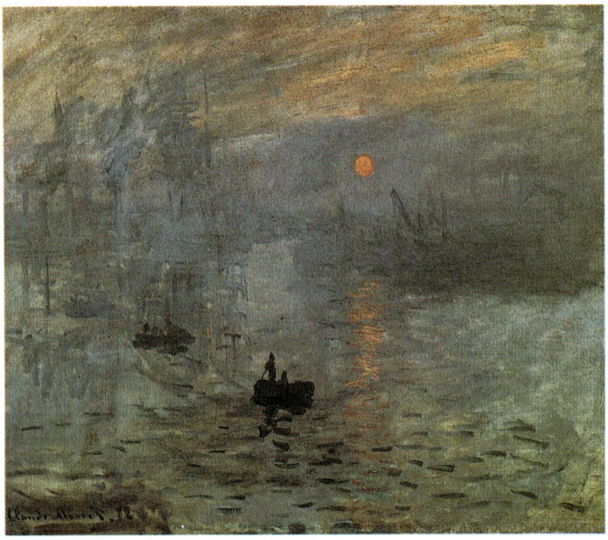

25

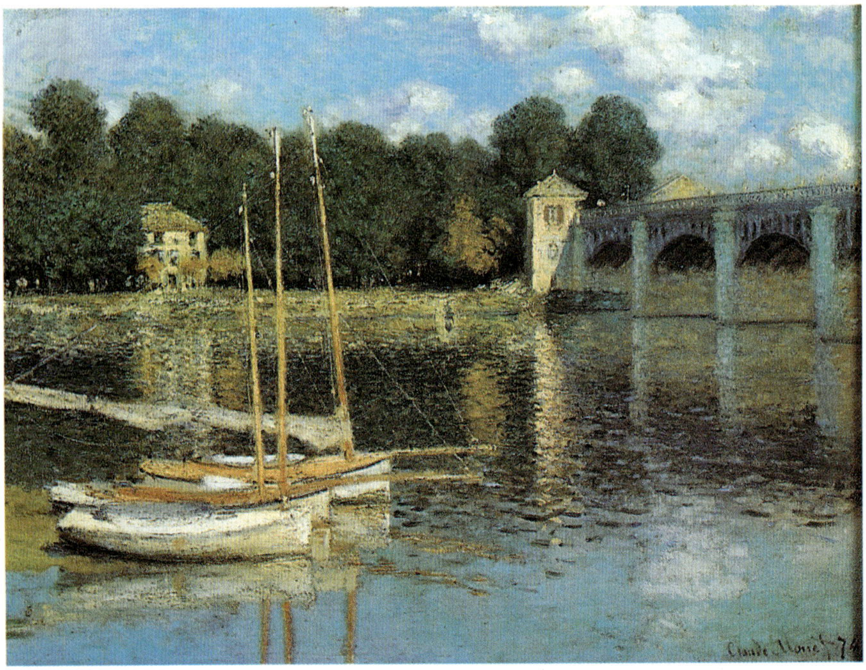

Fig. 24. Claude Monet (1840-1926), *Impression soleil levant*, 1872, musée Marmottan, Paris. La revue *Le Charivari* envoie à l'exposition le critique Leroy, qui, imaginant les commentaires d'un artiste devant ce tableau, écrit : « Impression : oui, certes, je suis moi-même impressionné ; il doit donc y avoir là de l'impression. » C'est de cette critique ironique que naquit le terme d'« impressionnistes »

Fig. 25. Claude Monet, *Le Pont d'Argenteuil*, 1874, musée d'Orsay, Paris. Le thème, la composition, la couleur qui rend superbement l'effet des reflets sur les eaux de la Seine, les bateaux du premier plan qui renforcent l'impression de profondeur... tout est extraordinaire dans ce tableau.

26

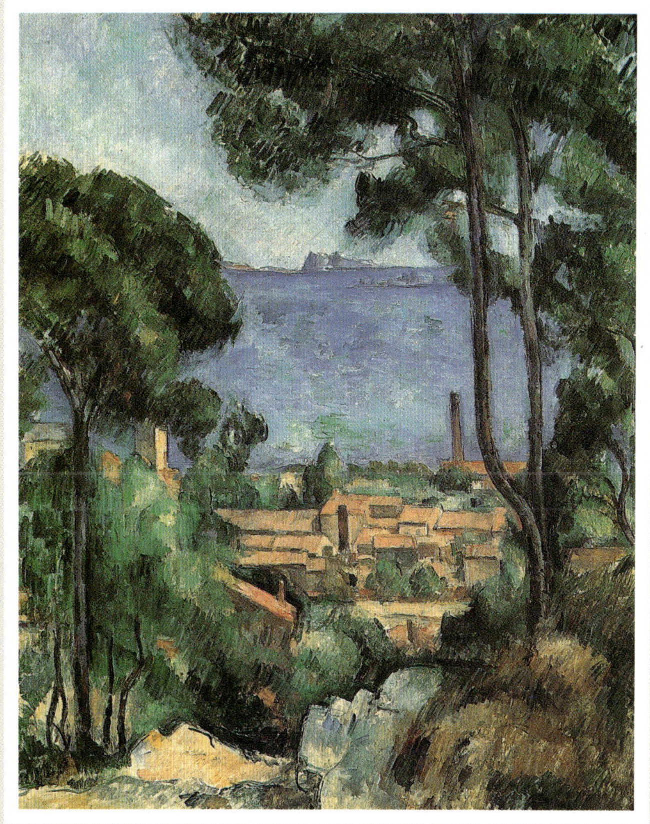

Fig. 26. Paul Cézanne (1839-1906), *Vue de l'Estaque à travers les arbres*, 1882-1885, collection privée. Observez dans ce paysage les formes confuses, floues, au premier plan, pour créer une troisième dimension dans le tableau. C'est un procédé que nous étudierons un peu plus loin.

Fig. 26A. Composition en ovale : la forme de base est bien visible dans ce tableau.

26 A

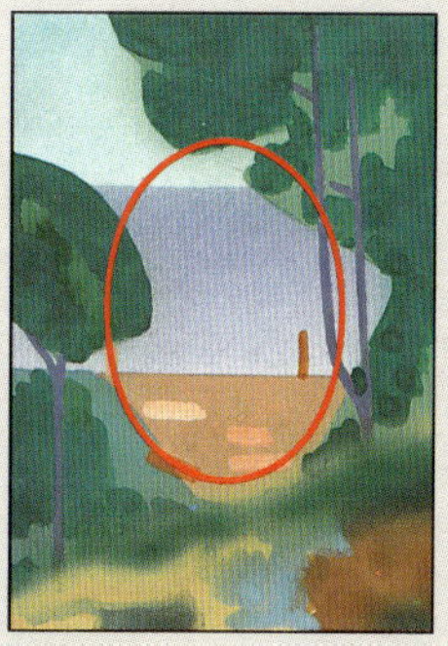

27

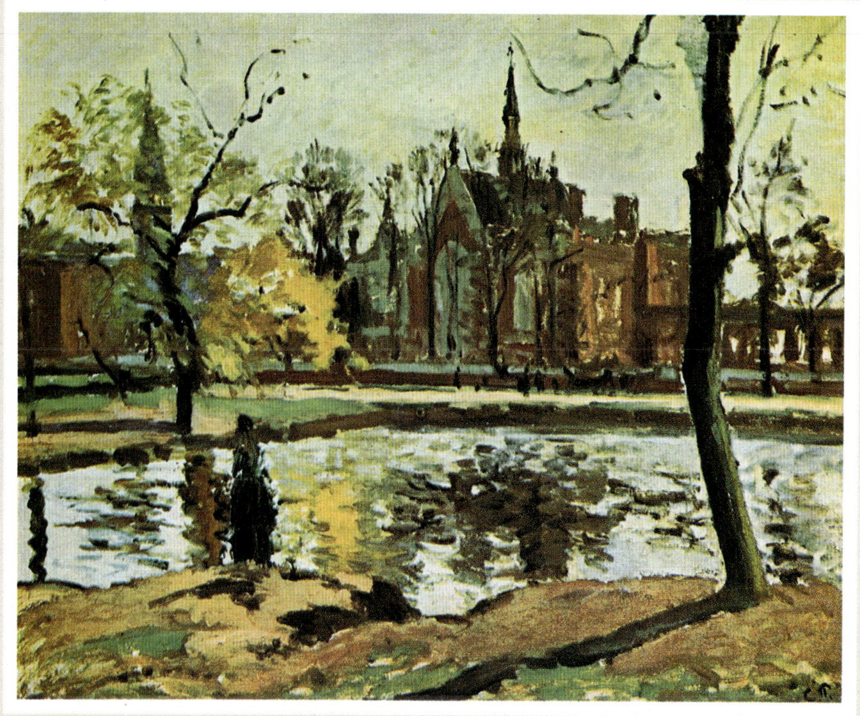

27 A

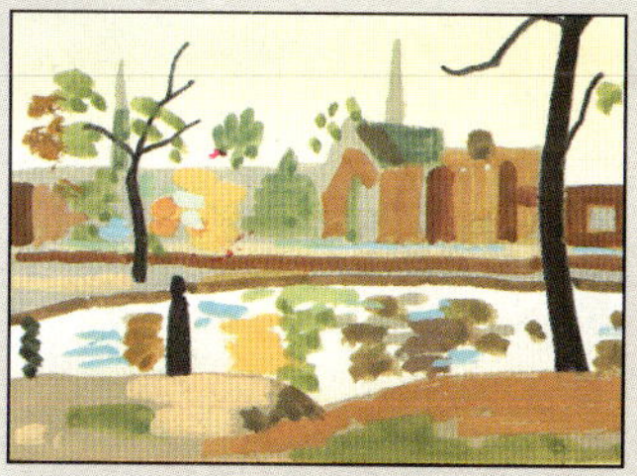

Fig. 27 et 27A. Camille Pissarro (1831-1903), *Dulwich College*, collection particulière. Pissarro choisit ici un jeune tronc d'arbre pour le premier plan afin de renforcer la profondeur. La composition est bien équilibrée par un schéma très précis et des couleurs variées.

Les postimpressionistes

Le 15 mai 1886 a lieu à Paris la huitième et dernière exposition des impressionnistes. Des participants à la première, il ne reste que Degas, Pissarro, Guillaumin et Berthe Morisot. Il y a une autre femme : l'Américaine Mary Cassatt. Mais ni Monet, ni Renoir, ni Sisley, ni Cézanne ne sont là. Cézanne a évolué vers un style qui l'éloigne des impressionnistes, car, dit-il, il veut « transformer cette impression en quelque chose de solide et de durable comme l'art qui se conserve dans les musées ». Pour atteindre ce but, Cézanne évolue et travaille d'une façon intense jusqu'à sa mort en 1906.

Quatre ans plus tard, en 1910, le critique anglais Roger Fry organise à Londres une exposition intitulée « Manet et les postimpressionnistes », présentant au public britannique des œuvres de Paul Cézanne, Vincent Van Gogh (fig. 28, 29), Paul Gauguin, Henri Matisse et Pablo Picasso. Roger Fry veut montrer que ces artistes ont rejeté le style hérité de l'impressionnisme et qu'ils s'affirment comme postimpressionnistes car ils peignent « en donnant plus de relief à la forme et à la couleur, en traitant le thème avec plus d'ampleur ». Pour compléter cette définition du postimpressionnisme, il dit aussi :

« Ces artistes font plus qu'imiter les formes et les couleurs. Ils les créent. »

28

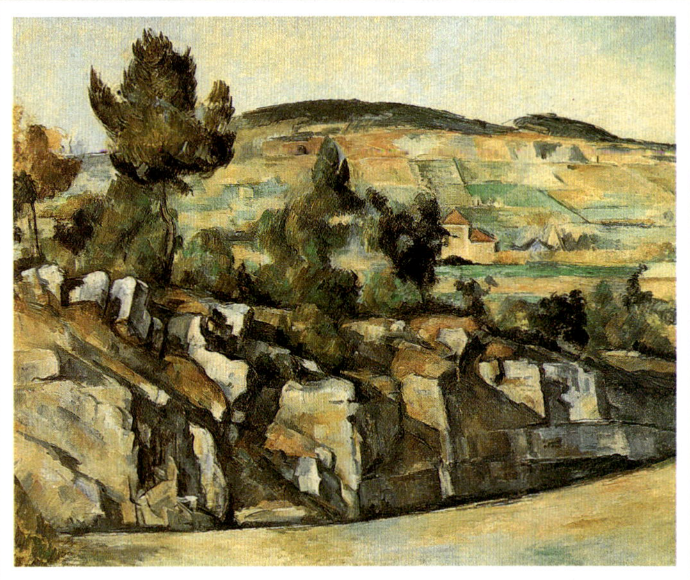

29

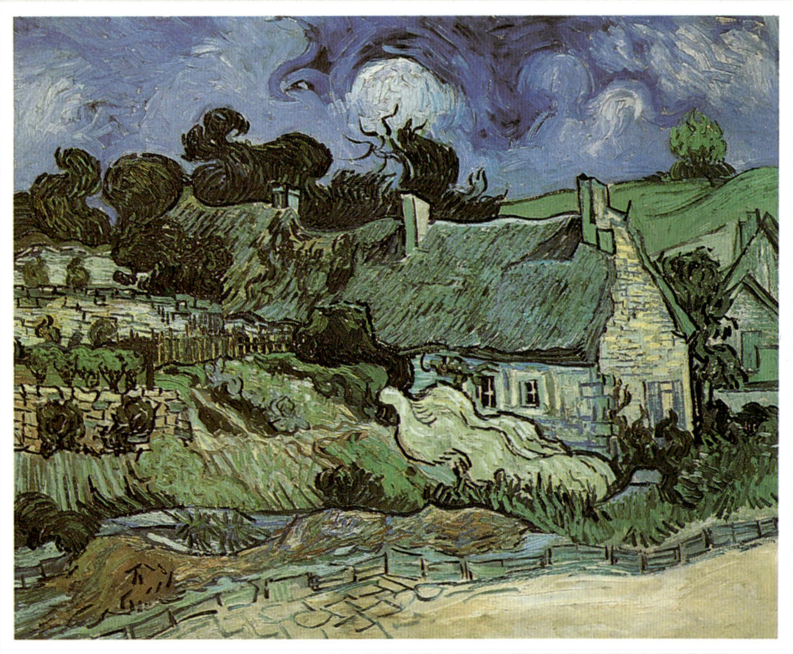

Fig. 28. Paul Cézanne (1839-1906), *Aix. Paysage rocheux*, National Gallery, Londres. Ce tableau est très éloigné de l'impressionnisme. La synthèse du premier plan est une véritable anticipation sur la peinture moderne, le cubisme, l'expressionnisme.

Fig. 29. Vincent Van Gogh, *Maisons aux toits de chaume à Cordeville*, 1890, musée d'Orsay, Paris. Van Gogh a peint ce tableau au mois de mai 1890, dans le village de Cordeville, près d'Auvers-sur-Oise. Deux mois plus tard, le 27 juillet, il met fin à ses jours.

Les Fauves

Henri Matisse (1869-1954), l'un des postimpressionnistes de l'exposition de Roger Fry, avait exposé cinq ans auparavant, avec d'autres artistes, au fameux Salon d'automne de 1905, des tableaux qui, par leur couleurs stridentes, exaltées et violentes, avaient fait dire au critique Mauclair : « C'est un pot de peinture jeté au visage du public » (fig. 30 et 31).

Avec Matisse participent aussi à l'exposition Derain, Vlaminck, Rouault, Manguin, Camoin, Puy, Friesz et Marquet. Celui-ci expose en outre deux sculptures qui, d'une certaine manière, rappellent le style florentin du XVe siècle. Le jour de l'inauguration, le critique Louis Vauxcelles s'exclame en entrant et en voyant les tableaux et les sculptures classiques de Marquet : « Donatello chez les fauves ! » La phrase fut publiée par la revue d'avant-garde *Gil Blas* et le terme de « Fauves » s'appliqua désormais au groupe.

30

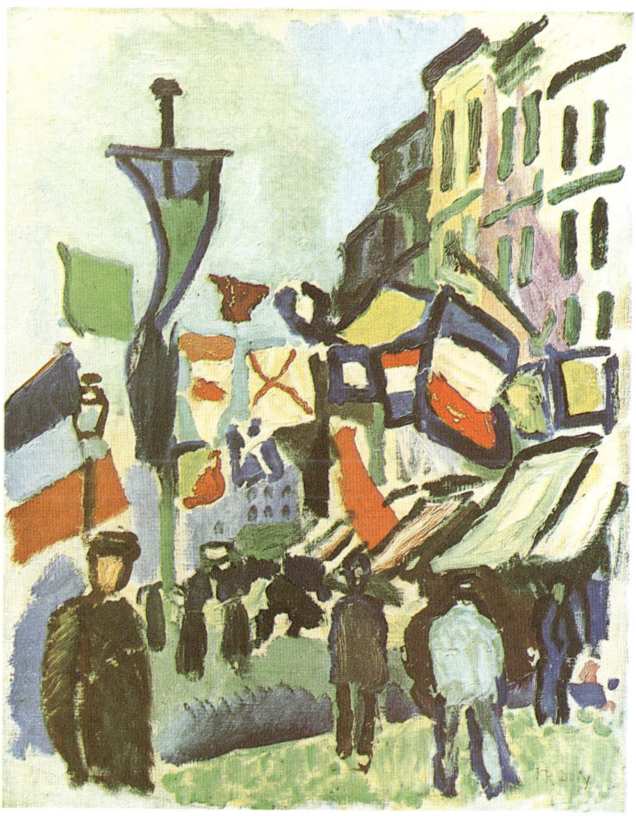

31

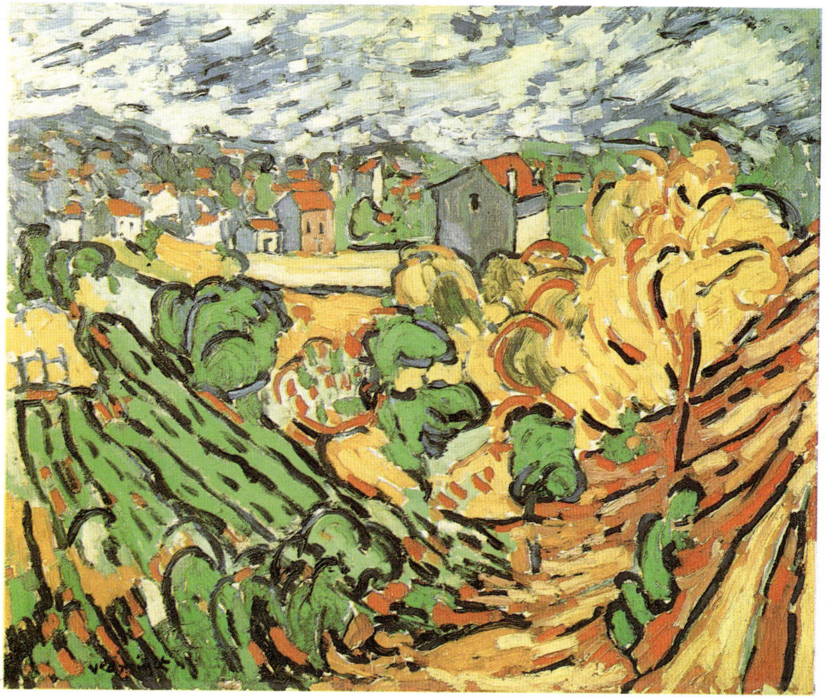

Fig. 30. Raoul Dufy (1877-1953), *Le 14 Juillet*, collection particulière, Paris. Jusqu'en 1905, Dufy peignit comme les impressionnistes, mais après avoir vu le tableau de Matisse, *Luxe, Calme et Volupté*, il rejoignit le mouvement fauve.

Fig. 31. Maurice de Vlaminck (1876-1958), *Paysage près de Chatou*, 1906, musée Stedelijk, Amsterdam. Vlaminck, fut, avec Derain et Matisse, un pionnier du fauvisme : « Le fauvisme, c'est moi, disait-il, ce sont mes bleus, mes rouges, mes jaunes, mes couleurs pures sans les tons. »

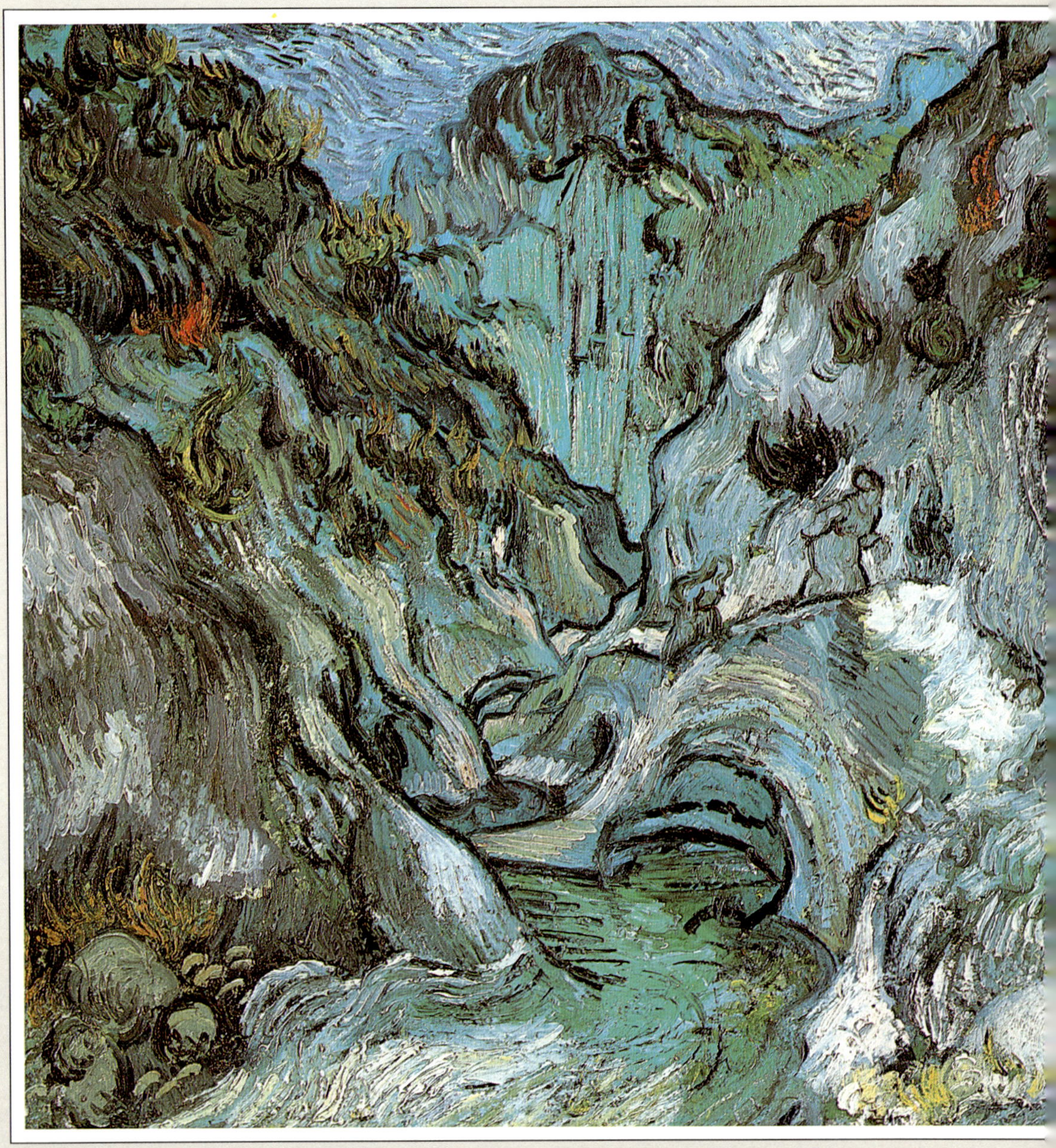

Fig. 32. Vincent Van Gogh, *Le Ravin*, « *Les Peyroulets* », musée des Beaux-Arts, Boston, don de Keith McLeod.

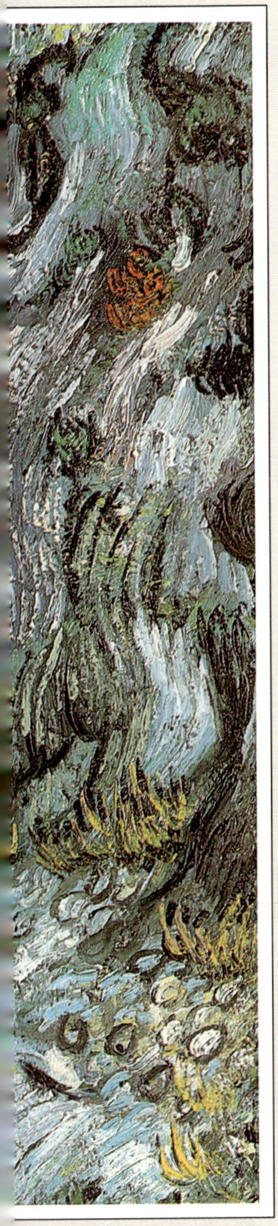

LE CHOIX DU SUJET

Il faut d'abord trouver le thème, le lieu, le paysage... ce peut être une montagne, un chemin dans une vallée, l'entrée d'un village, des arbres se reflétant dans les eaux d'un fleuve... N'importe quoi, comme disait Renoir, où n'importe où, comme l'expliquait Cézanne à son fils Lucien quand il lui écrivait d'Aix : « Ici, au bord du fleuve, les motifs sont innombrables. » Mais vous trouverez aussi dans ce chapitre des procédés, des exemples et des enseignements sur les thèmes choisis et peints par les grands maîtres du paysage : Van Gogh, Monet, Pissarro, Sisley. Nous évoquerons par ailleurs la nécessité des croquis préalables, traitant au passage les formes fondamentales dans le dessin et le problème des dimensions et des proportions dans la composition des paysages.

Les thèmes de Van Gogh et l'intention de Delacroix

Je suis un grand admirateur de Vincent Van Gogh. Sa peinture, sa vie, sa folie me touchent. Je crois voir dans l'histoire de sa vie une leçon magistrale, y compris dans l'année précédant son suicide, où, n'ayant plus sa raison, il découvre la lumière et la couleur, peignant alors ses meilleures toiles.

> « Depuis que je suis ici », écrit-il à son frère Théo de l'hospice de Saint-Rémy, « le jardin désolé, planté de grands pins sous lesquels croît une herbe haute et mal entretenue, m'a suffi pour travailler. » (Fig. 33 et 34.) « Je ne suis pas encore sorti », disait-il à Théo dans sa première lettre, « ... à travers la fenêtre barrée de fer de ma chambre, j'aperçois un carré de blé dans un enclos. »

Mais n'allez pas penser que ces sujets lui étaient imposés par sa réclusion à Saint-Rémy. Avant d'entrer à l'asile, il avait peint sa chambre, et, une année auparavant, alors qu'il se trouvait à Arles, la terrasse d'un café, la nuit, et une chaise ; il fit aussi un tableau de simples paires de chaussures (fig. 35 à 38). Van Gogh, comme tous les impressionnistes, était un fervent admirateur de son prédécesseur Eugène Delacroix, qui avait écrit dans son Journal :

Le sujet, c'est toi,
tes impressions, tes émotions
en face de la nature.

33

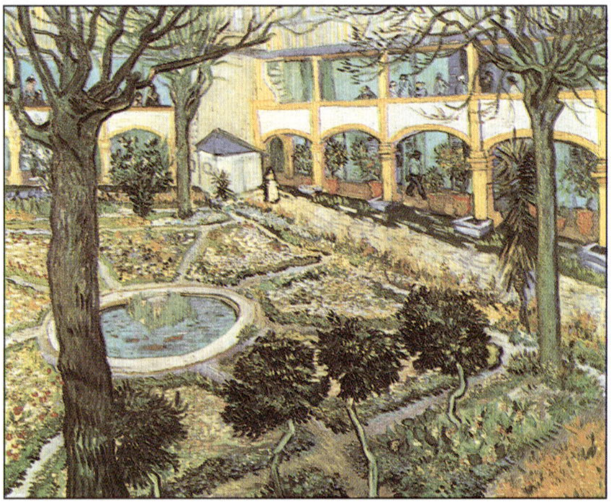

34

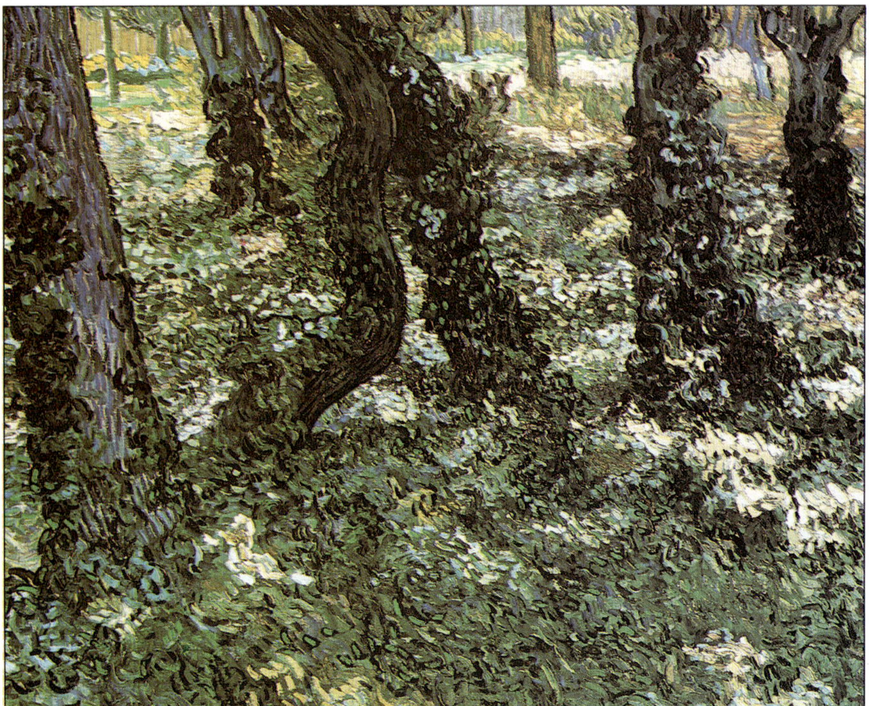

Fig. 33 et 34. Vincent Van Gogh, *Le Jardin de l'hospice d'Arles*, collection Oskar Reinhart, Winterthur, et *Sous-bois* 1889, Rijksmuseum, Amsterdam. Tandis qu'il était interné dans les asiles d'Arles et de Saint-Rémy, victime de troubles mentaux, Van Gogh n'arrêta ni de dessiner ni de peindre : il réalisa plusieurs esquisses de l'intérieur de l'hospice d'Arles, et une peinture de jardin. À Saint-Rémy, il se mit à dessiner et à peindre le maquis selon les quelques aperçus qu'il en avait, jusqu'à ce qu'on lui permît de sortir pour peindre en liberté.

35

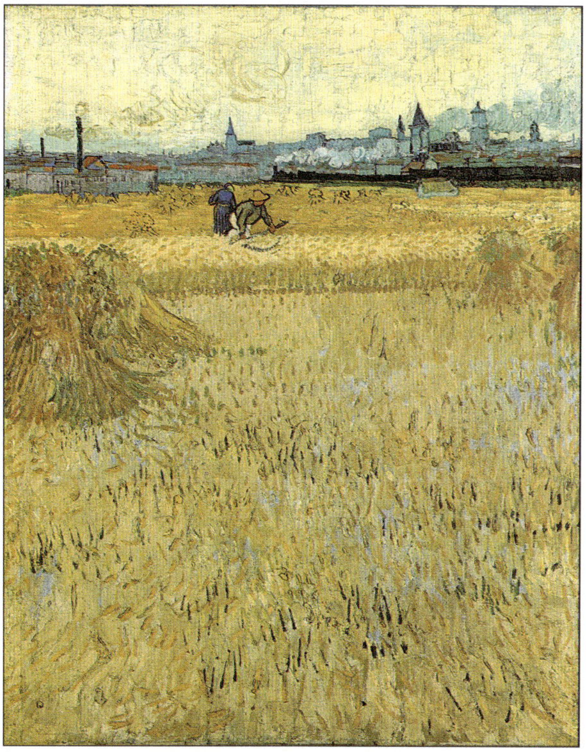

36

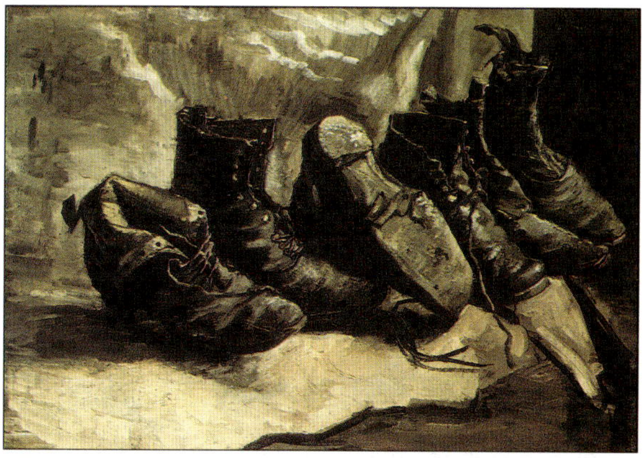

37

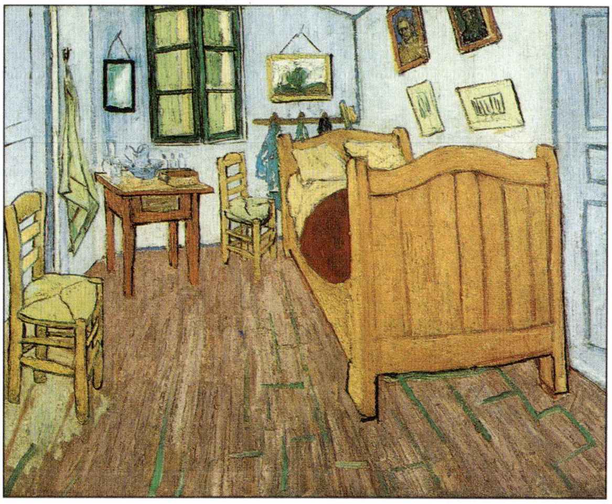

38

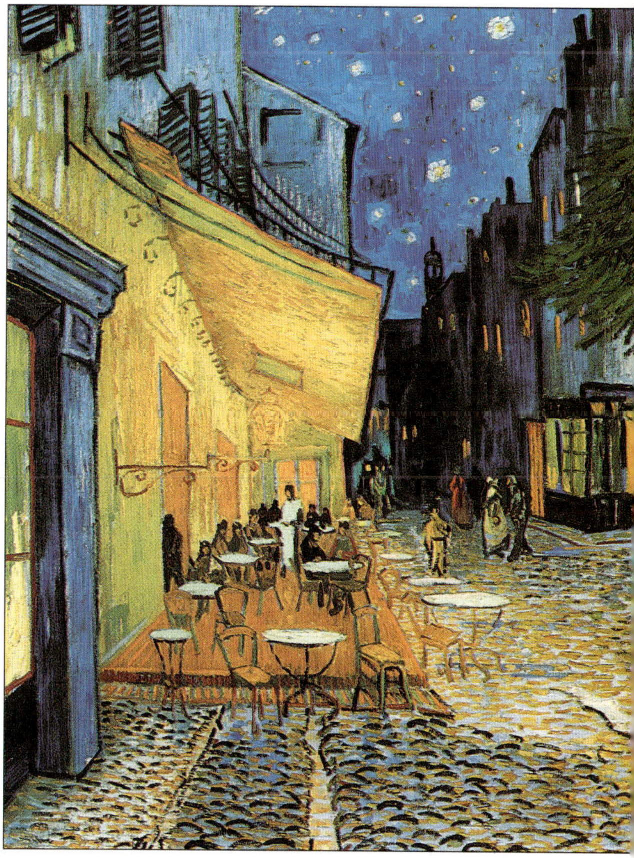

Fig. 35. Vincent Van Gogh, *Les Moissonneurs*, musée Rodin, Paris. Admirateur de Millet et de ses paysans, Van Gogh avait une prédilection pour les thèmes sociaux. Il a souvent peint le thème du semeur et des champs de blé avec des paysans au travail.

Fig. 36. Vincent Van Gogh, *Trois Paires de souliers*, 1888, collection Maurice Wetheim, Fogg Art Museum. Van Gogh a peint cinq toiles représentant des paires de vieux souliers, thème qu'il rattachait aux pénuries du monde ouvrier.

Fig. 37. Vincent Van Gogh, *La Chambre à coucher*, 1888, Rijksmuseum Vincent Van Gogh, Amsterdam. Il a peint trois fois sa chambre à Saint-Rémy et était enthousiasmé par cette toile : « Je crois que c'est un de mes meilleurs tableaux. Il est plus simple, plus énergique, sans effets d'ombres, rien, simplement des couleurs planes en harmonie », confiait-il à son frère Théo.

Fig. 38. Vincent Van Gogh, *Café-terrasse de la place du Forum*, Otterlo, Rijksmuseum Kröller-Müller, Amsterdam. « C'est le premier tableau que j'ai peint de nuit *in situ* », écrit-il. Sans aucun doute, cette toile est une leçon magistrale sur l'obtention des contrastes par juxtaposition des couleurs complémentaires.

Les thèmes des impressionnistes

39

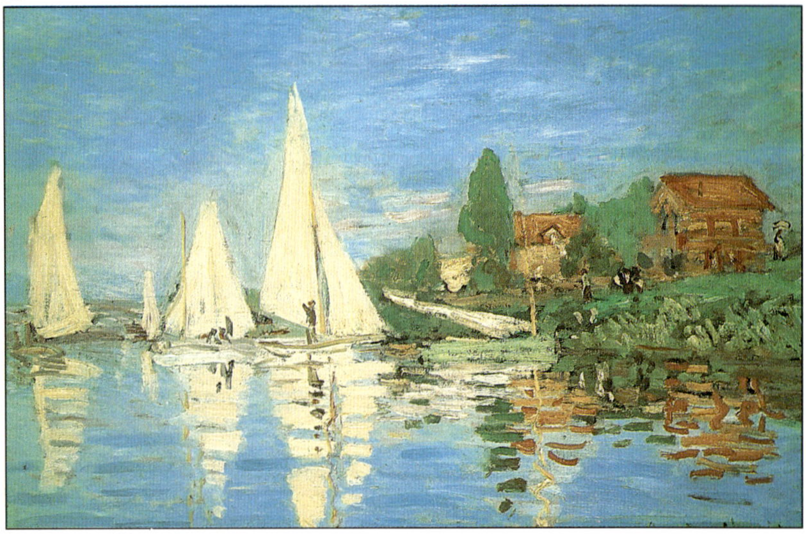

40

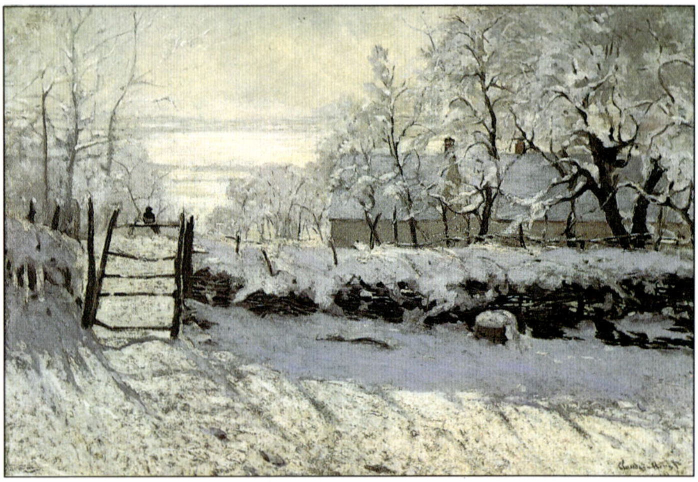

41

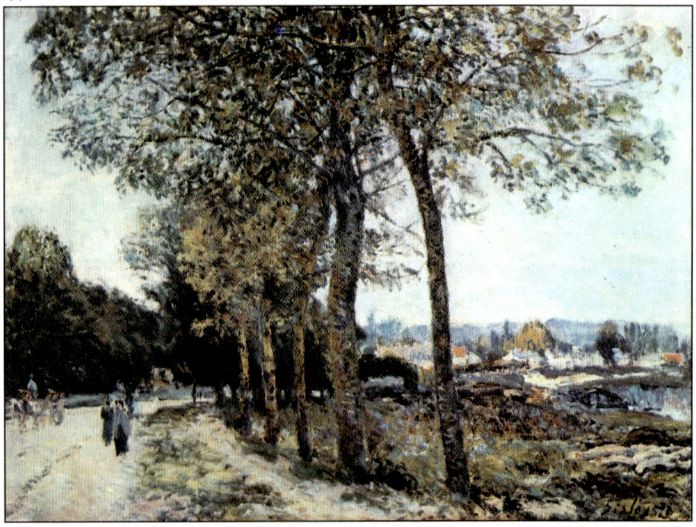

Les impressionnistes peignent, selon leurs propres termes, des « motifs » et non des thèmes, c'est-à-dire des sujets vivants, spontanés, sans préparation, tels qu'ils sont et tels qu'on les trouve dans la vie réelle.

« Des thèmes, des motifs ? Pour ma part, je me contente de n'importe quelle paire de fesses », disait Renoir. Quant à Cézanne, il écrit à son fils Lucien : « Ici, au bord de la rivière, les thèmes se multiplient ; un même motif, vu selon des angles différents, constitue un thème du plus vif intérêt et si varié que je pourrais vraiment rester à travailler et à peindre des mois durant sans changer d'endroit ni de place. »

La leçon à tirer de ces commentaires est claire : pour peindre un paysage, il est relativement facile de trouver un sujet ou un motif. Il y en a partout : dans votre rue, dans un village ou dans une ville, dans un jardin, à la campagne ou à la montagne, sur la plage, dans un port, qu'il soit de pêche ou industriel. Mais attention : Cézanne, Renoir, Van Gogh et tous les impressionnistes peignent des tableaux dont le modèle, apparemment, est sous leurs yeux et pour lequel ils n'ont plus qu'à installer leur chevalet et à se mettre au travail, mais il est certain qu'auparavant ils ont regardé le motif, imaginé la composition et interprété le tableau. En réalité

ils ont choisi le thème,

sans s'attarder sur son contenu ; peu importe que ce soit une botte de radis ou un bouquet de roses.
Le choix du sujet dépendait pour eux, et dépend pour vous, de ces trois facteurs essentiels :

1. Savoir voir
2. Savoir composer
3. Savoir interpréter

Cet ordre est bien entendu conventionnel, car on ne peut séparer ces trois actions. Quand un artiste « travaille sur le motif », il est sensible simultanément au meilleur cadrage, au meilleur éclairage, au meilleur angle de vue, à la structure formelle et chromatique, à la composition... et il voit déjà ce qu'il peut supprimer ou mettre en valeur, la couleur dominante de son tableau, les contrastes possibles, bref, il interprète, le « regard tourné vers l'intérieur ». Ces éléments seront étudiés plus loin, mais permettez-moi de vous offrir une sélection de paysages dont les thèmes ou les motifs jouissaient de la faveur des impressionnistes.

42

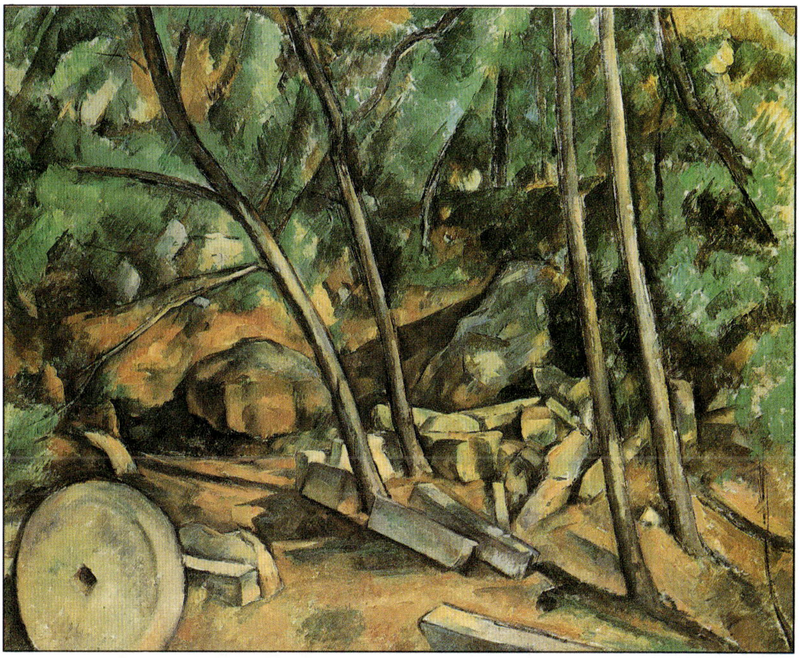

43

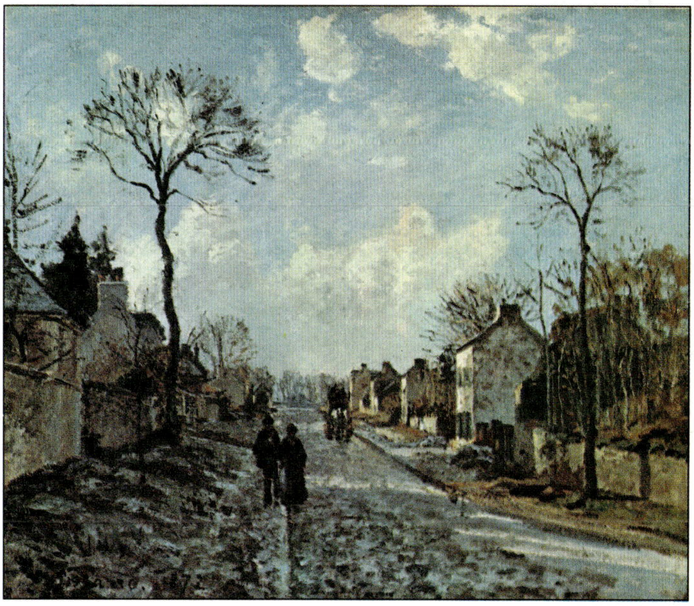

Les étangs, les fleuves, la mer (fig. 39)

Désireux de représenter les formes reflétées sur l'eau, tous les impressionnistes peignent près de la Seine ou sur les plages du nord de la France, en particulier Monet, qui a toujours vécu dans des endroits où coule la Seine. Lors de ses voyages en Hollande, à Londres et à Venise, il va toujours peindre près des fleuves et des canaux ; il fréquente aussi les plage d'Étretat, de Dieppe, etc., et s'installe à Giverny, où il fait creuser un étang dans lequel il place des plantes aquatiques, motifs de sa célèbre et longue série de tableaux sur les nymphéas.

Fig. 39. Claude Monet, *Régates à Argenteuil*, musée d'Orsay, Paris. Voici un bel exemple de synthèse et de « style coloriste », c'est-à-dire l'expression des formes en quelques coups de pinceau et avec des couleurs, seulement des couleurs, sans ombres, des couleurs planes.

Fig. 40. Claude Monet, *La Pie*, vers 1868-1869, musée d'Orsay, Paris. Voici un autre exemple du talent de Monet : il peint dans une gamme de couleurs limitée, mais en reproduisant la réalité chromatique du modèle avec une variété de tons extraordinaire.

Fig. 41. Alfred Sisley, *La Seine à Marly*, musée Saint-Pierre, Lyon. Paysage admirable par sa gamme de couleurs et sa composition : couleurs rompues, premier plan très travaillé, arbres, chemin, perspective, profondeur... et le résultat obtenu : un modèle à suivre.

Fig. 42. Paul Cézanne. *La Meule*, Museum of Art, Philadelphie. Ce tableau a été peint vers 1894, alors que Cézanne ne se réclamait plus des impressionnistes et voulait « transformer cette impression en quelque chose de solide et de durable, comme l'art qui se conserve dans les musées ».

Fig. 43. Camille Pissarro, *La Route de Louveciennes*, 1872, musée d'Orsay, Paris. Pissarro aimait ce motif : des routes ou des chemins menant à des villages. C'est un thème souvent traité, car la réussite de la composition tient à la perspective.

Les thèmes des impressionnistes

Paysages de montagnes, de neige, d'arbres (fig. 40, 41, 42, page précédente)

On y voit des montagnes, de la végétation, parfois la mer comme toile de fond et presque toujours quelques maisons ou un village, mais aussi des arbres en pleine nature, des forêts, thèmes particulièrement chers à Cézanne et à Van Gogh.

Paysages urbains, entrées de villages (fig. 43 et 44)

C'est un thème traité par la majorité des impressionnistes : places ou boulevards de Paris, ponts sur la Seine, véhicules et piétons ; et aussi des rues, des édifices, ainsi que des chemins ou des routes arrivant à des villages.

Vergers, prés et jardins (fig. 45)

Ce sont des sujets souvent traités par Monet, Pissarro, Renoir et Van Gogh. Pour Monet et Renoir, des jardins et des prés sauvages. Monet était amoureux de ses jardins fleuris. Pissarro a peint plusieurs vergers. Van Gogh s'est attaché à ces trois sujets avec une prédilection pour les champs de blé, en y incorporant parfois le moissonneur.

Marines (fig. 46)

Comme nous l'avons dit, les impressionnistes sont allés sur les plages du nord de la France pour peindre la mer, les rochers, les bateaux, pour interpréter le mouvement des vagues et leur éclat, et surtout les reflets des bateaux à voile et des bateaux de pêche.

44

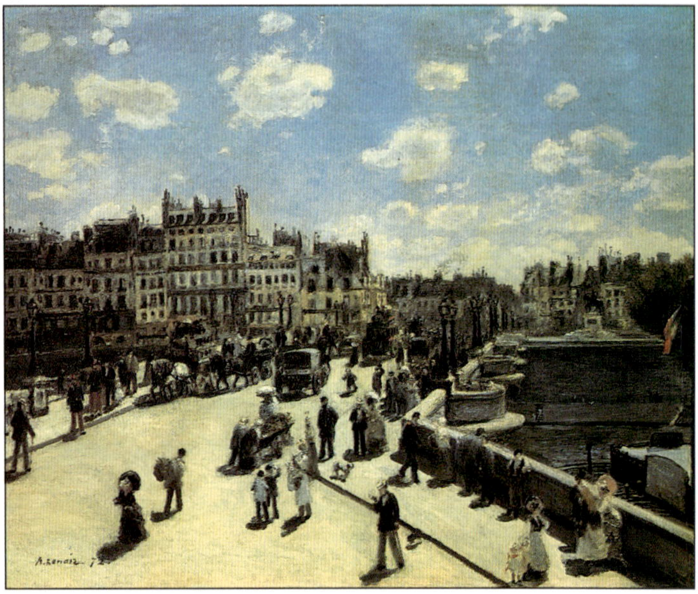

45

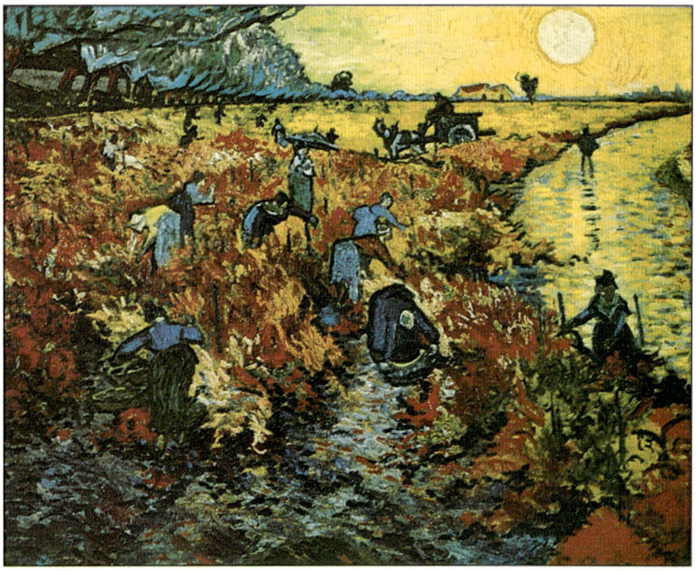

46

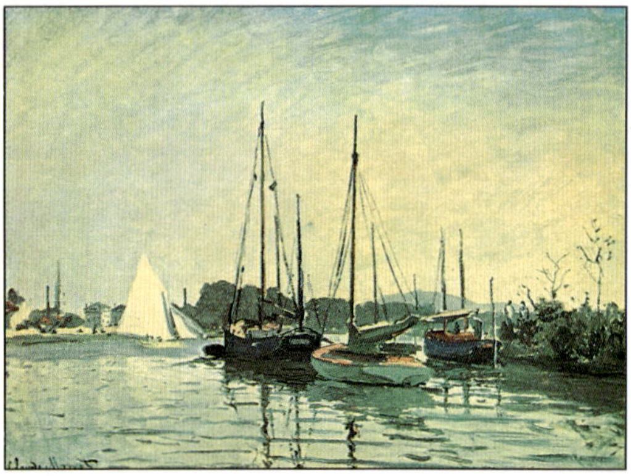

Fig. 44. Auguste Renoir, *Le Pont-Neuf à Paris*, National Gallery of Art, Washington. Observez la lumière à contre-jour qui met en valeur les groupes de maisons et la structure du pont : c'est ainsi qu'est déterminée la bonne composition du sujet.

Fig. 45. Vincent Van Gogh, *La Vigne rouge*, musée Pouchkine, Moscou. Ce tableau fut le seul vendu du vivant de Van Gogh. C'est une femme, Anna Boch, qui l'acheta pour la somme de quatre cents francs.

Fig. 46. Claude Monet, *Bateaux de plaisance*, musée d'Orsay, Paris. La Seine depuis Paris jusqu'à la mer, au Havre, ont offert à Monet des modèles et des thèmes de tableaux aussi simples et lumineux que cette délicate marine.

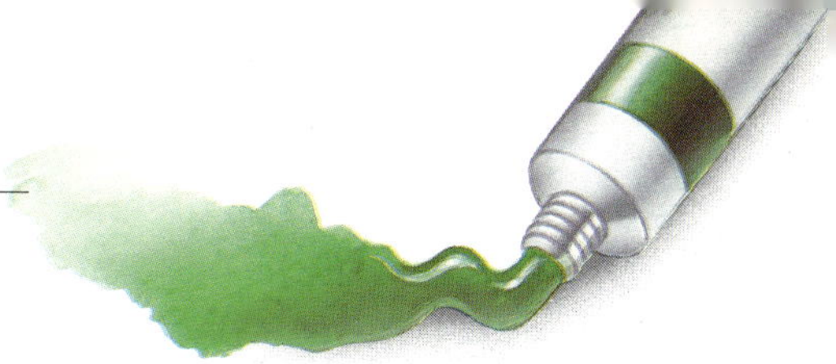

Les sujets traités par « les autres »

« Les autres », ce sont les précurseurs des impressionnistes et aussi leurs contemporains, les artistes d'hier et d'aujourd'hui qui ont peint ou peignent des paysages et exposent leurs œuvres dans des musées, des galeries ou des salles d'exposition.
Ils peignent pour la plupart dans le style des impressionnistes, mais vous pourrez voir aussi des tableaux dont le style et les coloris appartiennent au post-impressionnisme et au « fauvisme ».
Le mieux est d'aller regarder ces œuvres originales dans les salles où elles sont exposées, afin d'en apprécier les couleurs, d'en étudier le nuances, les gammes chromatiques, la texture et le coup de pinceau, et aussi le sujet : le point de vue, le cadrage et la composition (fig. 47, 48 et 49).

On n'est pas, on ne peut pas être artiste sans voir et étudier ce que peignent les autres artistes.

47

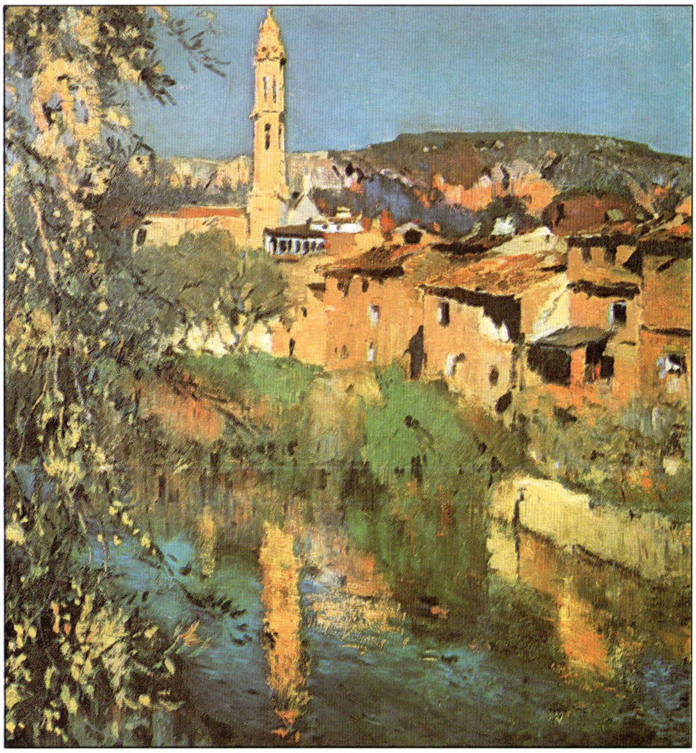

48

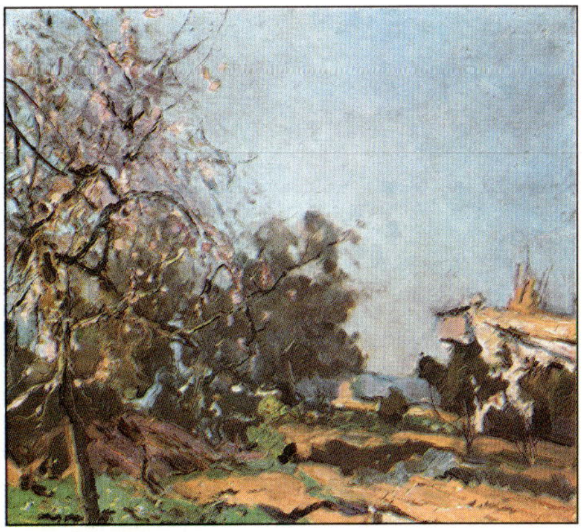

Fig. 47 et 48. Joaquim Mir, *Le Reflet de l'église d'Alforja*, abbaye de Montserrat, don de Juan Sala ; *Amandier en fleur*, collection J. M. Argenté, Barcelone. Il est du plus grand intérêt de visiter des expositions de peinture et d'y voir des paysages de qualité comme ceux-ci, exécutés par le fameux peintre catalan Joaquim Mir. Le premier, dont le sujet se reflète dans l'eau, est bien composé et a des couleurs éclatantes ; le second est un très bon exemple de ce qu'on peut faire à partir d'une ébauche peinte *alla prima*.

49

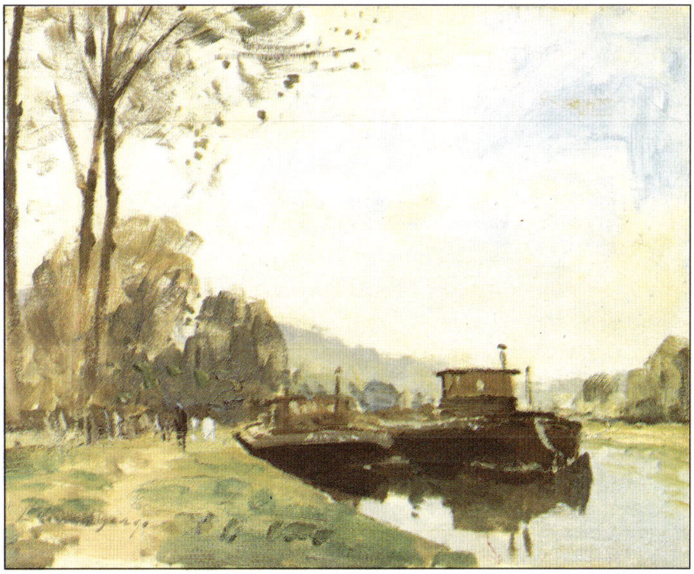

Fig. 49. Edward Seago, *Péniches à Amfreville*, collection particulière. Visitez les expositions... ou achetez des livres avec de bonnes reproductions. Cette illustration est tirée d'un livre sur le peintre Edward Seago, excellent exemple de peinture rapide, avec la gamme chromatique de tons rompus de tendance chaude.

Les formes de base et l'art du cadrage

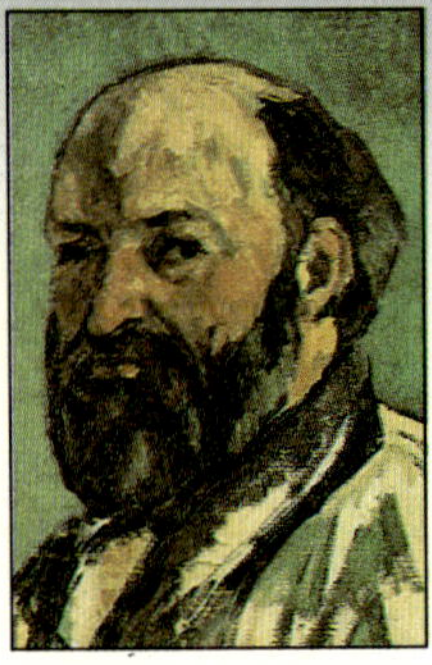

Fig. 50. Paul Cézanne, *Autoportrait*, musée d'Orsay, Paris.

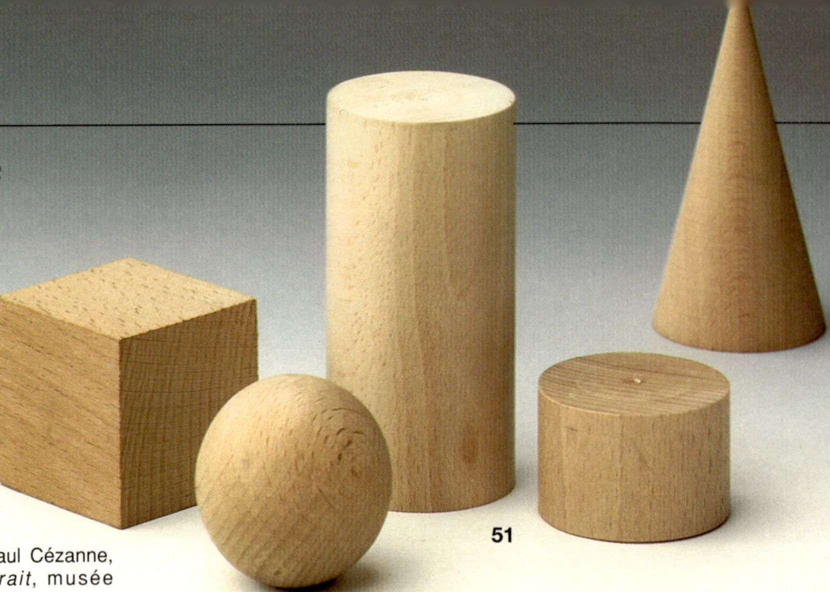

51

« Tout corps se réduit à la forme d'un cube, d'une sphère ou d'un cylindre », disait Cézanne à ses amis, affirmation par laquelle il posait les bases du cubisme et établissait une loi universelle de l'art du dessin. Et qui dit dessiner dit peindre, car si nous utilisons un pinceau fin et un brun foncé pour peindre les branches d'un arbre se détachant sur le bleu du ciel, nous peignons et dessinons en même temps.

Cézanne dit aussi qu'une maison ou un édifice ont généralement la forme d'un cube ou d'un parallélépipède, que le faîte d'un arbre ou une meule de paille se réduisent à une sphère ou à une demi-sphère, un sapin à un cône, et que les troncs d'arbre correspondent à l'agencement de plusieurs cylindres (fig. 51 à 55). Bien sûr, quand l'artiste maîtrise l'art du dessin, il n'a nul besoin de figurer le cube, le cylindre ou la sphère, mais il se représente mentalement ces formes (et la perspective correspondante, nous en parlerons plus loin), pour construire et peindre la maison, l'arbre où la meule. De même, il est facile de déterminer les dimensions et les proportions des divers éléments entre eux en commençant par dessiner de simple « boîtes », c'est-à-dire des cubes, des cylindres, des sphères ou des cônes.

52

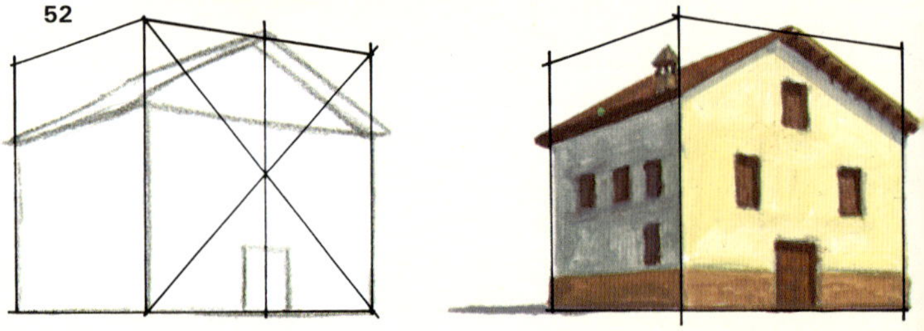

53

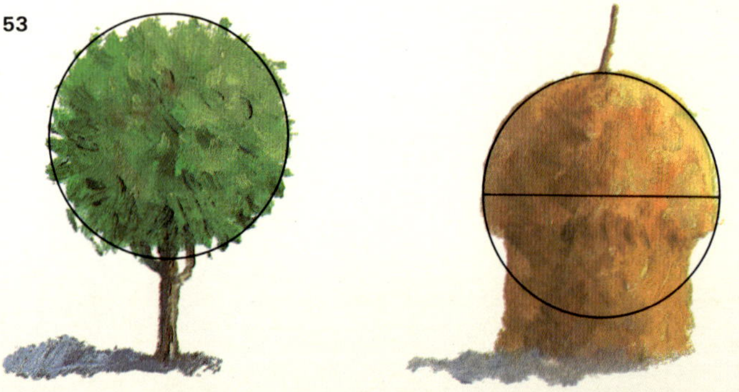

54

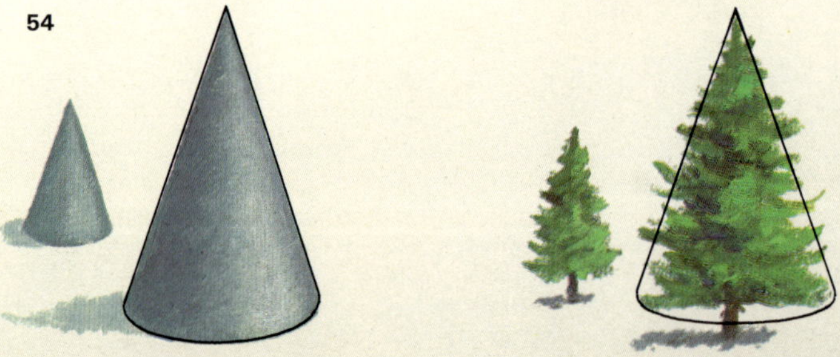

55

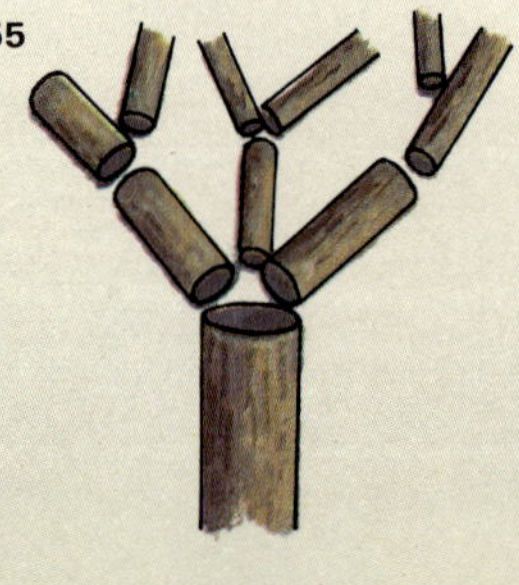

Fig. 51 à 55. Le cube, la sphère, le cylindre, la pyramide, le cône, etc., toutes les formes de base (fig. 51) sont dans la structure de toutes les formes de la nature. Le cube et le parallélépipède, par exemple, correspondent à la structure d'une maison ou d'un édifice (fig. 52), la sphère à un arbre ou à une meule de paille (fig. 53), le cône à la forme d'un sapin (fig. 54), le cylindre au tronc et aux branches d'un arbres (fig. 55), etc.

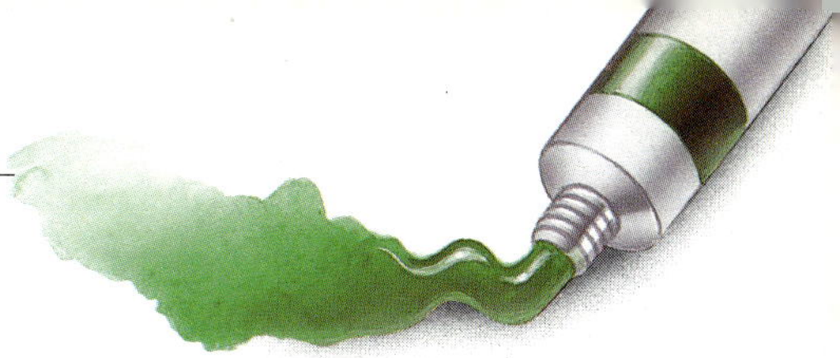

L'ébauche préalable

Le peintre Helmut Ruheman écrit : « J'ai travaillé deux ans à Paris pour Maurice Denis et jamais je n'oublierai l'excellent conseil qu'il m'a donné un jour :

> Avant de commencer un tableau, fais-toi un petit croquis rapide de la composition et du schéma des couleurs, et n'abandonne cette première idée toute fraîche pour rien au monde ».

Ainsi donc, avant de commencer à peindre un paysage, dessinez ou peignez un ou plusieurs croquis, en essayant de trouver le meilleur angle de vue, mais aussi en étudiant les possibilités offertes par le sujet concernant la composition, les contrastes, les coloris et l'interprétation. N'oubliez pas qu'il faut passer par ce « banc d'essai » si vous voulez être sûr du succès de votre tableau, et que, par ailleurs, le croquis est sans doute le meilleur exercice pour améliorer votre perception des couleurs, vos capacités de synthèse, votre vision artistique, votre technique en quelque sorte. Car le croquis n'engage à rien, il ne comporte pas le « risque » du tableau définitif, se peint dans la détente absolue et donc avec plus d'aisance et de spontanéité, sans *a priori*... On a plus d'assurance quand on peut essayer, expérimenter et recommencer si besoin est. On peut voir (fig. 57) le modèle ou la photographie d'un paysage, puis le premier jet (fig. 58), puis la réalisation définitive de l'ébauche (fig. 59). Dessiner ou peindre des croquis, c'est en fin de compte faire une synthèse d'une main assurée, en maniant avec aisance le pinceau. Van Gogh l'exprimait fort justement dans une lettre à son frère Théo :

Faire des ébauches, selon moi, c'est semer ; faire des tableaux, c'est récolter.

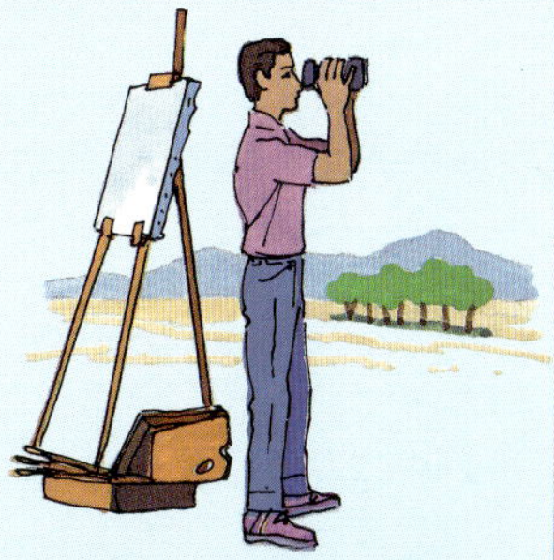

En ce qui concerne la peinture des ébauches, je vous conseille d'emporter votre appareil photo : vous pourrez ainsi photographier plusieurs sujets, dont celui que vous êtes en train de peindre, afin de le comparer au tableau, de le retoucher éventuellement, et de l'achever dans votre atelier, etc.

57

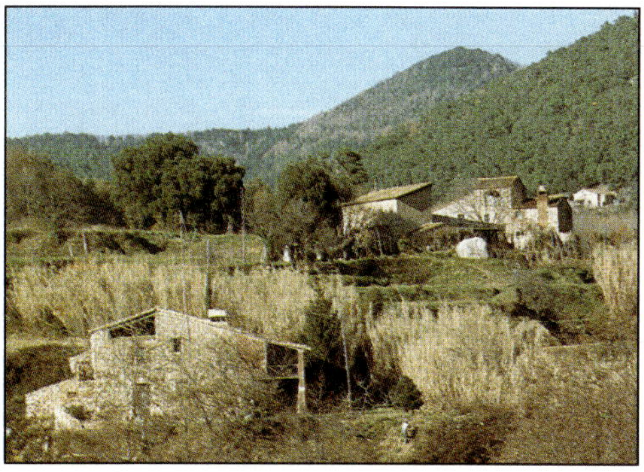

58

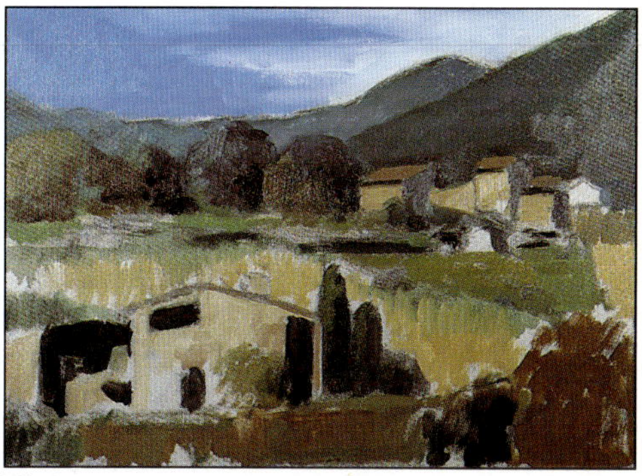

59

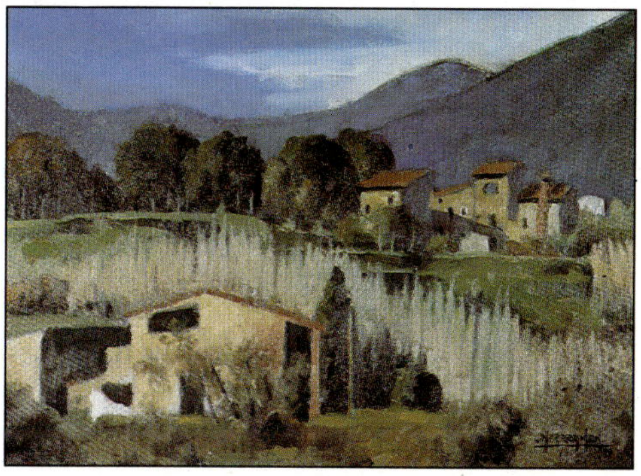

Fig. 57. Voici le modèle : un hameau en haute montagne, au début de l'automne, quand la végétation commence à se teinter de couleurs jaunes, dorées, marron. Un bon sujet pour peindre une ébauche avec des tons rompus.

Fig. 58. Premier état : l'esquisse du thème avec des touches de couleur neutre, un vert sale, pour indiquer les parties les plus sombres. Puis l'ocre jaune des hautes herbes et le bleuté des montagnes au fond.

Fig. 59. L'ébauche terminée. C'est une simple note de couleur pour étudier et déterminer la composition, le cadrage, l'harmonisation des couleurs – rompues ici – et permettant d'utiliser le sujet pour peindre un paysage à l'huile

Dimensions et proportions dans l'art du paysage

Il existe trois procédés ou systèmes pour commencer la peinture d'un paysage : le premier consiste à peindre du premier jet, sans dessin préalable ; le deuxième, à dessiner au pinceau ; et le troisième, à dessiner au fusain. C'est ce dernier que je vous recommande, et que je vais vous montrer. Il permet en effet de rectifier et d'effacer si besoin est. Mais de toute façon il faut commencer par calculer les dimensions et les proportions du modèle. Regardez bien les étapes que j'ai suivies pour exécuter le dessin du paysage que j'ai déjà utilisé pour peindre l'ébauche de la page précédente (fig. 60).
Sans rien entreprendre encore sur ma toile blanche, j'observe le modèle un certain temps, dix minutes au moins,

61

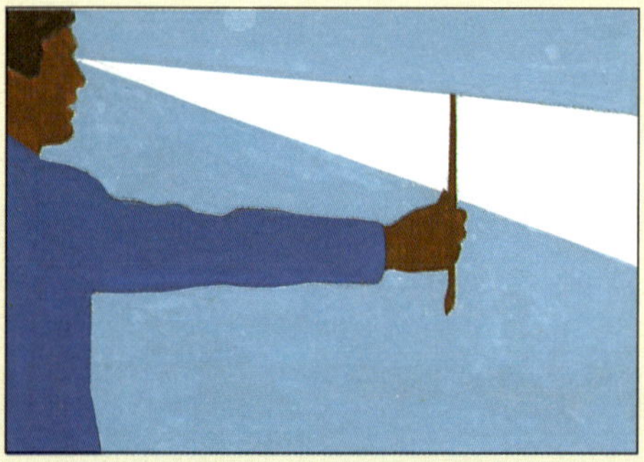

en tournant la tête pour regarder de tous côtés et revenir à la toile, puis au modèle, puis de nouveau à la toile...
Je suis en train de choisir le cadrage, et j'essaie de le voir sur la toile que je vais peindre. Tout en continuant à regarder tour à tour le modèle et la toile, je commence à calculer mentalement les dimensions et les proportions. Je ne dessine toujours pas, mais déjà j'imagine et je situe des lignes, des formes, des distances. Je cherche un point de convergence, car il y en a toujours un : au centre, en haut, en bas, dans un coin... et je choisis le centre. (Pour calculer ce centre, on peut mesurer les distances à l'aide d'un pinceau, et le bras tendu (fig. 61)). Remarquez que l'axe vertical du cadrage coïncide avec le mur en brique de la ferme, située en bas à gauche, et que la base de l'une des maisons du deuxième plan – celle qui se trouve le plus à gauche – est pratiquement sur l'axe horizontal (fig. 62).
Je commence à dessiner, sans hâte, en regardant et en comparant les dimensions. Je m'interromps pour regarder tour à tour le modèle et la toile... Je fais une marque, en haut à droite, et une autre, en bas à gauche. Ce sont mes points de repère pour situer, d'une part, la ligne profilée des montagnes et, d'autre part, la porte de la ferme du premier plan (fig. 63). Je continue à dessiner au fusain, en ajoutant quelques taches. Regardez bien (fig. 64) comment j'estompe et recti-

60

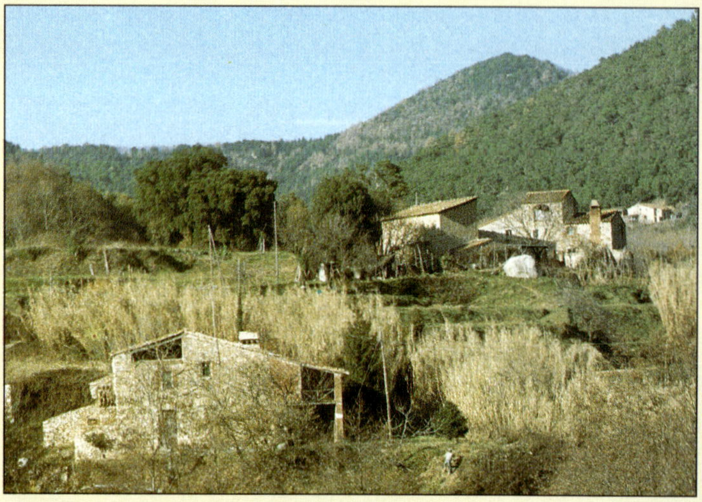

62

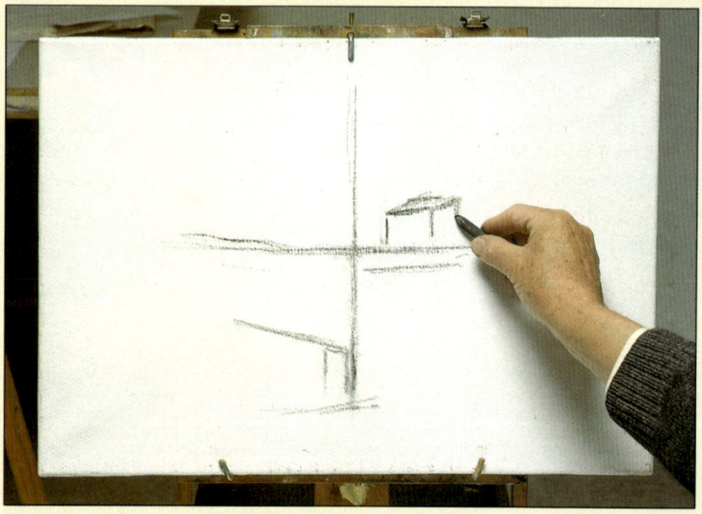

Fig. 60. C'est le sujet que j'ai choisi pour vous parler du calcul des proportions : le paysage de la page précédente va servir d'exemple pour l'ébauche peinte à l'huile.

Fig. 61. On sait que pour calculer les proportions, l'artiste utilise le manche d'un pinceau qu'il met en position horizontale ou verticale, le bras tendu, tout en regardant le modèle, afin de comparer et de mesurer les distances.

Fig. 62 (page ci-contre). Premier point de repère : le mur de brique de la ferme du premier plan qui permet de tracer une verticale juste au centre du tableau. Deuxième point : la base de l'une des maisons du deuxième plan qui détermine l'axe horizontal du tableau.

Fig. 63. Je commence à dessiner en interrompant parfois mon tracé pour marquer des points de repère : la limite des montagnes, la porte de la ferme la plus proche, etc.

Fig. 64. Le dessin au fusain permet d'effacer aisément les éventuelles erreurs avec un vieux chiffon.

Fig. 65 et 66. Une fois le dessin terminé et le problème des proportions résolu, il n'y a plus qu'à le fixer avec un aérosol. Passez plusieurs couches très légères et laissez sécher après chaque pulvérisation (fig. 66).

63

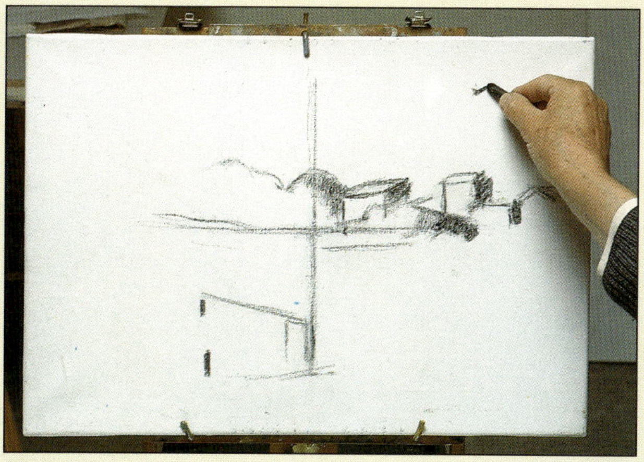

64

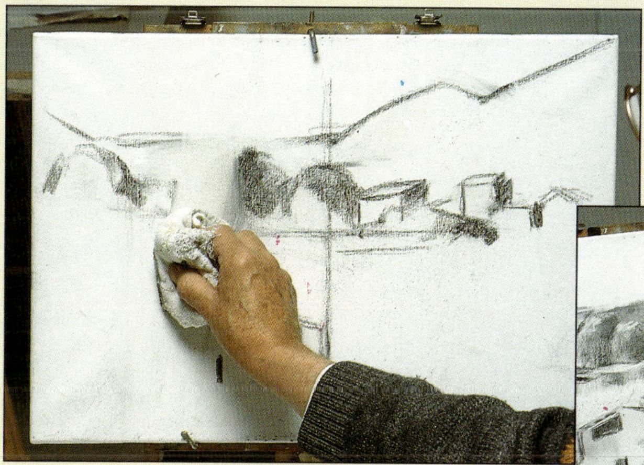

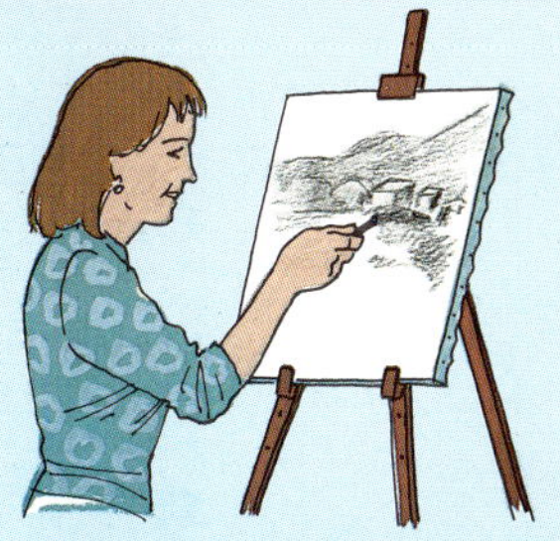

Comment commencer ? Van Gogh, comme Velázquez, peignait sans ébauche préalable. « Les paysagistes hollandais commençaient et finissaient leurs tableaux au pinceau. Ils ne remplissaient pas », disait-il. Mais pour vous il vaut mieux « remplir », c'est-à-dire dessiner d'abord au fusain, en retouchant ou en effaçant si besoin est, puis fixer le dessin avant de commencer à peindre.

66

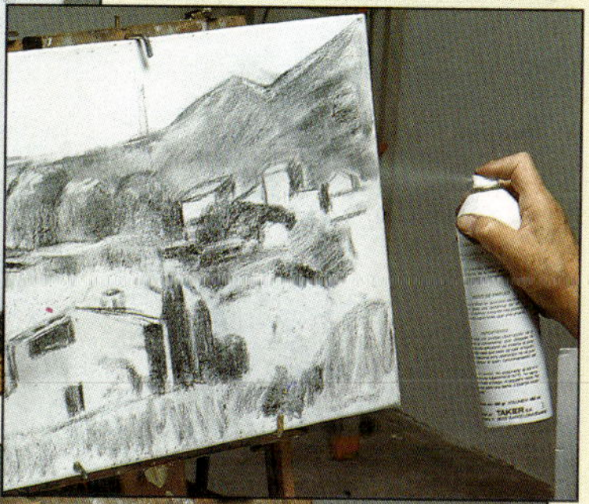

65

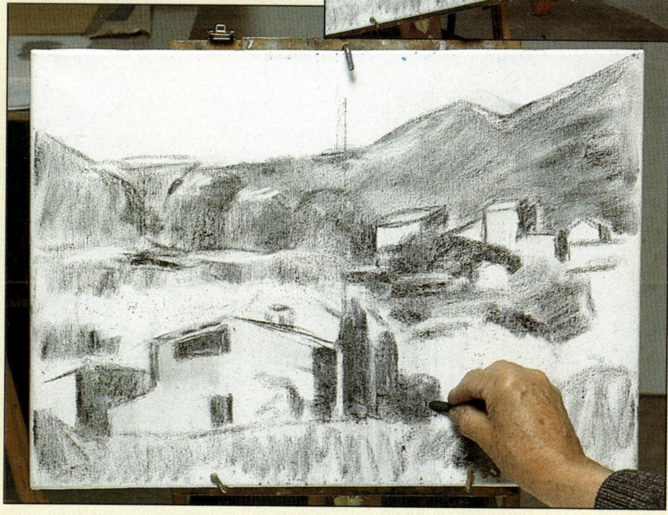

fie avec une vieille serviette-éponge, ce qui est facile à faire sur le fusain. Je termine le dessin ainsi que le calcul des proportions (fig. 65), mais précisons que, lorsqu'on regarde le modèle et qu'on compare les distances, il arrive un moment où les proportions et les dimensions s'indiquent d'elles-mêmes, automatiquement. C'est une sorte de communion entre le travail cérébral et l'espace occupé par le tableau ; un accord tacite entre la tête et la main.

Pour terminer et afin de préserver le dessin, il convient de le fixer par une pulvérisation de fixateur en aérosol (fig. 66).

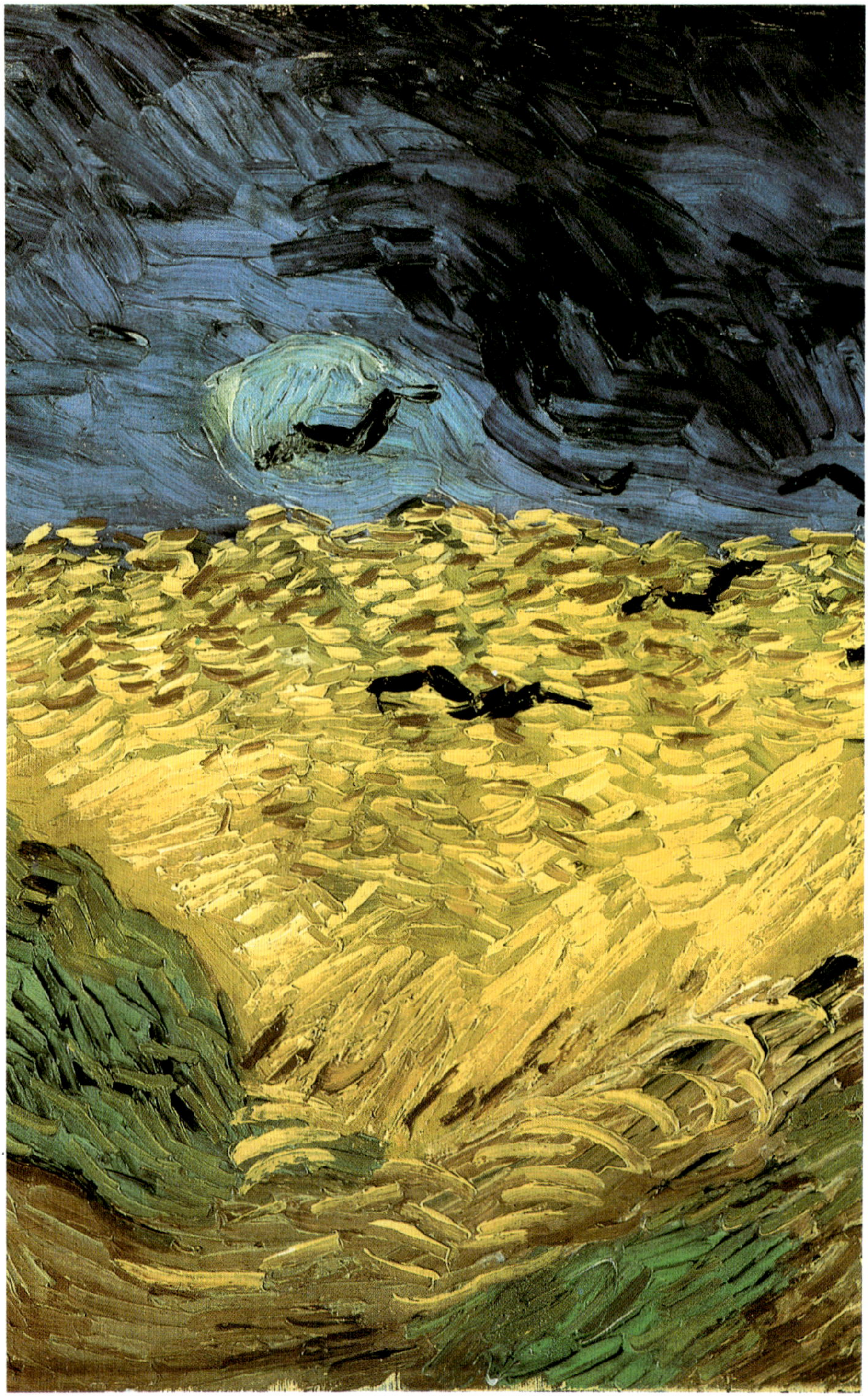

Fig. 68. Vincent Van Gogh, *Champ de blé aux corbeaux* (détail), Rijksmuseum Vincent Van Gogh, Amsterdam.

COMPOSITION ET INTERPRÉTATION

Comment s'y prend l'artiste pour composer un paysage ? Y a-t-il des règles propres à la composition d'un tableau ? Et une norme précise sur l'interprétation artistique ? Vous trouverez les réponses à ces questions dans ce chapitre, où je vous parle de deux règles de base sur l'art de composer, puis j'expose une série de leçons sur le point de vue et le cadrage, la profondeur et la perspective, les premiers plans et les plans successifs, le contraste et l'atmosphère, les couleurs qui « rapprochent » ou qui « éloignent ». Pour terminer, je vous parlerai des différentes étapes suivies mentalement par l'artiste pour en arriver à une interprétation personnelle du paysage.

68 A

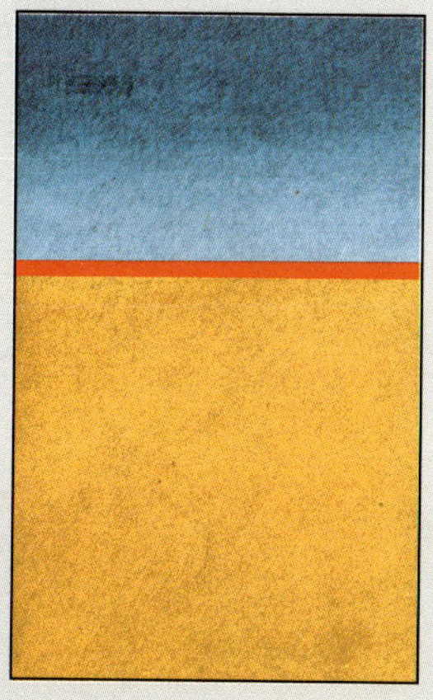

◄ Section d'or

Fig. 68A. Dans un grand nombre de ses tableaux, Van Gogh a appliqué la loi de la section d'or d'Euclide, dont nous parlerons dans les pages suivantes.

Les règles de Platon et d'Euclide

69

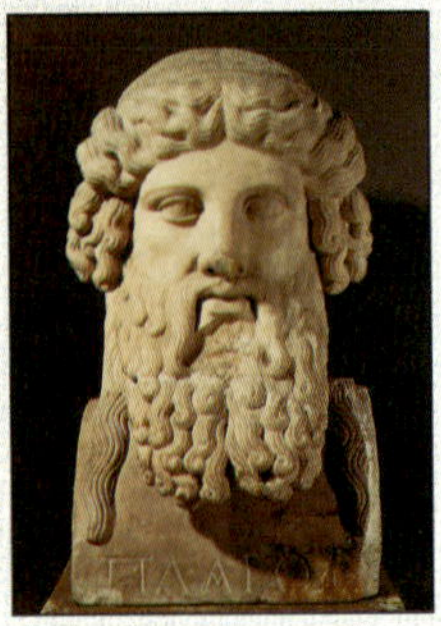

Fig. 69. Le philosophe grec Platon.

John Ruskin, critique et artiste anglais, a écrit en 1837 : « Il n'y a pas de règles sur l'art de composer. S'il y en avait, Titien et Véronèse seraient des gens ordinaires. » Malgré tout, plusieurs artistes se sont attachés à définir l'art de composer. Henri Matisse, par exemple, disait : « La composition est l'art de disposer sous forme décorative les divers éléments que l'artiste a à sa disposition pour exprimer ses sentiments. » Et Platon, célèbre philosophe de la Grèce antique (fig. 69), écrivant sur les arts plastiques et sur l'esthétique, résuma en quelques mots ce que devait faire l'artiste pour composer un tableau :

« Composer, c'est trouver et représenter la variété dans l'unité. »

Il précisa ensuite : variété dans la forme, la couleur, la dispositon et la position des divers éléments qui entrent dans le tableau ; variété et diversité des formes et des couleurs qui attirent l'attention du spectateur, éveillant son intérêt pour le tableau. Cependant, il faut éviter que cette variété soit telle qu'elle déconcerte et disperse l'attention et l'intérêt créés précédemment. Il est donc nécessaire, pour le paysage, de combiner entre eux ces deux facteurs :

Unité dans la variété Variété dans l'unité

Pour arriver à cet équilibre entre l'unité et la variété, il faut, par exemple, varier le cadrage pour obtenir une plus grande unité, moyennant : a) une meilleure organisation du tableau et b) l'adaptation du sujet à un schéma géométrique déterminé. La variété dans l'unité peut s'accroître a) en intensifiant les contrastes de ton ; b) en accentuant les contrastes de couleur, et c) en chargeant la matière picturale.

Le tableau de Cézanne ci-joint (fig. 71, 71A) est un bon exemple d'unité dans la variété. Observez sur le schéma la figure 71A, l'organisation et la composition parfaites du tableau grâce à la loi de la section d'or appliquée par Cézanne – loi dont nous allons parler tout de suite.

70

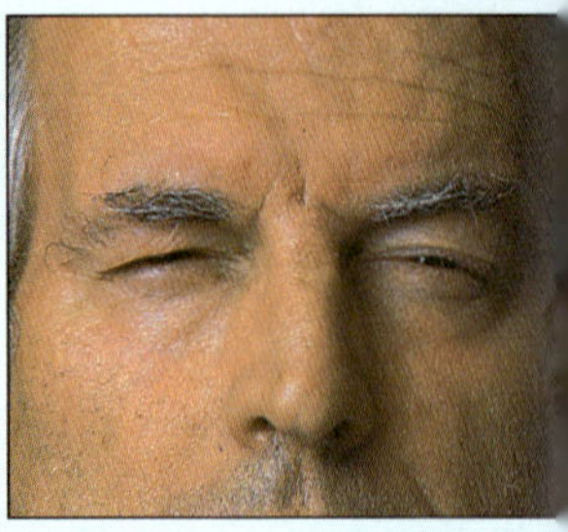

Un bon système : cligner des yeux. L'« unité » dans la « variété » dépend en partie de la vision qu'on a des masses en éliminant les détails. Pour capter immédiatement la justesse du sujet, en l'occurence le paysage. Et il vaut mieux, en peignant, « oublier les détails » comme le disait Ingres.

Fig. 71. Paul Cézanne, *Paysage. Étude d'après nature*, collection particulière, Suisse. Voici un exemple parfait de composition, comme vous pouvez le voir sur la figure 71A.

Fig. 71A. Remarquez que l'unité est donnée par le schéma très précis, en diagonale, la variété par le contraste des tons et de la couleur ; enfin Cézanne applique la loi de la section d'or afin d'obtenir un tableau magnifiquement composé.

71

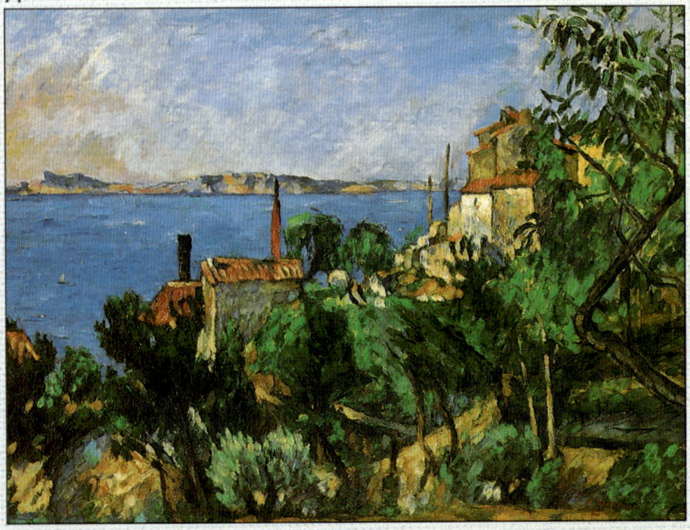

71 A

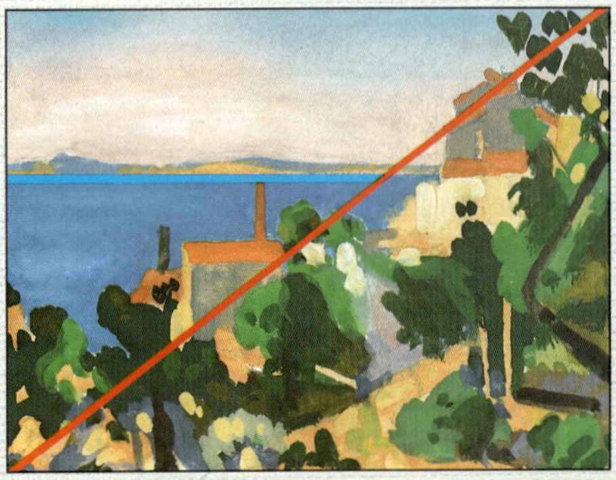

Cadrer, c'est composer

Comme disait Cézanne à son fils Lucien : « Le même motif vu sous un angle différent offre un sujet du plus vif intérêt. » En vérité, on ne le répète jamais assez :

Cadrer, c'est composer

Si le cadrage varie, « les thèmes se multiplient », et si ce changement est voulu on peut organiser et composer le paysage en appliquant la *section d'or* d'Euclide.

Mais qu'est-ce que la loi de la section d'or ? Deux cents ans après Platon, c'est-à-dire au IIIe siècle avant Jésus-Christ, vivait à Alexandrie le célèbre mathématicien Euclide, auteur entre autres ouvrages des *Éléments*. Dans le volume IV de cet ouvrage, il se livre à l'étude de l'esthétique des proportions et établit la division idéale d'un segment « en moyenne et extrême raison ». Dix-huit siècles plus tard, à la Renaissance, Luca Pacioli, le plus fameux mathématicien du XVe siècle, découvre l'œuvre d'Euclide et écrit le livre *Summa de arithmetica, geometria, pro portioni et proportionalità*, illustré par Léonard de Vinci, où il développe la formule d'Euclide dans les termes de section d'or, point d'or ou nombre d'or.

Dans les textes et les figures de l'encadré ci-contre vous pouvez voir l'application de la loi de la section d'or, en prenant comme exemple le fameux paysage peint par Van Gogh avant son suicide, *Champ de blé aux corbeaux* (fig. 72, 73 et 74), où il appliqua, comme dans la plupart de ses tableaux, la loi de la section d'or.

Mais outre cette règle de la section d'or, il existe aussi la possibilité de renforcer l'unité à l'aide du facteur « symétrie » ou d'ajouter de la variété avec le facteur « asymétrie » comme nous l'avons vu à la page précédente dans le paysage de Cézanne. Pensez aussi que, dans certains cas, vous pouvez voir et peindre le meilleur « côté » d'une maison, par exemple, en favorisant la variété grâce à une vision plus dynamique, moins symétrique, et par conséquent, plus esthétique.

Et pour finir, afin d'améliorer définitivement la composition du tableau, il y a le schéma, la forme schématique du paysage, facteur d'unité de la composition dont nous parlons à la page suivante.

72

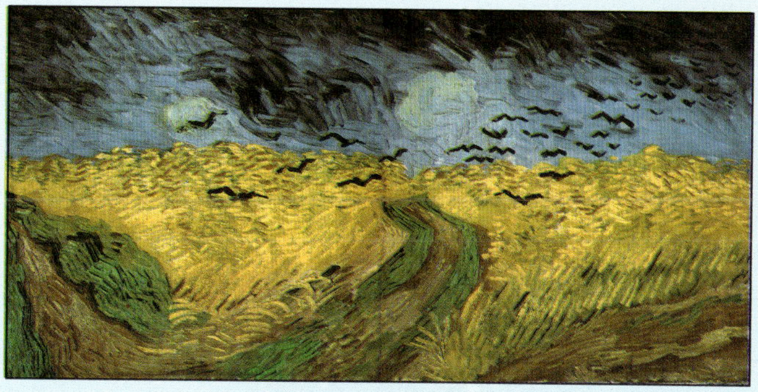

Loi de la section d'or

Fig. 72, 73 et 74. Dans le tableau *Champ de blé aux corbeaux*, Van Gogh pouvait situer la hauteur limite du blé au centre du tableau (fig. 73) ou tout en haut (fig. 73A), ou tout en bas (fig. 73 B). Mais il a situé cette limite à l'endroit idéal (fig. 72, en haut), parce qu'il connaissait la loi de la section d'or d'Euclide, selon laquelle :

« Pour qu'un espace, divisé en parties inégales, semble agréable et esthétique, il devra exister, entre la plus petite et la plus grande partie, le même rapport qu'entre cette dernière et l'ensemble. »

Pour trouver cette division idéale, il suffira, dans la pratique, de multiplier la hauteur ou la largeur de la toile par 0,618. Si vous multipliez la hauteur, puis la largeur, par 0,618, vous trouverez le point d'or ou centre principal et idéal du tableau. Notez aussi que ce point d'or, ou lieu idéal et parfait pour situer le motif principal, peut se trouver sur n'importe lequel des quatre points indiqués sur la figure 74.

73

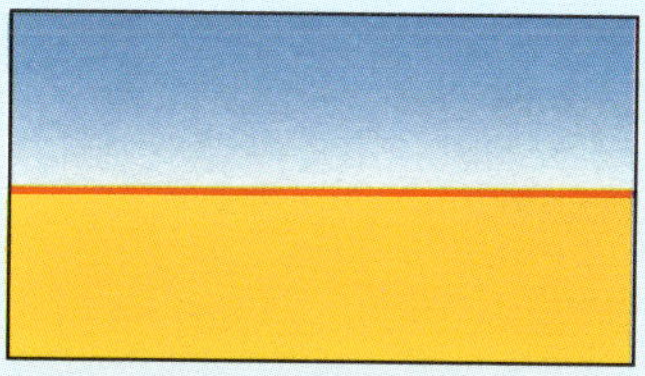

73 A

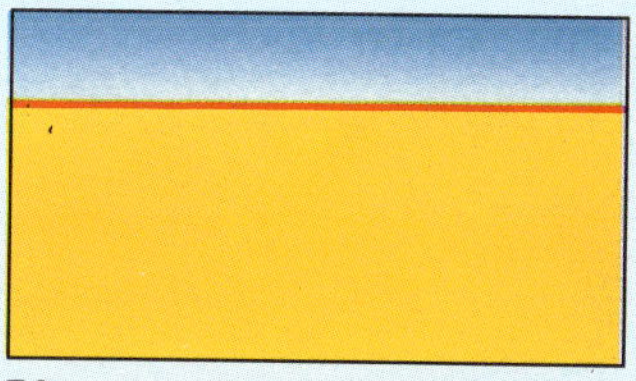

73 B

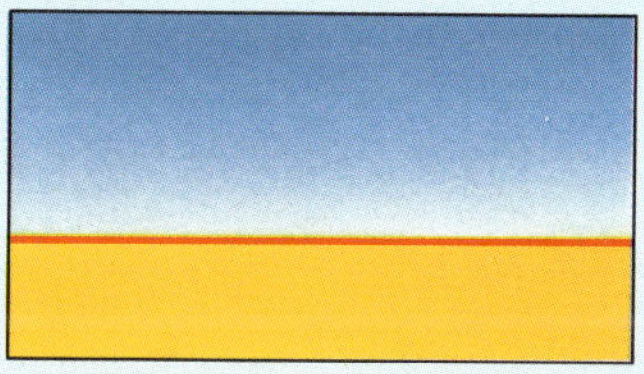

74

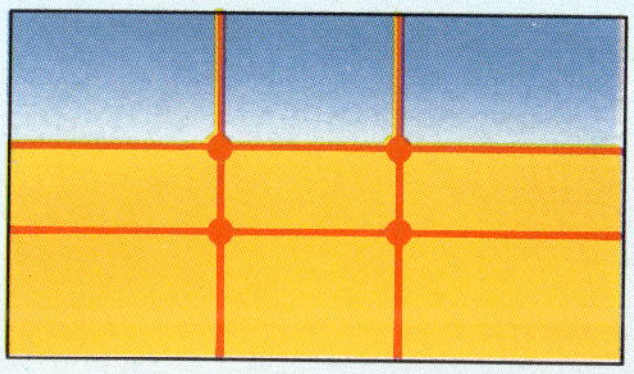

La forme schématique, facteur d'unité dans la composition du paysage

Précisons tout d'abord que l'être humain, s'il doit choisir entre plusieurs formes, préfère les formes géométriques. Ce fait a été prouvé scientifiquement par Fechner, philosophe allemand, qui a étudié la forme et ses phénomènes physiques et psychiques. Il a présenté à de nombreuses personnes un ensemble d'images en silhouette où l'on pouvait voir une succession de formes abstraites, puis des formes naturelles (une main, une feuille, un tête, etc.), puis une série de formes géométriques (fig. 75). Il a alors demandé au groupe de choisir la forme qui lui semblait la plus agréable et la plus attirante ; la majorité a répondu : « Les meilleures formes, celles qui m'attirent et marquent ma mémoire, ce sont les formes géométriques. » Flechner explique cette préférence ainsi : « Les théoriciens de la forme pensent que cet authentique pouvoir de certaines formes est la conséquence d'un principe d'hédonisme qui consiste à : "obtenir la plus grande satisfaction avec un minimum d'efforts", principe d'économie musculaire, nerveuse, mentale. »
Or, depuis toujours l'artiste a utilisé les formes géométriques comme schémas de composition. Selon René Huyghe, auteur de *Dialogue avec le visible*, « Le cercle, le carré et le triangle sont toujours à la base des compositions artistiques. Leur prestige est immense. » En effet, on constate la prédominance du schéma triangulaire à la Renaissance, du schéma diagonal à l'époque baroque, et actuellement on trouve des schémas en ovale, en formes parallèles, en formes géométriques combinées, etc. Vous pouvez voir ici (fig. 76 à 82) quelques exemples appliqués à des tableaux célèbres.
L'idéal est que vous trouviez un thème ou un motif qui corresponde naturellement à un schéma précis, mais, à défaut de cette heureuse coïncidence, essayez de trouver le schéma en changeant de point de vue ou de cadrage. Essayez de toute façon de renforcer la structure du schéma, qui est une forme reconnue de composition.

Fig. 80 (page ci-contre), Claude Monet, *Le Bassin d'Argenteuil*, vers 1872, musée d'Orsay, Paris. Excellent exemple de composition artistique.

Fig. 80A. Claude Monet obtient là un cadrage parfait, grâce à un schéma très précis qui renforce l'unité de la composition.

75

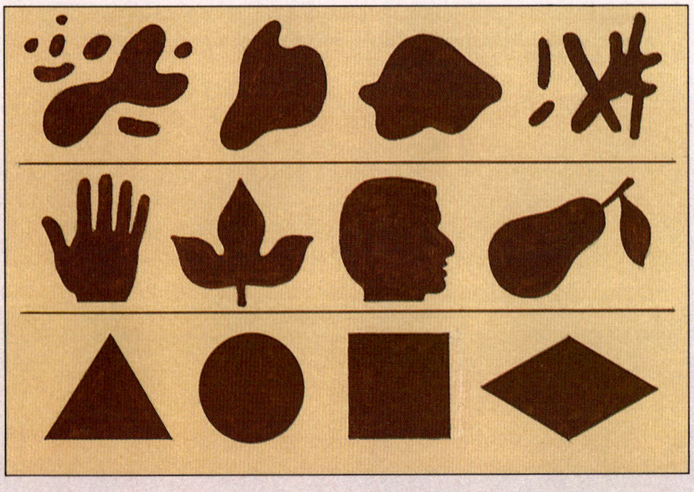

Fig. 75. Voici le tableau de Fechner, qui permit à ce philosophe allemand de déduire que la majorité des gens préfère les formes géométriques.

76

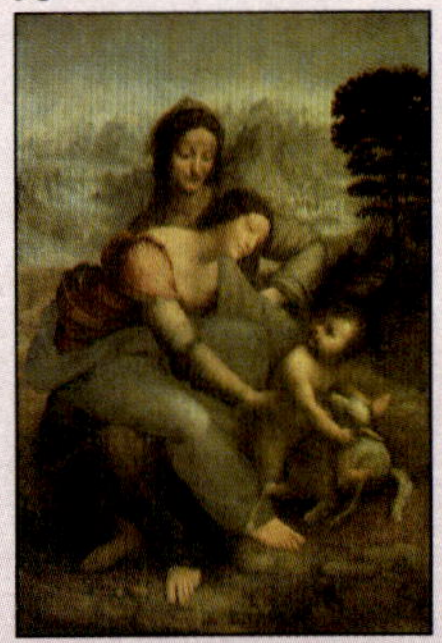

77

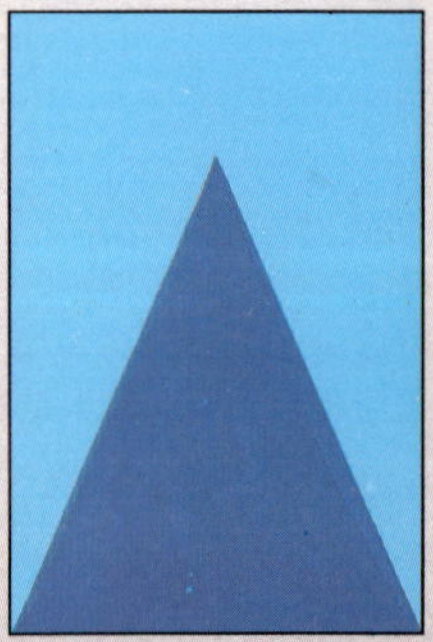

78

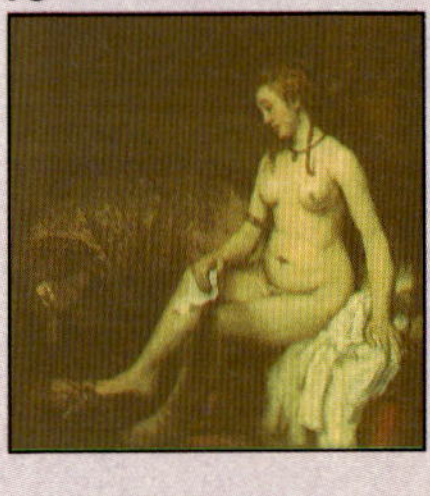

79

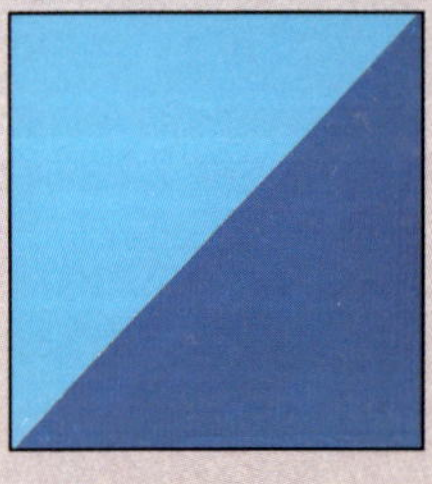

Fig. 76 à 79. *La Vierge, l'Enfant et Sainte Anne*, de Léonard de Vinci, et *Betshabée au bain*, de Rembrandt, musée du Louvre, Paris. Les formes géométriques étaient déjà utilisées comme schémas de composition pendant la Renaissance et la période baroque.

80

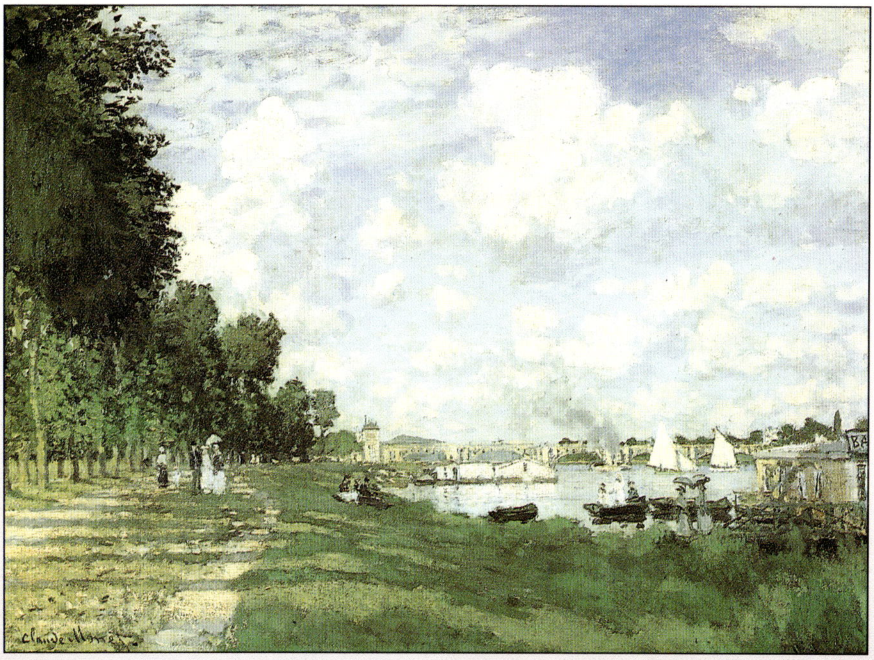

83

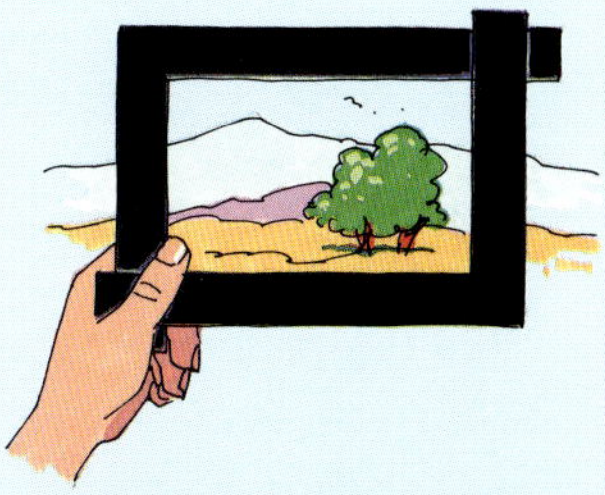

Comment cadrer ? Voici un système traditionnel pour le cadrage et la composition : il s'agit de deux angles en carton ou bristol noir, d'environ 30 cm de haut sur 6 ou 7 cm de large que l'on place devant le sujet comme un cadre dont on peut faire varier les dimensions, ce qui permet d'étudier le meilleur cadrage du motif qu'on s'apprête à peindre.

80 A

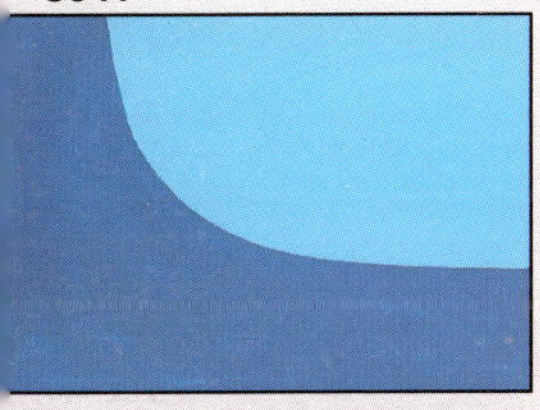

81 A

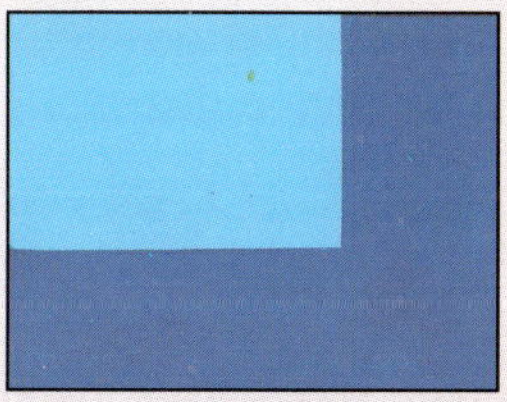

81

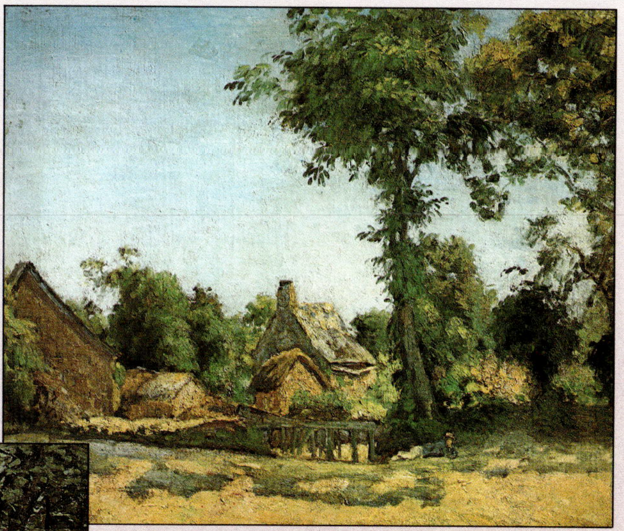

Fig. 81. Camille Pissarro, *Le Village de Melleray*, musée Niedersächsisches, Hanovre. Une leçon magistrale de peinture à l'huile, avec cet arbre central admirable par sa forme, son modelé et sa couleur.

Fig. 81A. Pissarro choisit pour ce paysage un cadrage très précis pour obtenir ce schéma en forme de « L renversé », très utilisé dans la peinture moderne figurative.

82

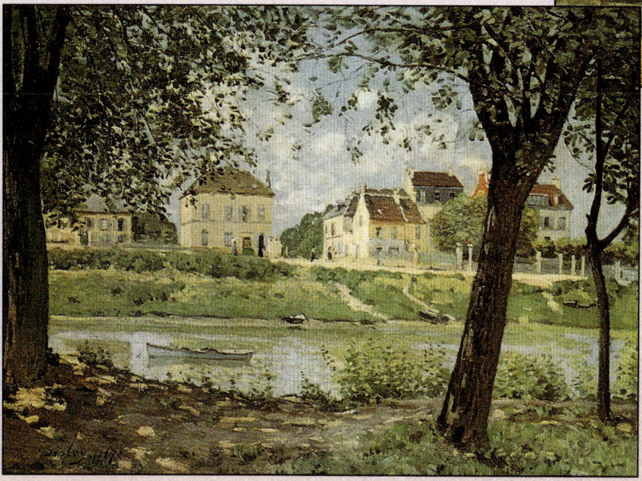

83 A

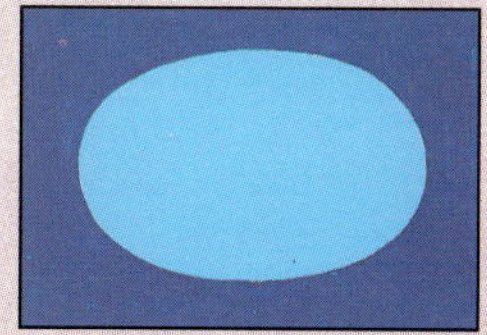

Fig. 82. Alfred Sisley, *Village au bord de la Seine*, musée de l'Ermitage, Saint-Pétersbourg. Mis à part le thème choisi, Sisley met ici en relief la profondeur en plaçant les arbres au premier plan.

Fig. 82A. Sisley a recherché et choisi ce cadrage pour obtenir une meilleure composition due au premier plan qui accentue la profondeur et à ce schéma proche de l'ovale, forme de base qui donne l'unité.

Les contrastes dans les tons et les couleurs, la texture : facteurs de variété

Interpréter un paysage sans y apporter quelques contrastes, employer des tons et des nuances identiques dans le modelé nous conduirait à une unité presque monotone, sans intérêt pour celui qui regarde le tableau. Picasso disait : « Il faut éveiller l'intérêt des gens, il faut éviter que cet homme ou cette femme passe devant le tableau en y jetant un coup d'œil distrait. » Toute l'œuvre de Picasso est un magistral exemple de *variété* dans l'*unité*.

Pour accentuer la variété dans l'unité, vous pouvez, selon le thème, utiliser les contrastes de tons et de couleurs. L'Anglais Constable et les impressionnistes, en général, ont créé consciemment la variété en utilisant les contrastes de valeurs et en accentuant le chromatisme du tableau. Ensuite les postimpressionnistes et plus encore les Fauves ont fait de la couleur leur principal sujet de recherche et ont obtenu des paysages d'une variété extraordinaire (fig. 88).

Venons-en à la texture, au gras, à l'empâtement de la peinture ; qu'on en mette peu ou beaucoup, c'est un autre facteur permettant de créer la variété et l'unité : chez certains artistes et dans des tableaux bien précis elle est si mince que l'on peut voir le grain de la toile. Ces tableaux sont obtenus par un « frottis » du pinceau avec une peinture à la térébenthine si transparente qu'elle recouvre à peine la trame de la toile. À l'inverse, il y a des paysages dont la matière est si épaisse qu'ils prennent à certains endroits l'apparence de bas-reliefs (fig. 89).

Est-ce tout ? Non, bien sûr ; l'art de composer est une chose plus complexe, qu'on ne peut résoudre simplement avec un schéma, un contraste ou une matière. Il faut aussi tenir compte – surtout dans l'art du paysage – des facteurs qui déterminent et accentuent la profondeur ou troisième dimension.

84

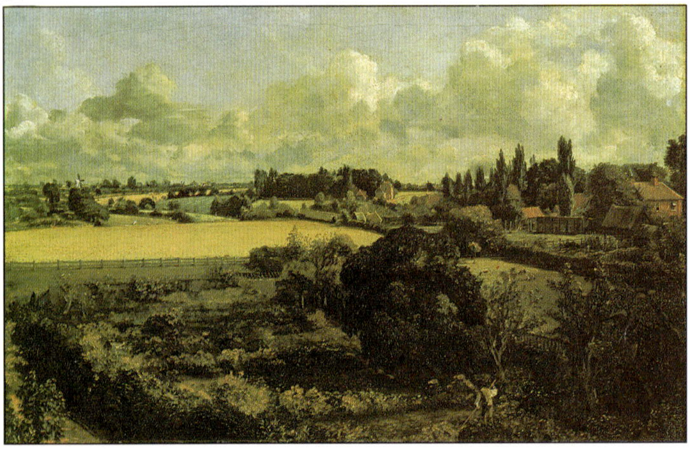

85

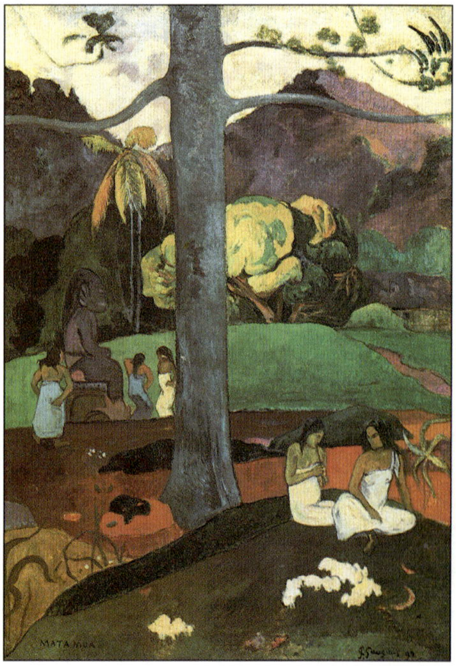

Fig. 84. John Constable, *Le Champ doré de Constable*, Musées et Galeries, Ipswich. Le peintre a eu souvent recours aux effets de contraste pour créer de la variété dans la composition.

Fig. 85. Paul Gauguin, *Matamœ autrefois*, collection privée. Peint à Tahiti en 1892, alors que Gauguin, Van Gogh et Matisse étaient considérés comme des postimpressionnistes en raison des contrastes de ton et de couleur qu'ils utilisaient.

86

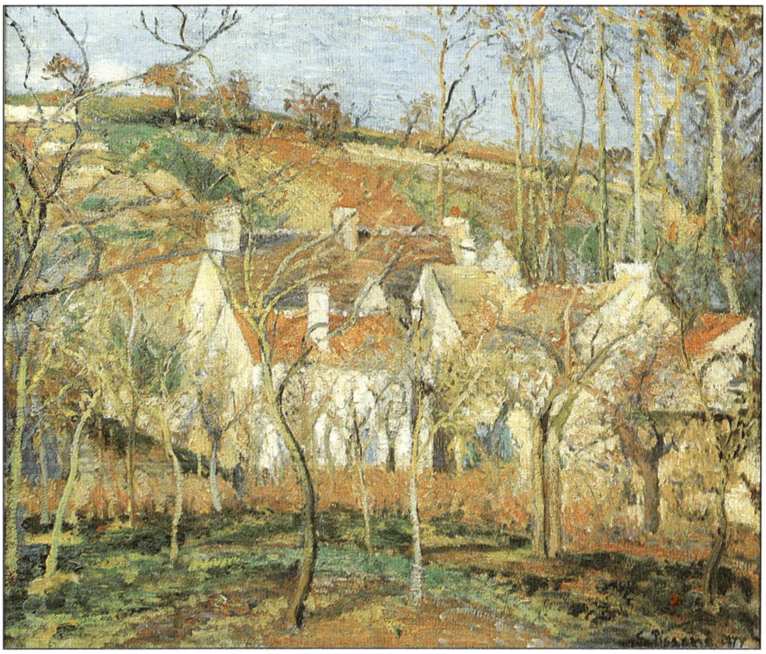

87

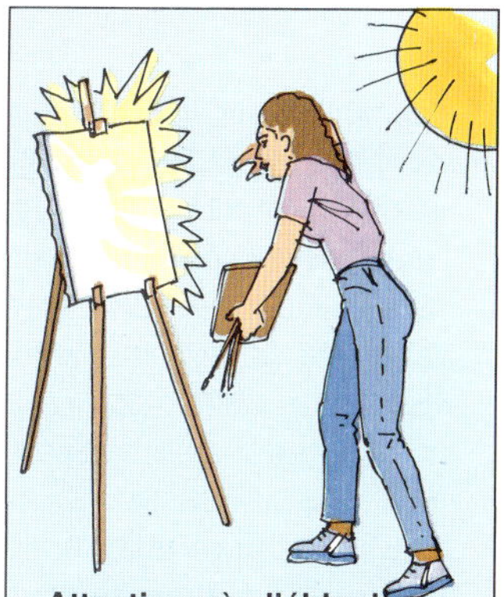

Attention à l'éblouissement ! Quand le soleil est à son zénith, le blanc de la toile et les couleurs éblouissent l'artiste qui tombe alors, sans s'en rendre compte, dans une gamme de couleurs foncées. Ne peignez donc pas votre toile en plein soleil ; installez-vous à l'ombre, comme Renoir qui peignait sous une grande ombrelle.

88

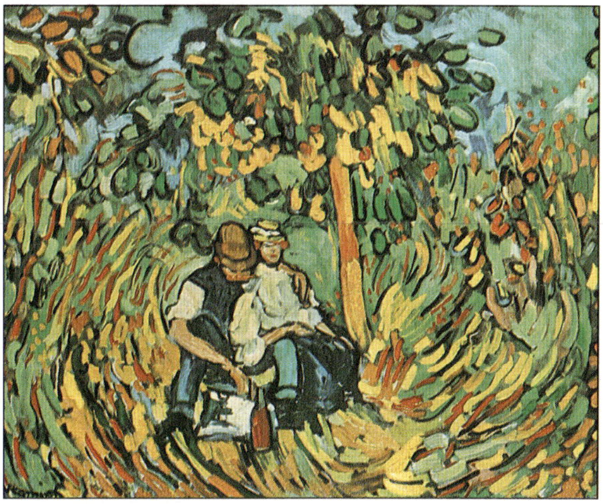

89

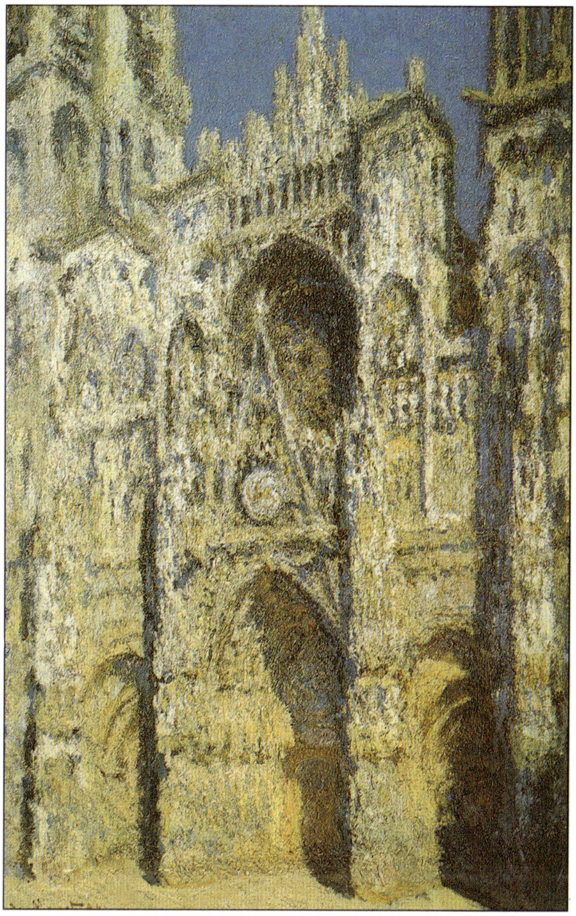

Fig. 86. Camille Pissarro, *Les Toits rouges*, 1877, musée d'Orsay, Paris. Un des tableaux les plus connus de Pissarro, par son titre, aussi par le graphisme et les contrastes de couleurs qui soulignent la variété de la composition.

Fig. 88. Maurice de Vlaminck, *La Partie de campagne*, 1905, collection particulière. Un bon exemple de composition artistique avec son schéma sphérique qui donne l'unité et l'extraordinaire mise en valeur de la couleur qui rajoute de la variété.

Fig. 89. Claude Monet, *La Cathédrale de Rouen*, 1892-1894, musée d'Orsay, Paris. Monet a peint vingt fois la cathédrale de Rouen aux différentes heures de la journée, avec des intensités de lumière différentes, mais toujours avec de larges empâtements de couleur qui enrichissent la variété du sujet.

La profondeur ou troisième dimension dans le paysage

Léonard de Vinci avait déjà établi la norme suivante : « considérer la distance des objets lointains, et s'ils devaient présenter des parties confuses et mal définies, les représenter telles quelles, sans trop les achever ».
Cézanne confirmait que « la nature est davantage profondeur que surface, d'où la nécessité d'introduire, dans la lumière que nous voulons créer, une quantité suffisante de bleu, qui donne l'impression que l'air est présent ».
« La distance des objets » de Léonard de Vinci, et cette couleur bleue de Cézanne figurent parmi les conditions nécessaires à la troisième dimension – la profondeur – car ils permettent de surmonter le handicap des deux dimensions – hauteur et largeur – du tableau.
La profondeur peut être créée par :

a) l'introduction d'un premier plan,

b) la superposition de plans successifs,

c) l'effet de perspective,

d) l'utilisation des contrastes et de l'atmosphère,

e) la propriété qu'ont certaines couleurs « d'éloigner » ou de « rapprocher ».

Impression de profondeur créée par l'introduction d'un premier plan

Lorsque, dans la composition de votre tableau, vous introduisez un élément de premier plan, vous obtenez automatiquement une impression de profondeur, et le spectateur établira instinctivement une relation entre la taille, la dimension créée par ce premier plan et celles des autres éléments situés dans un plan plus éloigné.
Supposons, par exemple, que vous ayez choisi pour thème un hameau au bord d'un torrent, avec de grosses pierres au premier plan (fig. 90). Ces pierres et la perspective du torrent permettent d'introduire une certaine profondeur, mais imaginez maintenant que, faisant varier le point de vue, vous

90

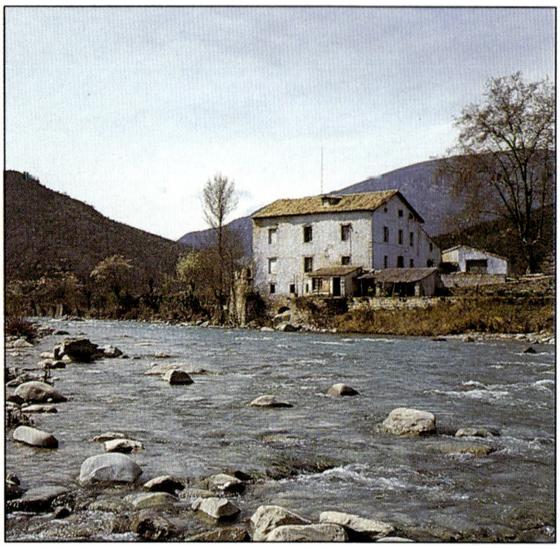

91

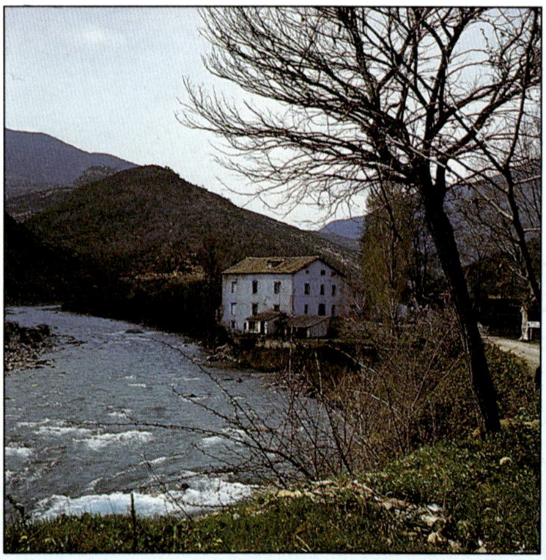

Fig. 90 et 91. La profondeur ou troisième dimension peut être renforcée par l'introduction d'un premier plan qui, par le rapport de grandeur et le calcul de distances évalués d'instinct par le spectateur, crée l'idée d'espace. Dans le cas présent, il suffit de choisir un point de vue différent.

Fig. 92. Joaquim Mir, *Canyelles*, musée de l'Ampurdán, Figueras. Le peintre a installé son chevalet en reculant de trois ou quatre mètres, afin d'obtenir un cadrage qui comprenne un premier plan avec les deux arbres, accentuant ainsi la profondeur du paysage.

92

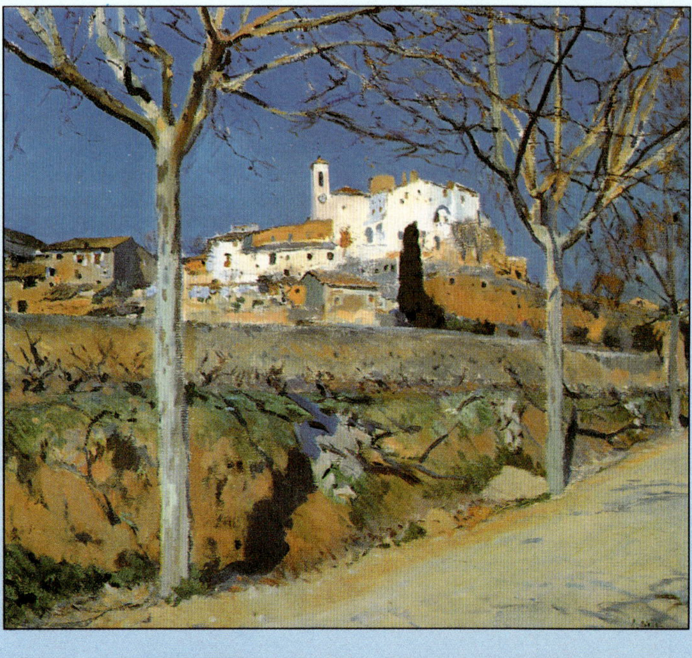

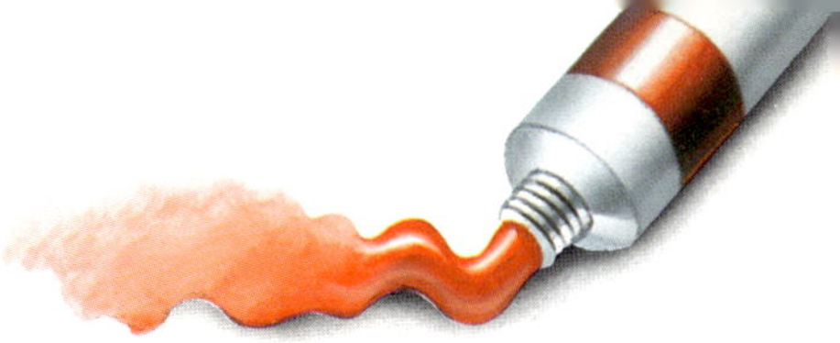

arriviez à faire entrer, au premier plan, un petit terrain recouvert d'herbe, avec quelques arbustes et un arbre (fig. 91)... c'est alors que la sensation de profondeur se trouve renforcée, plus visible ; quiconque regarde le sujet établit instinctivememnt un rapport de grandeur et de calcul de distances qui lui donnent l'illusion de pouvoir « entrer » dans le tableau.

L'artiste Joaquim Mir, quand il a peint le village de Canyelles (fig. 92), a réussi à donner cette illusion en se plaçant en retrait sur la route et en mettant au premier plan ces deux arbres. Cet exemple confirme l'idée d'accentuer la profondeur en introduisant un premier plan.

Et s'il n'y a pas d'arbre ni de premier plan ?

Dans ce cas, on peut penser aux paysagistes anglais de la fin du XVIIIe siècle, qui représentaient la profondeur en peignant au premier plan quelques arbustes, des pierres ou des abords flous, non définis, à l'état de *frottis* – hors du champ, dirait le photographe d'aujourd'hui ; procédé que le peintre Théodore Rousseau expliquait ainsi : « Celui qui contemple un paysage ne voit pas ce qu'il a à ses pieds », et que Corot a mit souvent en pratique, comme vous pouvez le voir sur le tableau *Le Pont de Narni* (fig. 93).

Si vous n'avez pas de premier plan précis, n'hésitez pas à vous servir de ce procédé pour représenter l'idée de la troisième dimension. C'est ce que j'essaie de réaliser (fig. 94 et 95).

93

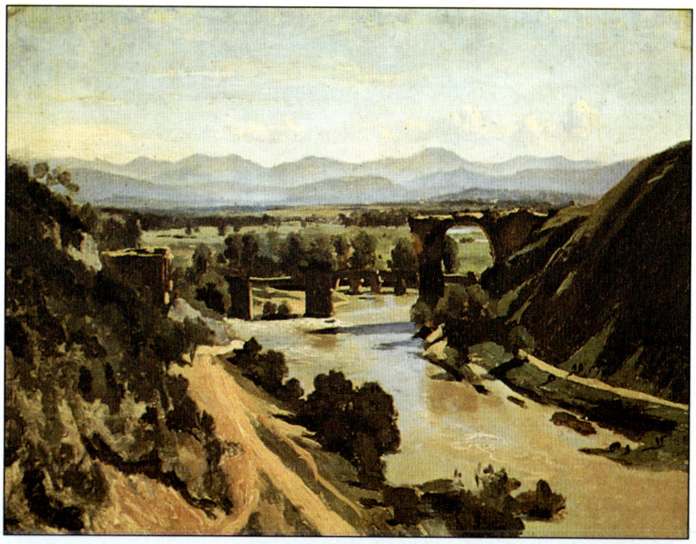

95

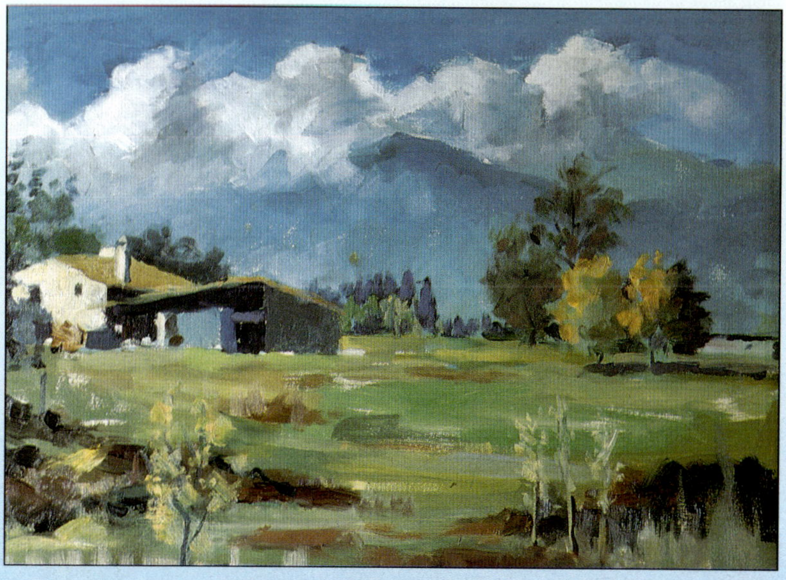

Fig. 93. Camille Corot, *Le Pont de Narni*, 1826, musée du Louvre, Paris. Corot a mis en pratique ici l'idée des paysagistes anglais : créer la profondeur en peignant un premier plan imprécis, flou.

Fig. 94 et 95. José M. Parramón, *Paysage avec des cumulus*, collection de l'auteur. Suivant la leçon de Corrot, j'ai accentué la définition et le contraste du plan intermédiaire – les maisons, les arbres – et j'ai laissé le premier plan imprécis, flou, pour renforcer la profondeur.

94

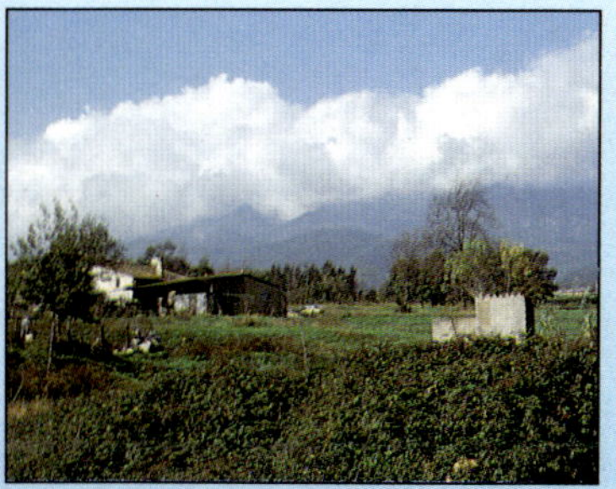

L'effet de « coulisses » ou superposition de plans successifs

L'effet de « coulisses », qui désigne les rideaux de scène latéraux et les frises des décors de théâtre, a été repris par les peintres français pour définir un type de composition où l'effet de profondeur s'obtient par la superposition de plans successifs. Les illustrations et les schémas de cette page montrent bien cet effet qui permet, en peinture, de représenter la troisième dimension (fig. 96 et 97).

La perspective comme élément de base pour créer la troisième dimension

Depuis la Renaissance, les artistes ont toujours utilisé les effets de perspective pour accentuer la profondeur du tableau. Inutile de raisonner pour comprendre cela ; il suffit de regarder plusieurs tableaux de paysages pour se rendre compte que les chemins ou les routes qui mènent à des villages ou traversent la campagne, les maisons, les édifices, les rues des villes (voir les fig. 98, 100 et 101) ont été et sont toujours des motifs pour peindre des tableaux où la profondeur (troisième dimension) repose surtout sur la perspective. C'est dire à quel point il est important de connaître cette discipline pour peindre des paysages, et c'est pourquoi nous en rappellerons toutes les bases et toutes les applications dans les pages suivantes.

96

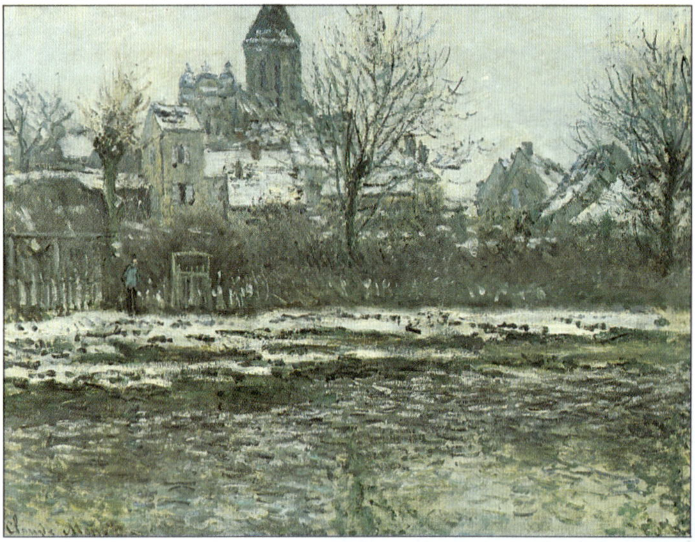

96 A

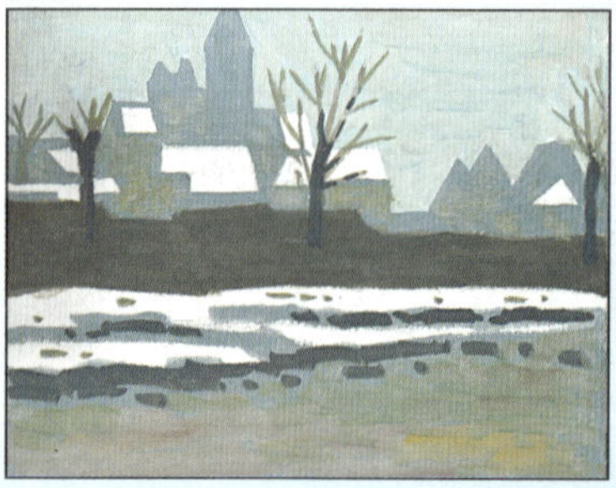

Fig. 96 et 96A. Claude Monet, *L'Église de Vétheuil sous la neige*, musée d'Orsay, Paris. La superposition des rives et des maisons, avec le clocher de l'église au dernier plan, donne bien cette impression de profondeur qui est un des éléments de la bonne composition du tableau.

97

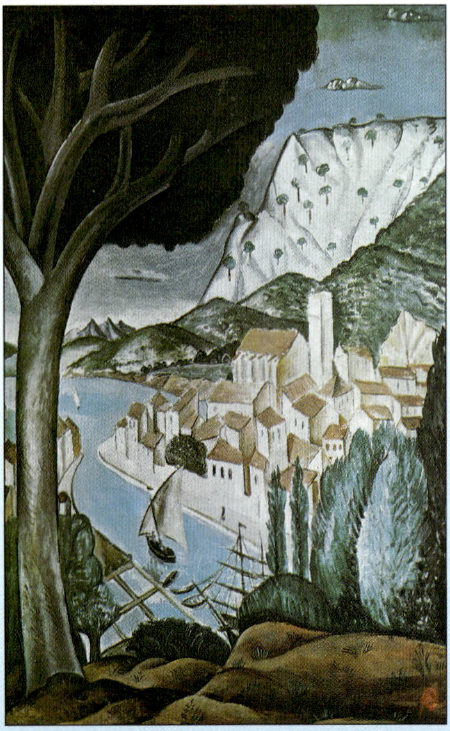

97A

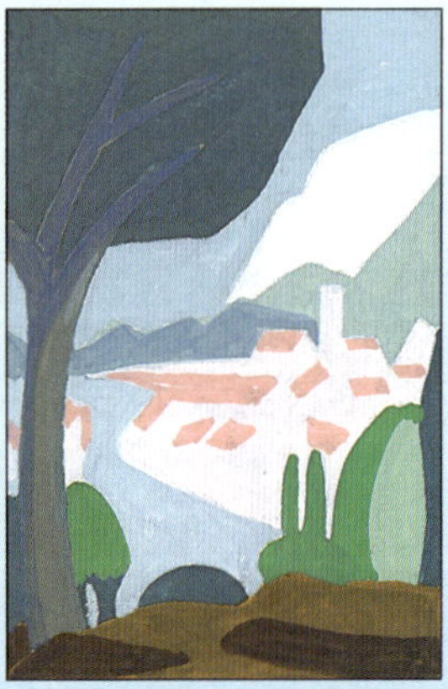

Fig. 97 et 97A. André Derain, *Le Port de Martigues en Provence*, musée de l'Ermitage, Saint-Pétersbourg. Très bel exemple de composition : forme schématique, introduction d'un premier plan bien précis, et effet de « coulisses » qui accentue l'impression de profondeur.

La perspective

98

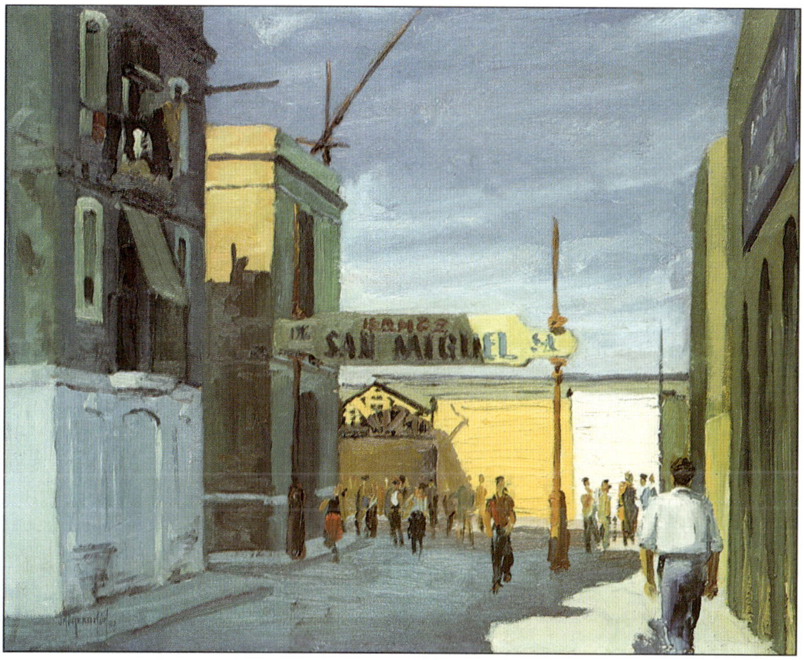

99

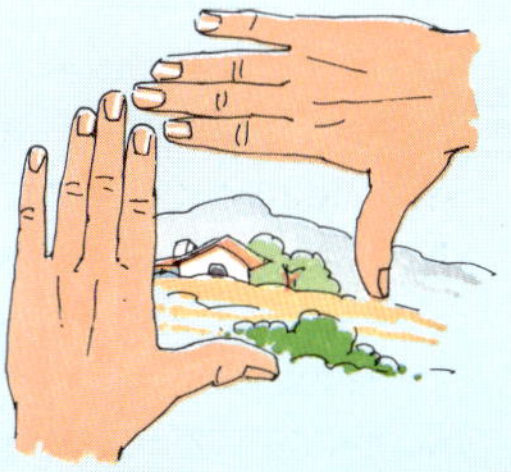

Cadrer avec les mains. Si vous n'avez pas les angles de carton noir permettant le cadrage (voir p. 41), vous pouvez utiliser vos mains, en les plaçant comme le montre ce dessin, ou bien quatre pinceaux avec lesquels vous formerez un rectangle. C'est une solution que j'ai souvent adoptée moi-même.

100

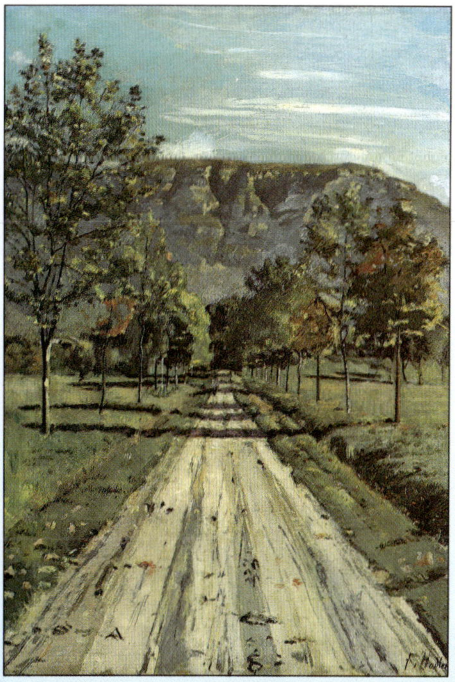

101

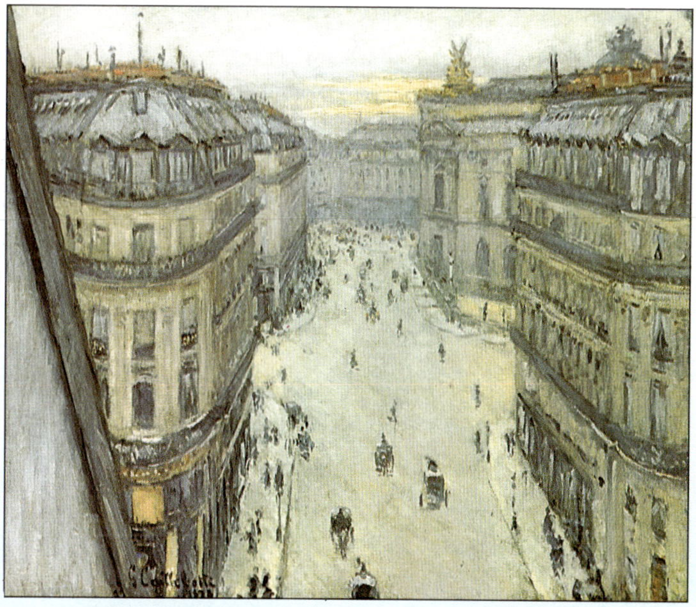

Fig. 98. José M. Parramón. *Les Bains de San Miguel*, collection de l'auteur. L'effet de perspective est inséparable du paysage urbain et donne une bonne composition artistique.

Fig. 100. Ferdinand Hodler, *La Route d'Evordes*, vers 1890, donation Oskar Reinhart, Winterthur. Le peintre suisse Hodler nous offre ici un exemple de composition reposant sur un bel effet de perspective et un schéma très symétrique.

Fig. 101. Gustave Caillebotte, *Rue Halévy*, collection privée, Paris. Caillebotte a peint plusieurs paysages urbains en renforçant leur composition par des perspectives très accentuées, comme ici où il souligne en outre la profondeur de la perspective en utilisant l'effet d'atmosphère. Caillebotte fit partie du groupe impressionniste à presque toutes les expositions. Ce tableau a figuré dans la quatrième exposition des impressionnistes.

Les éléments de perspective indispensables

Nous abordons ici les éléments de perspective qu'il faut connaître nécessairement pour peindre des paysages avec des maisons, des porches et vues d'ensemble de villages, ainsi que des paysages urbains.

Rappelons tout d'abord quelques éléments fondamentaux :

La ligne d'horizon (LH)
Les points de fuite (PF)

La ligne d'horizon est une ligne imaginaire qui se trouve toujours à la hauteur de nos yeux quand nous regardons en face de nous, comme lorsque nous regardons la mer (fig. 102). Si l'on s'élève, la ligne monte avec nous (fig. 103), si l'on descend, la ligne s'abaisse aussi (fig. 104). Les points de fuite situés sur l'horizon ont pour objet de réunir les lignes parallèles perpendiculaires à l'horizon, ainsi que les lignes obliques par rapport à la ligne d'horizon. On en déduit qu'il y a deux sortes de perspective :

La perspective parallèle avec un point de fuite (fig. 105)

La perspective oblique avec deux points de fuite (fig. 106)

(Il y a aussi la *perspective aérienne avec trois points de fuite*, que nous laisserons de côté car elle est très peu employée pour peindre des paysages.)

102

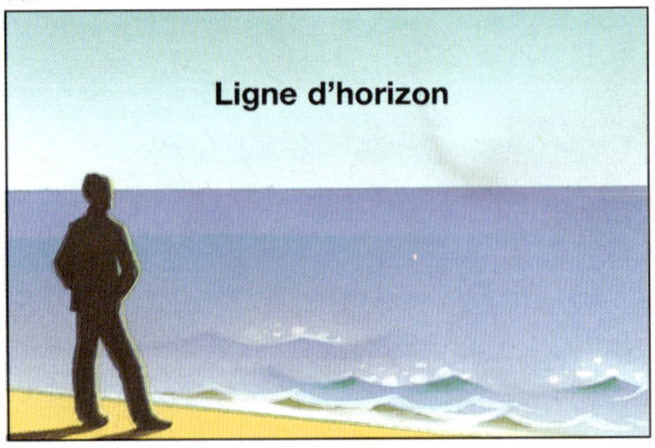

Fig. 102, 103 et 104. La ligne d'horizon se trouve à la hauteur de nos yeux et se déplace vers le haut ou vers le bas suivant notre niveau visuel.

103

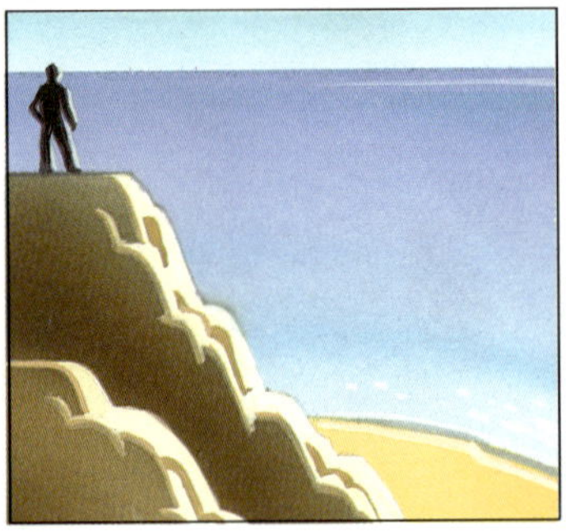

104

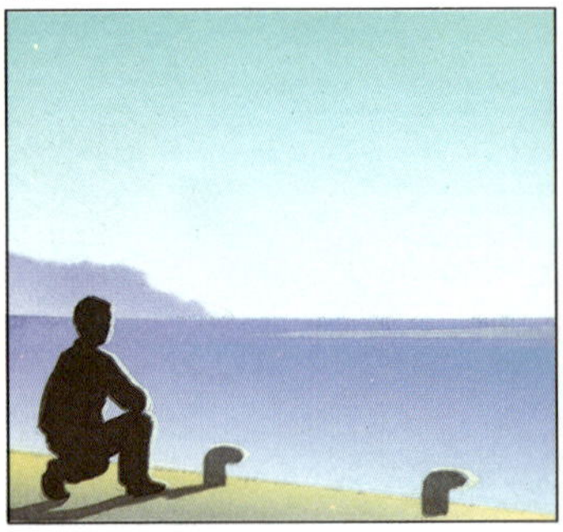

105

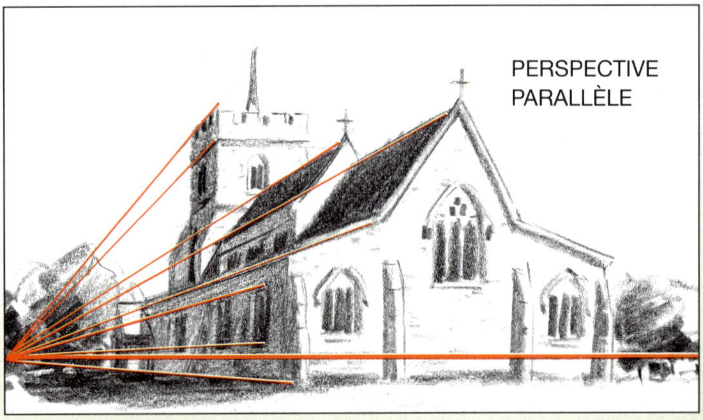

106

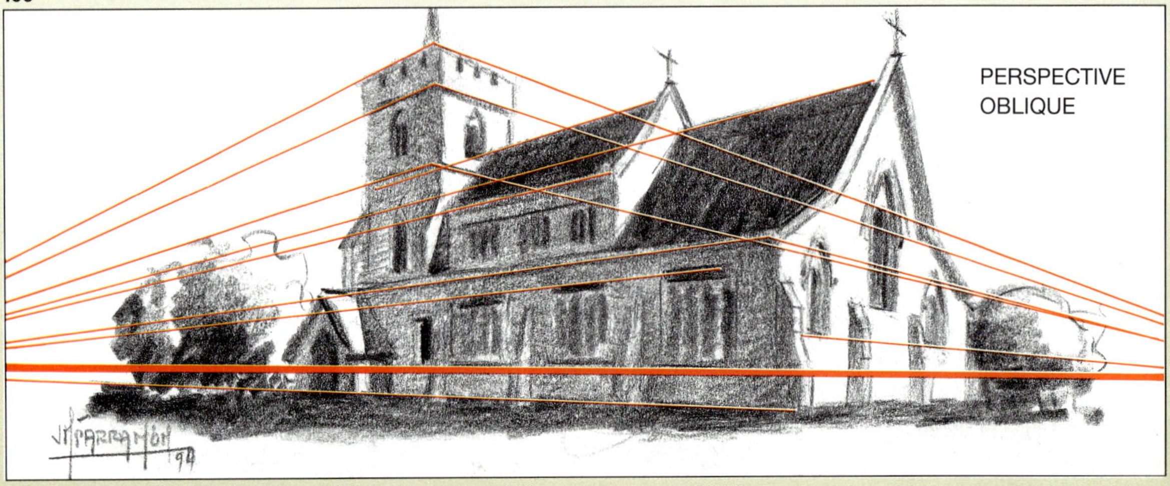

107

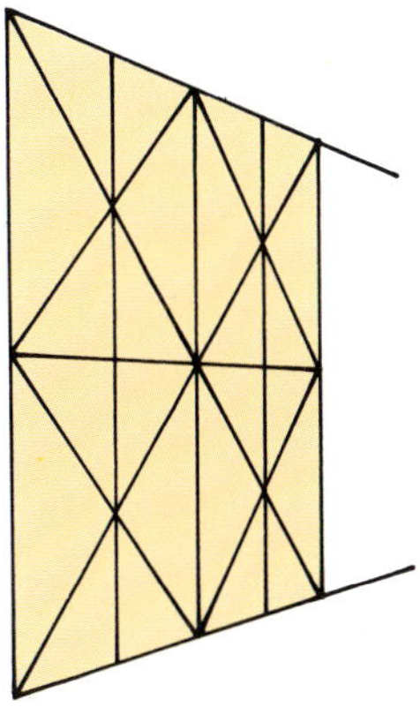

108

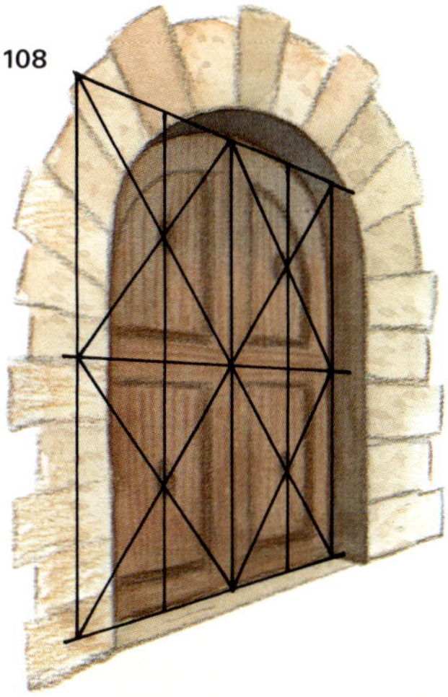

Rappelons aussi le procédé pour diviser un espace en perspective, en déterminant le centre de cet espace (fig. 107 et 108) ainsi que pour diviser la profondeur d'un espace en parties égales et en perspective : c'est un problème relativement facile si l'on applique la formule expliquée sur les figures 109 à 112.

Enfin, voyez sur les illustrations suivantes (114, 115 et 116) le procédé pour tracer une échelle-perspective dans le cas très fréquent où les points de fuite sont en dehors du tableau.

109

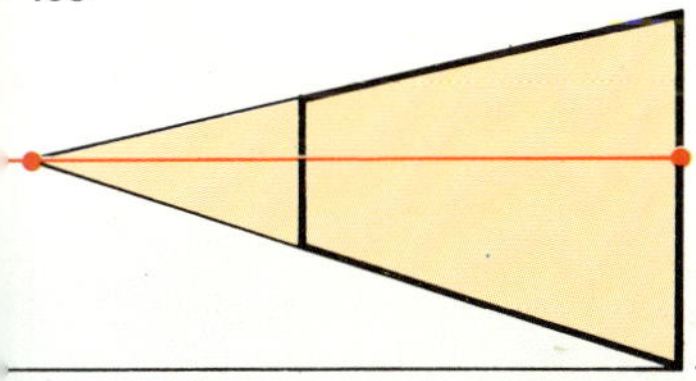

110

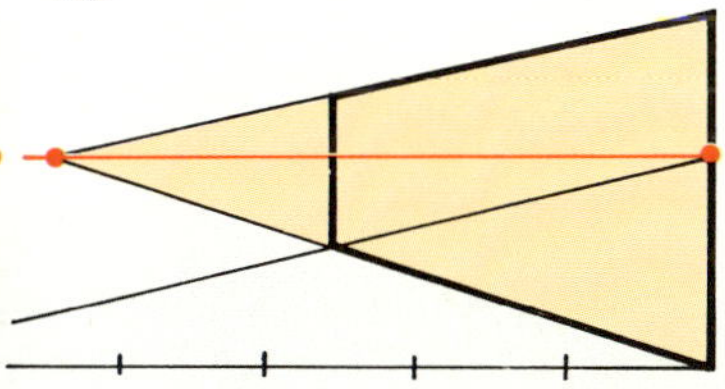

113

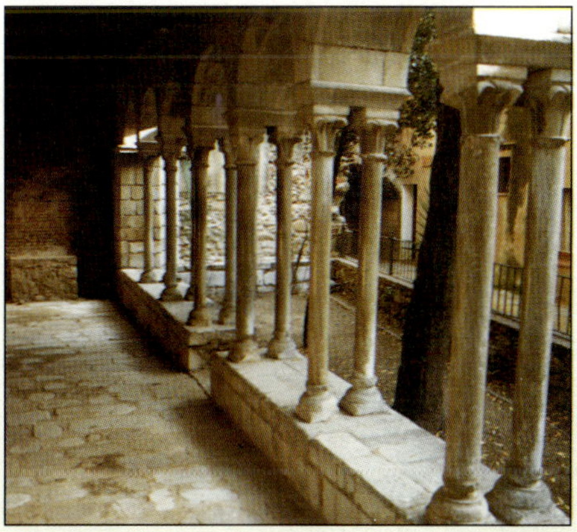

111

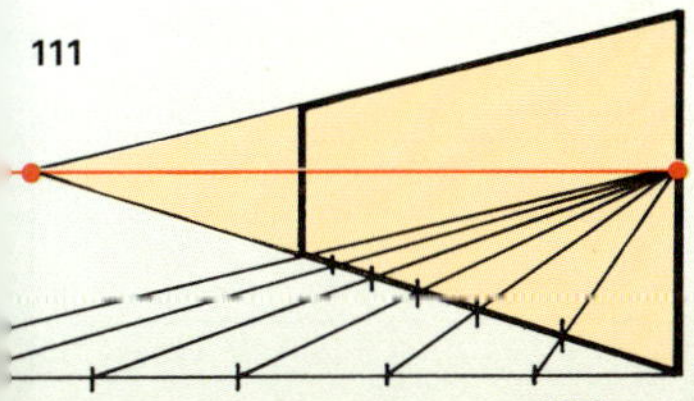

112

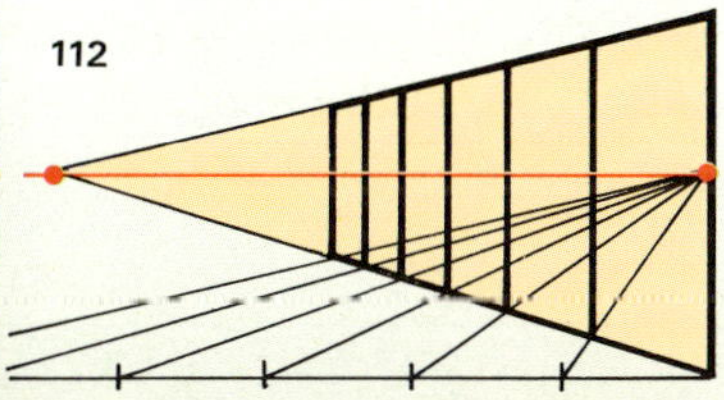

Fig. 105 et 106 (Page ci-contre). Effets de perspective parallèle avec un point de fuite (fig. 105) et de perspective oblique avec deux points de fuite (fig. 106), la ligne rouge étant la ligne d'horizon.

Fig. 107 à 112. Procédés pour trouver la perspective (fig. 107 et 108) ; et explication, étape par étape, pour diviser la profondeur d'un espace en parties égales et en perspective.

114

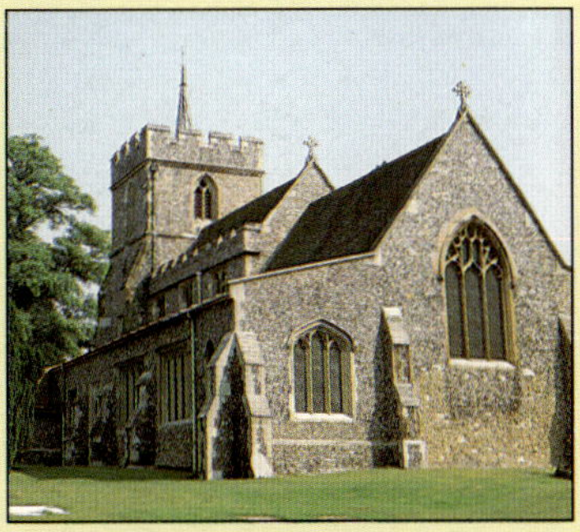

115

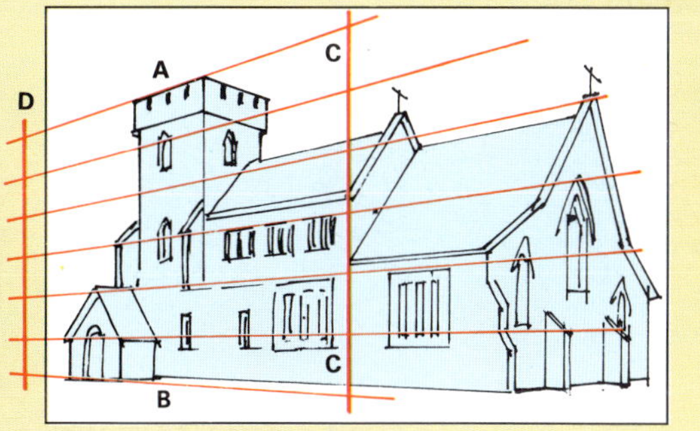

116

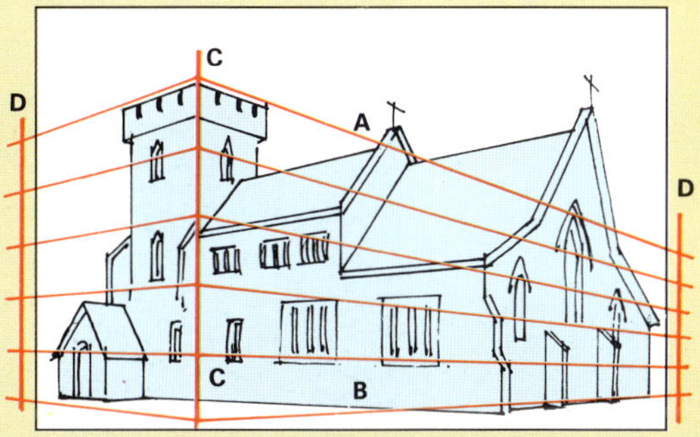

Fig. 114 à 116. Comment tracer une échelle-perspective quand les points de fuite sont hors du tableau.
1. Dessiner au jugé les lignes qui délimitent la hauteur du modèle (A et B).
2. Tracer une verticale au sommet le plus proche (C).
3. Tracer une seconde verticale en dehors du tableau (D).
4. Diviser cette verticale et la précédente en parties égales et unir les points de division des deux verticales pour obtenir l'échelle-perspective.

Contrastes et atmosphère

Le philosophe Hegel, dans son livre intitulé *Système des arts*, nous offre une superbe leçon sur l'art et la manière de renforcer la profondeur :

> « Dans le monde réel, tous les objets subissent une différence de couleur en fonction de l'atmosphère qui les entoure. »

Il ajoute :

> « Plus les objets s'éloignent, plus ils perdent leurs couleurs et leurs formes, car alors les contrastes de lumière et d'ombres s'estompent. »

Il dit encore :

> « On croit généralement que le premier plan est plus clair et le plan éloigné plus sombre, mais non ; le premier plan est plus sombre et plus clair à la fois, c'est-à-dire que le contraste de la lumière et des ombres se fait, de près, plus intense. »

Essayons de résumer la portée de cette importante leçon par deux règles générales :

À mesure que les plans s'éloignent, ils se décolorent avec une tendance vers le bleu, le violet et le gris.

Le premier plan est toujours plus net et plus contrasté que les plans éloignés.

Voyez sur la figure 117 une application de ces lois : observez le premier plan, constitué par ces deux barques de chaque côté, séparées par les reflets de l'eau ; il forme une zone bien définie. Le deuxième plan, et surtout le dernier, avec le groupe de barques au centre, le paquebot et l'ensemble des voiliers, ainsi que le bâtiment à droite, ont une couleur moins intense, tirant sur le gris-bleu, et des contours plus imprécis. Les idées de Hegel ont déjà été émises par Léonard de Vinci dans son *Traité de la peinture* quand il écrit :

117

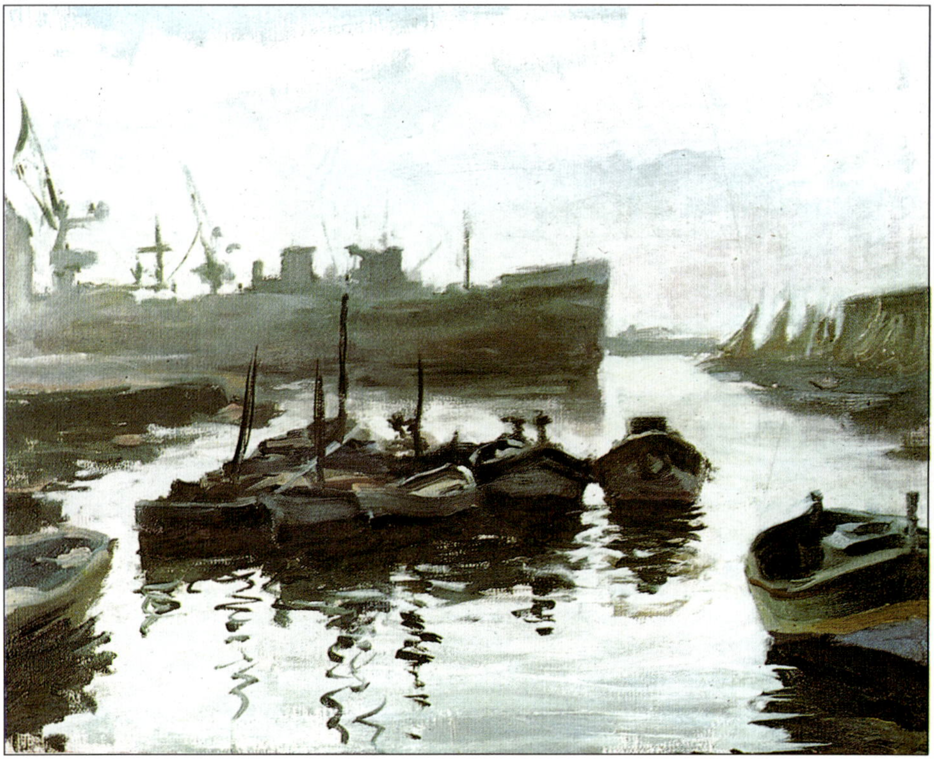

Fig. 117. José M. Parramón, *Le Quai des pêcheurs dans le port de Barcelone*, collection E. Vergara. Sur les quais et les embarcadères, les effets de contraste et d'atmosphère sont assez faciles à réaliser, grâce à l'humidité qui, sous forme de brume, s'interpose entre les différents plans. Ces effets apportent beaucoup à la composition.

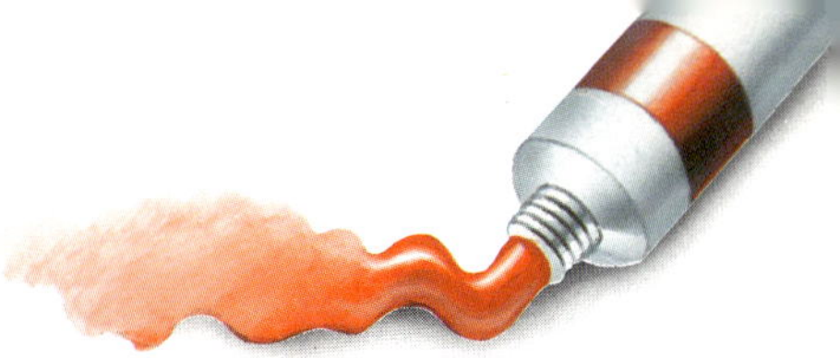

« Si tu peins avec un grand souci de détail les objets éloignés, ils n'en paraîtront que plus proches. »

Quant à Velázquez, pour arriver à cette « manière brève », comme l'a appelée Palomino, il ne cessa d'éliminer les détails, d'estomper les contours, d'envelopper ses personnages d'air, comme on peut le voir sur son célèbre tableau *Les Ménines* (fig. 118).
Dans le paysage urbain, l'éclairage à contre-jour apporte aux formes un net contraste entre les parties non éclairées et le halo lumineux des contours, tandis que dans les plans les plus éloignés apparaît une sorte de brume épaisse qui traduit l'atmosphère (fig. 119).
Les impressionnistes enfin sont passés maîtres dans l'art de synthétiser l'atmosphère en faisant jouer le contraste des premiers plans sur des plans plus éloignés, diffus et colorés. Voyez ci-dessous le paysage de Claude Monet.

118

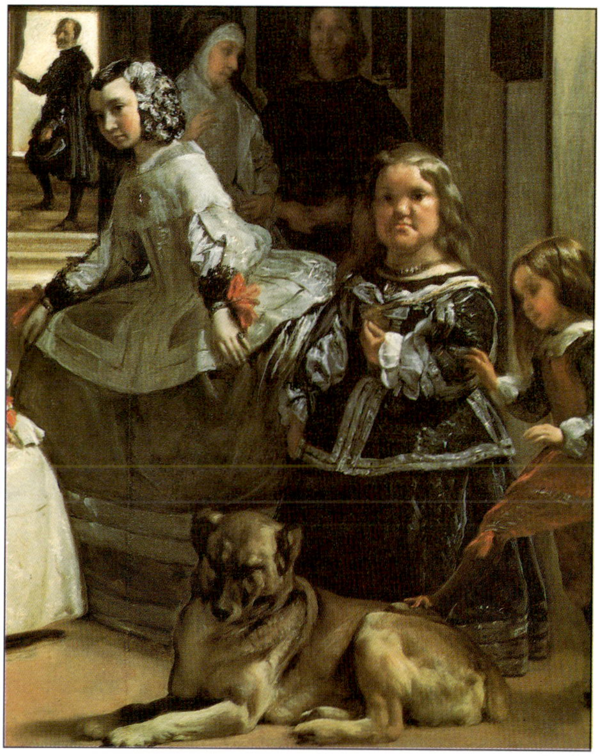

119

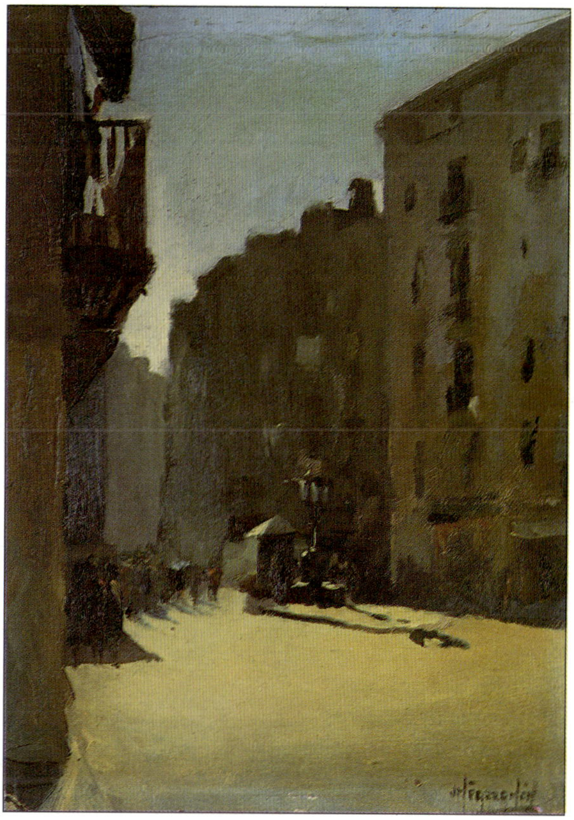

Fig. 118. Velázquez, *Les Ménines* (détail), musée du Prado, Madrid. Les contours précis des personnages du premier plan, y compris le chien, contrastent avec la silhouette diffuse de l'homme qui regarde la scène depuis la porte du fond. Velázquez soulignait ainsi la sensation de profondeur.

Fig. 119. José M. Parramón, *Place Saint-Augustin*, Barcelone, collection privée. L'impression de distance, de troisième dimension, est accentuée par l'atmosphère, rendue par un éclairage à contre-jour, et par un cadrage où se détache aussi un premier plan.

Fig. 120. Claude Monet, *La Seine à Giverny*, musée d'Orsay, Paris. Très bon exemple d'atmosphère interposée renforçant la troisième dimension et complétant la composition du tableau.

120

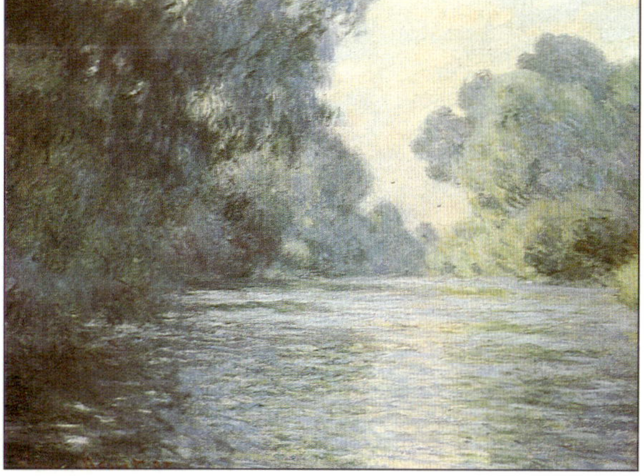

Contrastes et profondeur

Tous les professionnels connaissent ce moyen et le mettent en pratique afin d'accentuer l'idée d'air et d'espace dans leurs tableaux, surtout s'il s'agit de paysages. Léonard de Vinci le connaissait également et le formulait ainsi :

« Le fond qui entoure un corps doit être obscur autour de la partie éclairée et clair autour de la partie dans l'ombre. »

Il met cette loi en pratique dans le tableau *Léda et le Cygne*, qui lui est attribué (voir p. 12, fig. 8). Appliquez cette loi vous aussi en créant des effets de contours, en peignant des limites claires sur des formes ou des zones plus sombre, ou faites l'inverse, de telle manière que les deux formes se « décollent », se séparent l'une de l'autre, donnant ainsi l'impression d'espace et de profondeur... les artistes confirmés procèdent de cette façon, comme Cézanne le faisait : voyez le détail du paysage reproduit ci-contre (fig. 121) et le schéma 121 A. Observez sur ce schéma les zones marquées d'un point rouge, et comparez avec le détail du tableau : en A, cette tache vert foncé, placée intentionnellement, rehausse le contour de la maison ; en B, Cézanne intensifie la couleur pour créer un contraste qui marque un autre contour ; en C, un changement de couleur, voulu également, accentue l'arête du mur ; en D, il crée un contraste pour mettre l'appentis en valeur devant la maison ; en E la tache blanche renforce le volume, etc.

121 A

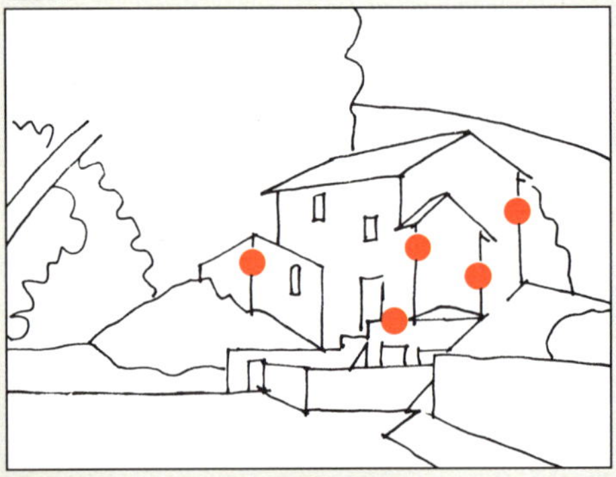

121

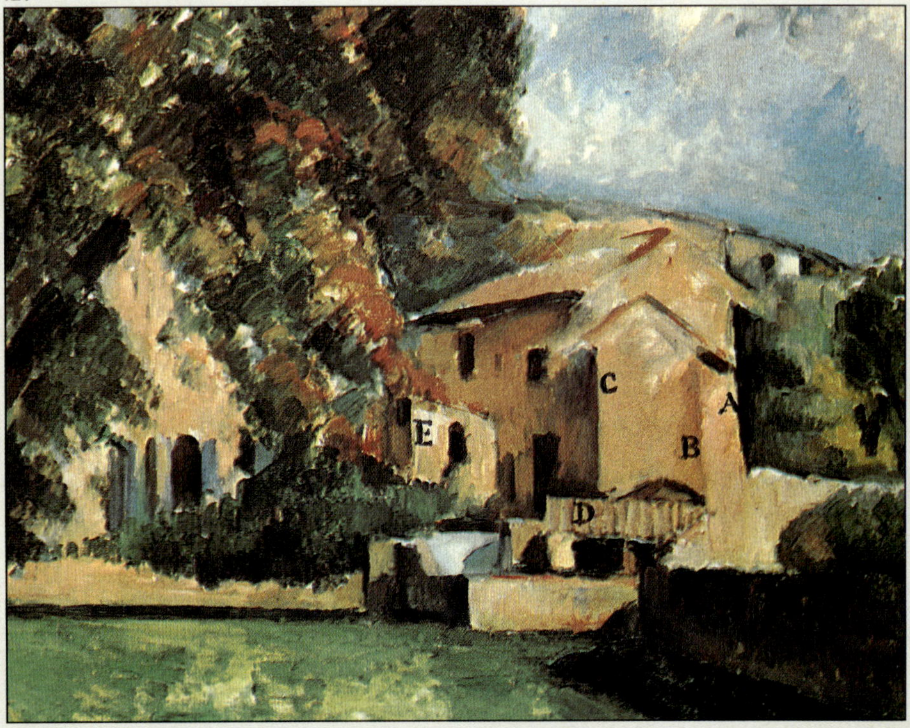

Fig. 121 et 121A. Paul Cézanne, *Arbres dans un parc* (détail), musée Pouchkine, Moscou. Regardez attentivement, sur le schéma ci-joint et sur le détail du tableau, la série de contrastes que crée l'artiste par la couleur afin de mettre en valeur certaines formes par rapport à d'autres, obtenant ainsi une meilleure impression de profondeur.

Couleurs « proches » et couleurs « lointaines »

Si vous peignez une bande bleu moyen ou clair au-dessus d'une bande jaune, vous constaterez que le jaune donne l'impression d'être plus proche et qu'il passe au premier plan, alors que le bleu « s'éloigne » et reste à une certaine distance. On dit, et on sait avec certitude, que

Les couleurs « chaudes » rapprochent les formes ; les couleurs « froides » les éloignent.

On a établi, en outre, une classification des couleurs suivant leur capacité à rapprocher ou à éloigner les formes (fig. 122).

Couleurs chaudes par ordre de « proximité »	Couleurs froides par ordre d'« éloignement »
Jaune	Vert
Orange	Bleu moyen
Sienne naturelle	Bleu clair
Rouge	Violet clair
Carmin	Gris-bleu clair

122

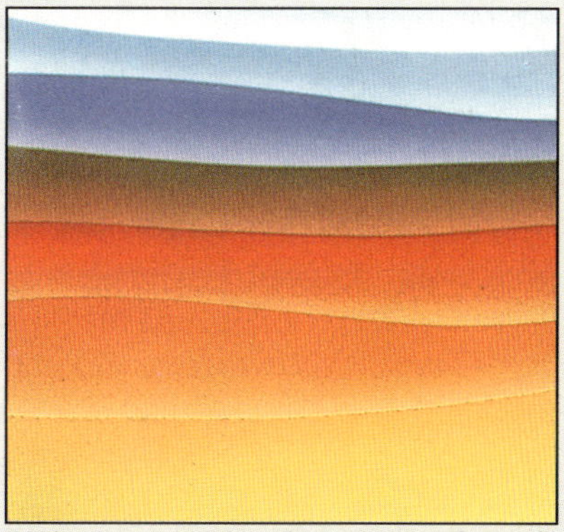

Voir à ce sujet les exemples ci-joints (fig. 124 et 125).

Comme on le sait, la loi des couleurs « qui rapprochent » et des couleurs « qui éloignent » était déjà connue et appliquée par les premiers paysagistes, nous l'avons vu au début de ce livre, quand je traitais l'historique du paysage à l'huile (fig. 18A, p. 17).

123

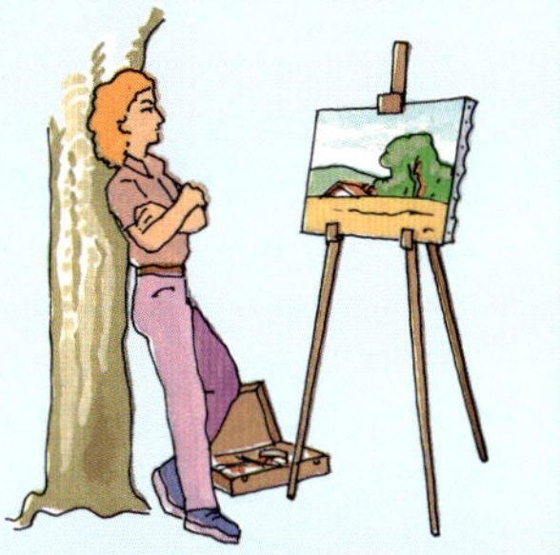

Quand vous peignez, prenez votre temps. Faites une pause, levez-vous de temps à autre, laissez votre tableau, oubliez-le un moment. Regardez le paysage, prenez une cigarette, ou buvez un rafraîchissement... lavez les pinceaux, la palette... vous reprendrez ensuite votre tâche avec une meilleure appréciation de ce qui est bien et de ce qui doit être amélioré.

Fig. 122. Le jaune est certainement la couleur qui « rapproche » le plus et le bleu celle qui « éloigne » le plus.

124

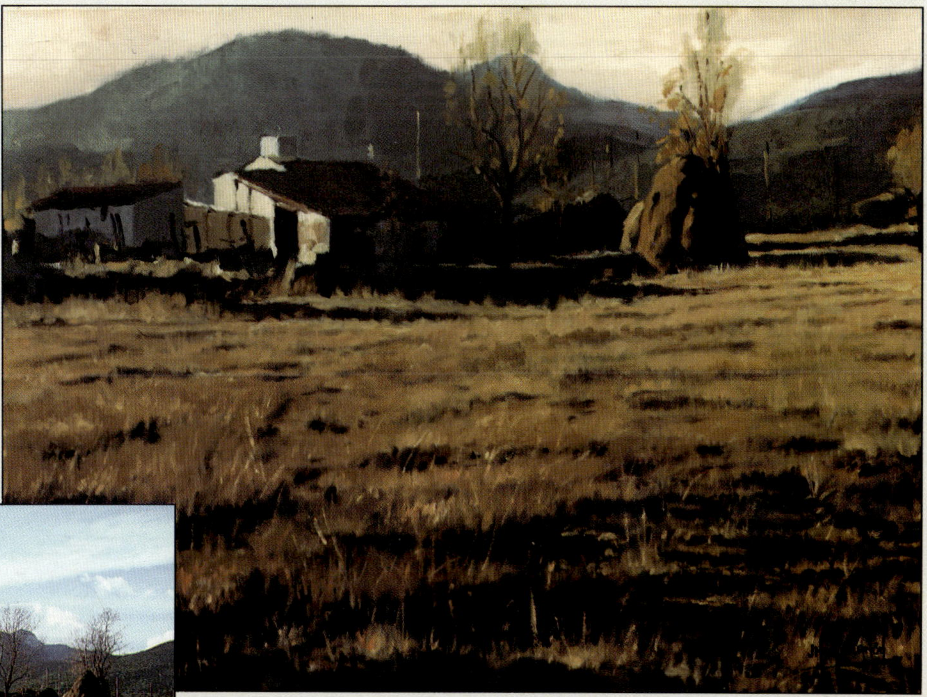

Fig. 124 et 125 José M. Parramón, *Paysage du Montseny*, collection Carvajal, Cali, Colombie. Dans ce paysage, la profondeur est renforcée par un premier plan ocre jaune, un plan moyen fait de bleus intenses et de verts et un dernier plan composé de bleus-gris clairs.

125

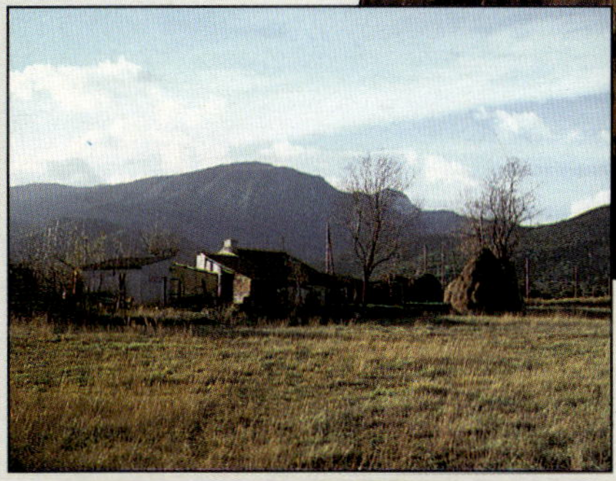

Rôle de l'interprétation dans l'art du paysage

Interpréter, c'est changer. On peut supposer en effet qu'un véritable artiste, devant un modèle ou un paysage, ressent une certaine excitation à les percevoir à sa manière (« Je peins toujours dans un état d'excitation », disait Courbet), il intériorise son regard et il peint son paysage en modifiant au besoin la réalité. Mais est-il juste de modifier ainsi la réalité en changeant les formes et les couleurs du modèle ? Oui, absolument ! L'idée de peindre une œuvre telle que nous la ressentons intérieurement a été prônée par de nombreux et bons artistes.

> « À mes yeux, les véritables peintres ce sont Michel-Ange, Millet et Lhermitte, parce qu'ils ne peignent pas les choses telles qu'elles sont, mais telles qu'ils les sentent et les perçoivent. »
>
> VAN GOGH.

Interpréter, modifier, changer... c'est là que se trouve l'art véritable ! (fig. 126 à 129). N'avez-vous jamais ressenti d'émotions devant un paysage ou tout autre sujet, ne l'avez-vous jamais imaginé sous forme de tableau terminé, avec des formes, des couleurs, des contrastes selon votre personnalité, selon une interprétation qui est la vôtre ? C'est un art difficile, car l'interprétation est étroitement liée à l'imagination, et peut-on prétendre enseigner l'art de l'imagination ?
Je vais essayer néanmoins d'exposer quelques idées sur le processus de l'interprétation artistique.
Disons tout d'abord que la fantaisie et l'imagination artistiques dépendent de trois facteurs :

1. La capacité de visualiser
2. La capacité de combiner

et, par voie de conséquence,

3. La capacité de créer

La capacité de visualiser
Lorsque l'artiste se trouve devant un paysage pour la première fois, avant même de planter son chevaler, il observe et médite un long moment devant le site à peindre ; il analyse le schéma formel de l'ensemble, les formes particulières à chaque élément, la couleur du premier plan par rapport à celles des autres plans, le contraste des tons et des couleurs... Pendant ce temps d'analyse, l'artiste, de manière soit instinctive, soit consciente, fait appel à toutes sortes d'images qu'il a vues et enregistrées du fait de leur beauté, de leur originalité. Ce peut être des couleurs de Van Gogh, des formes de Cézanne, les harmonies chromatiques d'un film, des effets d'atmosphère observés un jour quelque part, les contrastes d'une photographie en noir et blanc... La faculté qu'a l'artiste de se représenter ces images, alors qu'il observe le paysage, l'amène à rêver, à modifier, à changer. C'est là qu'intervient le deuxième facteur :

Fig. 126 et 127. José M. Parramón, *Paysage sous la neige*, Bellver, collection Carvajal, Cali, Colombie. L'interprétation du modèle (photographie 126), se traduit dans le tableau (fig. 127) par la suppression des arbres du fond ; leur nombre est réduit sur la butte dont l'ombre est agrandie, et le parapet en diagonale du premier plan est obscurci, ce qui accentue le schéma en zigzag.

126

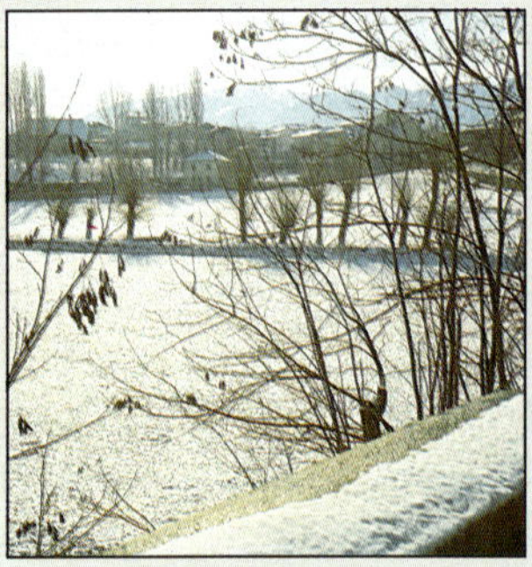

127

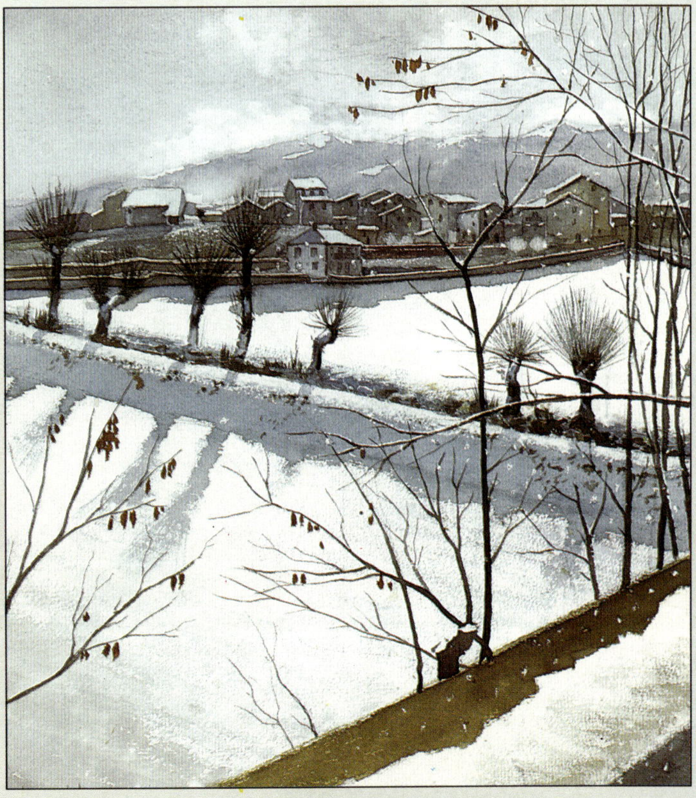

Fig. 128 et 129. José M. Parramón, *Quai des pêcheurs dans le port de Barcelone*, collection privée. Le paysage dans son essence est le même, mais il est imaginé à partir d'un point de vue plus élevé et dans une gamme de couleurs plus chaudes. Les contrastes et l'atmosphère sont par ailleurs accentués.

128

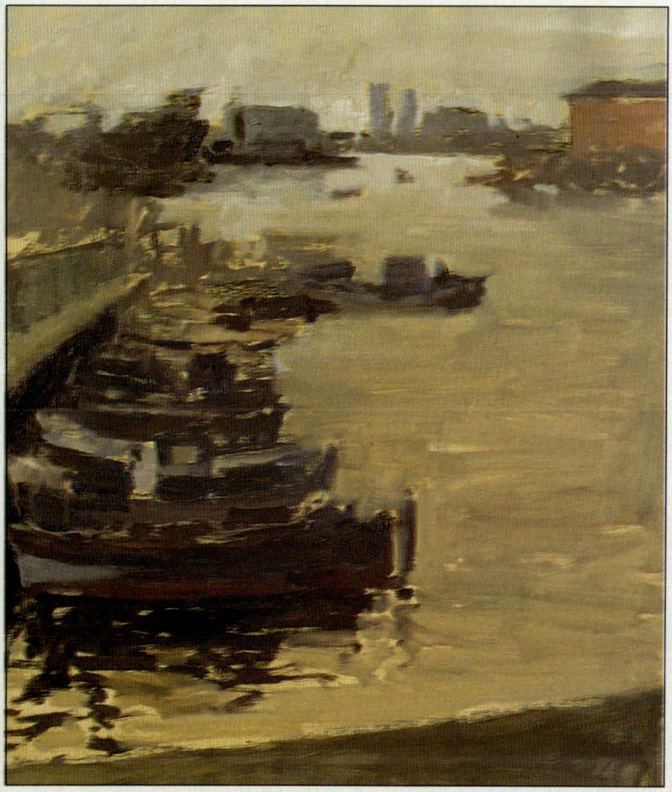

La capacité de combiner le déjà-vu avec ce que l'on voit.

La faculté de voir d'autres couleurs, d'autres formes, de se faire en somme une autre idée de la réalité présente, efface du même coup le paysage réel qui est devant les yeux et y substitue un autre paysage, qui est la vision intérieure de l'artiste. À partir de là, le peintre peut combiner ce qu'il voit avec ce qu'il va créer ; il travaille son paysage, découvre des rapports entre la réalité et ses souvenirs, étudie de nouvelles possibilités, rehausse, accentue, diminue, supprime... et pénètre ainsi dans le domaine de la créativité.

La capacité de créer

Le terme de « créativité » est à la mode. On en parle beaucoup, ainsi que des artistes créatifs, mais... qu'est-ce que la créativité ? Je dirais que c'est

imaginer, penser, voir et faire, avec une attitude nouvelle devant ce que nous voulons changer

Le mot « attitude » acquiert ici une signification importante : il représente la somme de toutes nos connaissances, nos pensées et nos réactions, reflétées par une certaine disposition d'esprit qui pousse à chercher une solution nouvelle, un tableau qui sera différent de la réalité connue et détaché du passé, et sera peut-être, par conséquent, un paysage jamais vu, jamais imaginé.

Les trois secrets techniques de l'interprétation

J'ai mentionné à ce propos trois termes essentiels et concrets :

1. Augmenter
2. Diminuer
3. Supprimer

Augmenter, rehausser, exagérer, intensifier telle ou telle couleur : le jaune de cette meule de paille, le vert foncé qui se trouve derrière... afin d'accentuer le contraste... donner plus d'importance à ce pré, au premier plan...

Diminuer, décolorer, adoucir, réduire... la largeur de ce chemin, le volume de ces nuages, atténuer la couleur de ces montagnes à l'horizon, réduire le nombre de ces arbres, adoucir le contraste de ces ombres...

Supprimer, éliminer, dissimuler, ôter ces arbres à droite, ces herbes au premier plan, ce poteau électrique, le camion, la maison moderne du fond...

129

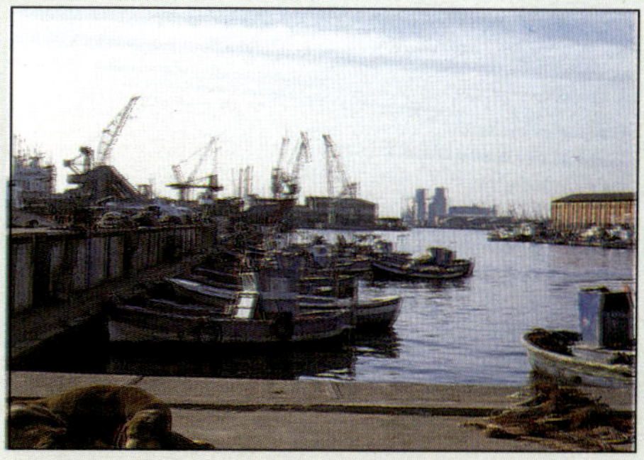

Le grand problème de l'interprétation

Il arrive qu'on parte avec son chevalet et sa boîte de peinture, et soudain, au détour d'un chemin ou en haut d'une côte, surgit le sujet. On s'arrête, on regarde ici et là, un peu plus loin... « Formidable ! Ce fond si bleu, ce premier plan presque noir et, en silhouette, les maisons au fond, bien contrastées, entourées d'un jaune comme directement sorti du tube... Ah ! Quel tableau ! On dirait un Van Gogh de Provence ! Je tracerai cette montagne en quatre grands coups de pinceau... et ces buissons striés de noir et de vert, je les peindrai presque sans ombres, à pleines couleurs ! »
On voit alors le tableau de l'intérieur, on ressent une véritable émotion, on s'enthousiasme en pensant au résultat final... on plante son chevalet, on fixe sa toile, on prend ses pinceaux, sa palette... on a hâte et l'on voit le tableau comme quelque chose d'extraordinaire ! Et l'on peint... Mais au bout d'une demi-heure de travail acharné, le tableau ne ressemble toujours pas à ce qu'on avait imaginé : ce n'est qu'une peinture de plus, correcte certes, mais dans le style habituel, d'une « perfection » inchangée. Que s'est-il passé ?
Laissons le postimpressionniste Bonnard, grande figure de la peinture moderne, expliquer le pourquoi de cet échec dans une interprétation qui promettait cependant d'être bonne.

> « Le point de départ d'un tableau est, en principe, une idée. Cette idée détermine le choix du thème et le tableau lui-même ; à travers elle le tableau peut devenir une œuvre d'art. Mais cette idée initiale a tendance à s'estomper devant la vision du modèle réel qui envahit malheureusement le peintre et finit par le dominer. Lorsque cela se produit, l'artiste ne peut plus réaliser "son" tableau. »

Claude Monet était pris de panique devant ce phénomène du modèle qui s'empare de l'artiste ; il savait qu'il était perdu s'il passait trop de temps à se laisser guider par la vue du modèle. Et il lui arrivait de commencer son tableau devant le modèle puis de le terminer dans son atelier. Il le fit de plus en plus vers la fin de sa vie (fig. 130 et 132). Bonnard avouait également :

> « J'ai essayé de représenter directement le modèle, scrupuleusement ; et sans le vouloir je me suis laissé absorber par lui, j'ai cessé d'être moi-même ; il me faut donc un moyen de défense très personnel : je ne peins plus que dans mon atelier, tout se fait dans mon atelier. »

Comment donc résister à la tentation, à la séduction qu'exerce le modèle ? Écoutons Cézanne :

> « J'ai devant le sujet une solide idée de ce que je veux faire, et j'accepte seulement de la Nature ce qui est conforme à mes idées, les formes et les couleurs telles qu'elles sont **selon ma conception initiale**. »

On imagine Cézanne regardant longuement son paysage jusqu'à ce que lui vienne cette solide idée qui devait le

Fig. 130 et 132. Je suis allé à Venise, et en bon touriste mais aussi en artiste j'ai pris la photo classique du Grand Canal, en me rappelant que Claude Monet avait peint cet endroit sous ce titre : *Le Grand Canal, Venise* (musée des Beaux-Arts, Boston). De retour chez moi, j'ai trouvé la reproduction du tableau de Monet et j'ai pu constater à quel point son interprétation du sujet est magistrale.

Fig. 131. (Page ci-contre). Paul Cézanne, *Montagne Sainte-Victoire*, collection M. et Mme Carroll S. Tyson, Philadelphie. Dans ses derniers tableaux, Cézanne mettait en pratique sa règle de conduite : « accepter seulement de la Nature ce qui est conforme à mes idées ». Et c'est ainsi qu'il peignait, selon une interprétation toute personnelle, prélude au cubisme.

130

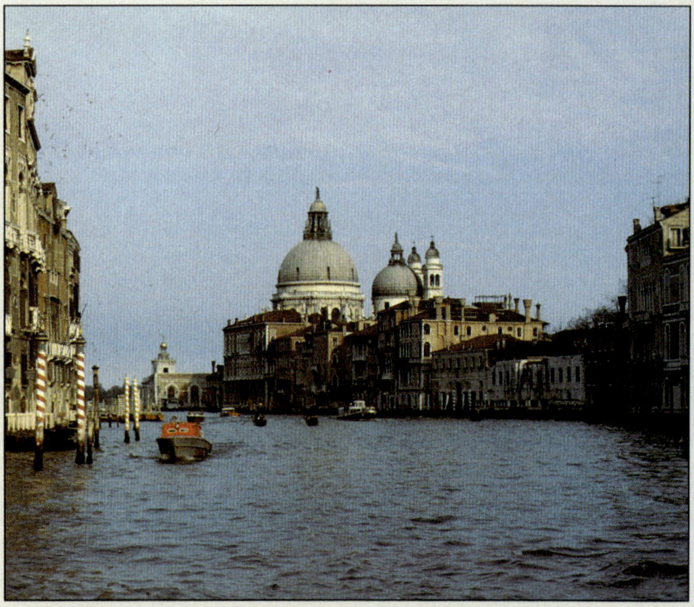

guider dans la réalisation de son tableau, puis se mettant à peindre et se répétant : « tel que je le vois », sans jamais se laisser séduire par « le chant de sirène » du modèle.
Ce n'est pas facile, bien sûr, mais c'est la seule solution. Il faut dire aussi que Cézanne, comme tous les artistes, peignait très souvent le même sujet. Il a peint la montagne Sainte-Victoire (fig. 131) cinquante-cinq fois : excellent exercice pour s'entraîner et apprendre à interpréter.

Un dernier conseil

Pour perfectionner vos idées sur la composition et l'interpétation, il faudrait que vous passiez plusieurs heures par semaine à visiter les expositions et les musées. Vous pouvez vous procurer aussi des livres d'art bien illustrés.

131

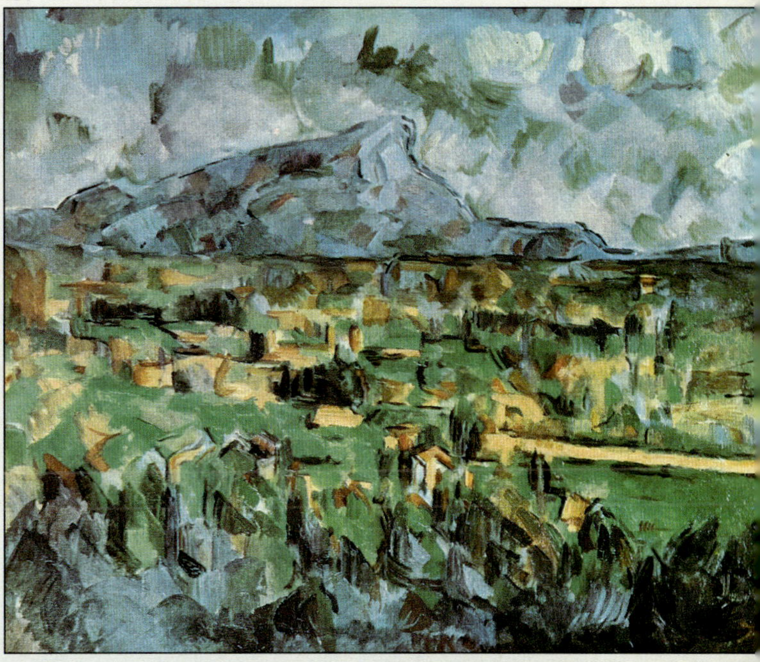

132

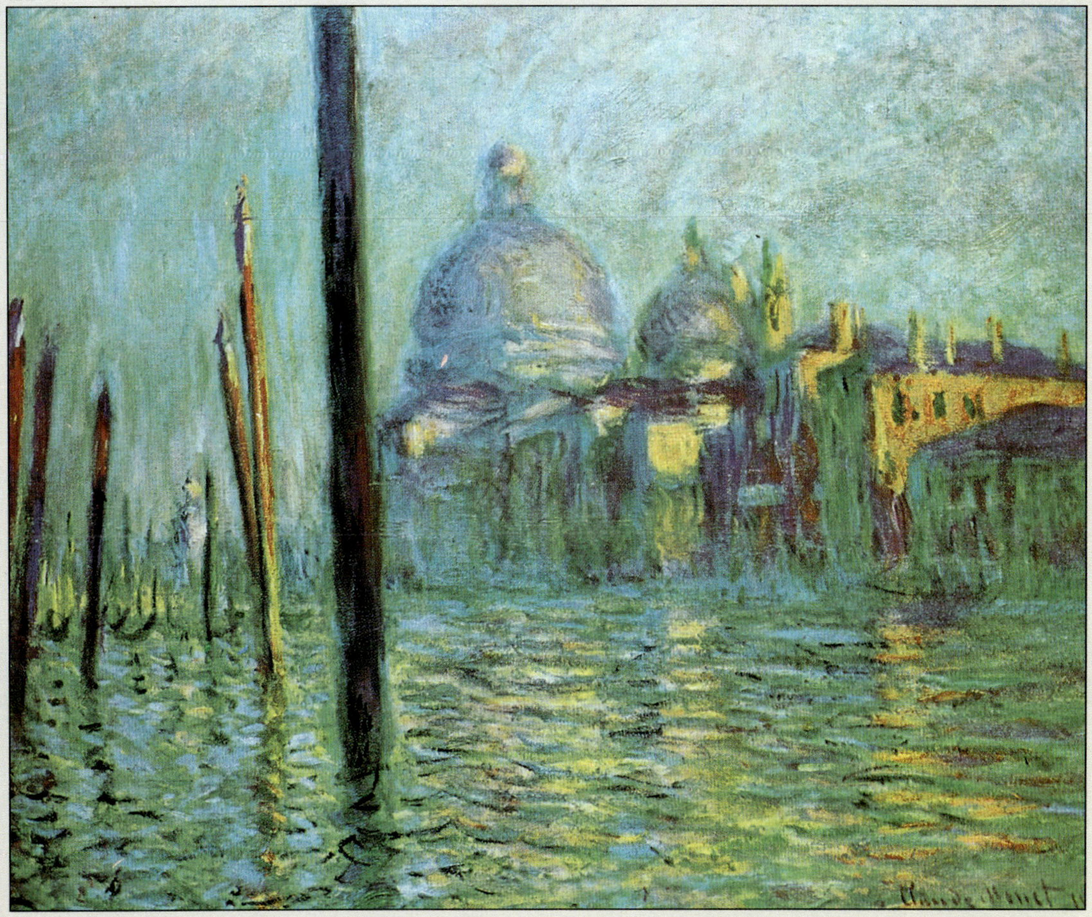

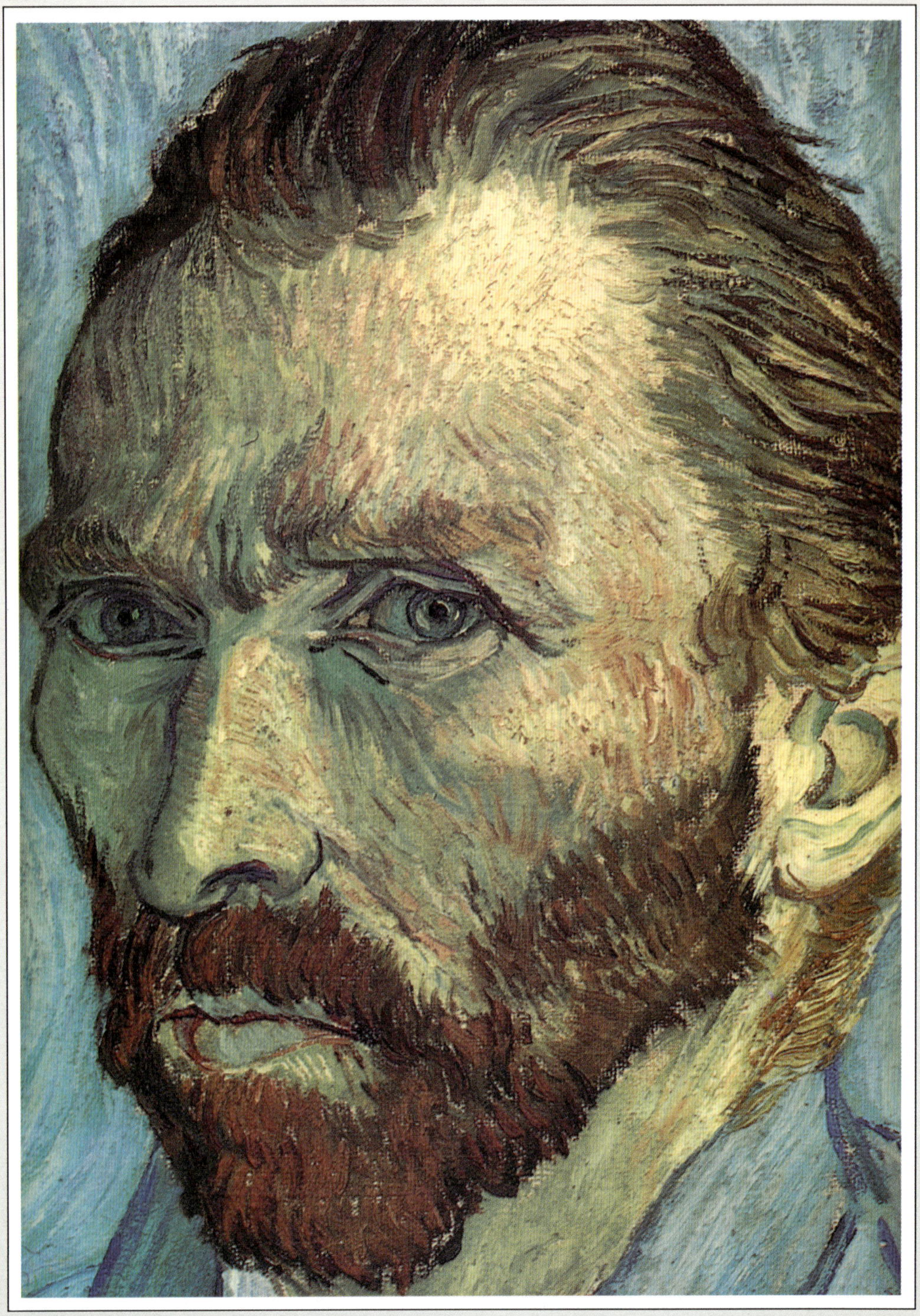

Fig. 133. Vincent Van Gogh, *Autoportrait*, musée d'Orsay, Paris.

LA COULEUR DANS LE PAYSAGE

J'ai découvert il y a quelque temps une charmante leçon sur la théorie de la couleur, écrite il y a plus de cent ans par Van Gogh, dans une de ses lettres à son frère Théo. Curieusement, il y affirme déjà qu'à partir des trois couleurs primaires on peut obtenir toutes les couleurs de la nature. Van Gogh détermine aussi les contrastes des couleurs complémentaires et cite la gamme des tons rompus obtenus par le mélange, dans des proportions inégales, de deux complémentaires. Cette étonnante leçon explique l'extraordinaire richesse de coloris et de contrastes obtenue par Van Gogh dans ses tableaux. Ce chapitre lui est consacré et reprend sa leçon, en expliquant tout sur l'art d'utiliser la couleur dans un paysage. Vous trouverez à la fin la liste du matériel et des outils nécessaires.

Théorie de la couleur

Dans l'une de ses lettres à son frère Théo, Van Gogh expose une série de concepts sur la théorie de la couleur, qui, une fois actualisés et développés, pourraient être publiés et constituer une parfaite synthèse à l'usage de l'artiste peintre contemporain. Voici ce qu'il écrit :

« Il s'agit de grandes vérités, en lesquelles Delacroix avait foi : les anciens n'ont admis que trois couleurs primaires : le jaune, le rouge et le bleu, et les peintres modernes n'en admettent pas d'autres. »

Et il poursuit :

« Ces trois couleurs sont les seules qui ne soient pas décomposables, elles sont irréductibles. Il faut donc reconnaître qu'il n'y a dans la nature que trois couleurs vraiment élémentaires. »

Autant dire que toutes les couleurs de la nature peuvent s'obtenir par le seul mélange des trois couleurs primaires (fig. 134).

« Ces trois couleurs, en se mélangeant deux à deux, engendrent trois autres couleurs composées, dites secondaires. »

COULEURS PRIMAIRES
(fig. 135 et 136)

Pourpre (rouge magenta)[1]
Jaune
Bleu cyan

COULEURS SECONDAIRES
(fig. 137)

Rouge orangé . . . (pourpre + jaune)
Vert . . . . (bleu + jaune)
Bleu intense violacé . . (bleu + pourpre)

Fig. 134. José M. Parramón, *Paysage à l'huile avec trois couleurs*, collection de l'artiste. Oui, j'ai peint ce tableau en n'utilisant que trois couleurs (et du blanc) : les couleurs que vous voyez dans l'encadré sont équivalentes, dans la peinture à l'huile, aux trois couleurs primaires : le bleu, le jaune et le pourpre.

134

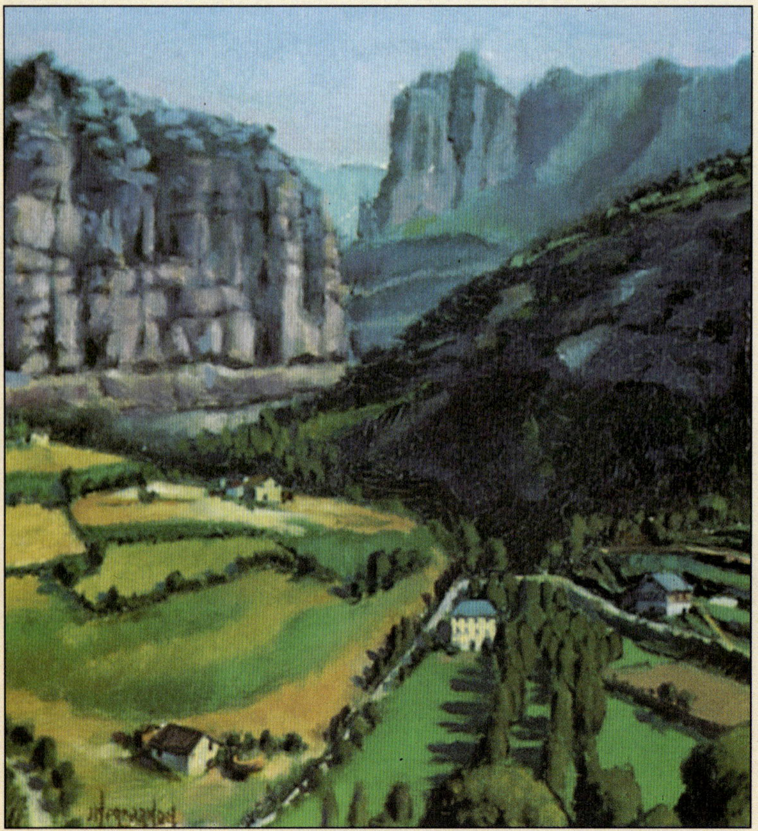

135

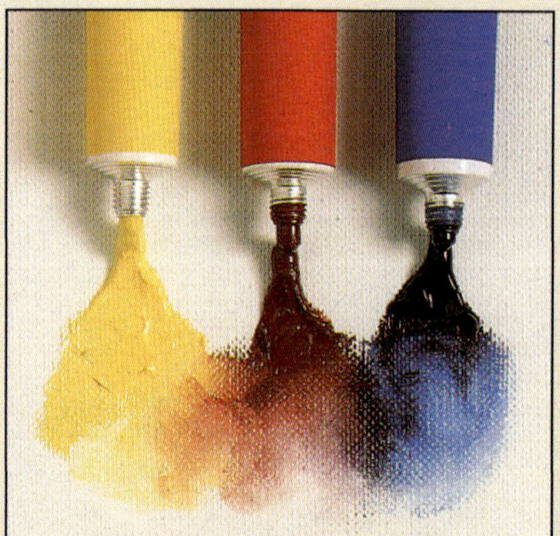

Jaune de cadmium moyen, carmin de garance et bleu de Prusse (ces deux dernières couleurs éclaircies avec du blanc) sont les trois couleurs à l'huile équivalentes aux trois couleurs primaires : le jaune, le pourpre et le bleu (un bleu clair appelé bleu cyan). Ces couleurs mélangées entre elles à parts égales donnent du noir ; si elles sont combinées selon des proportions inégales, obscurcies avec du noir ou éclaircies avec du blanc, elles permettent de peindre toutes les couleurs de la nature.

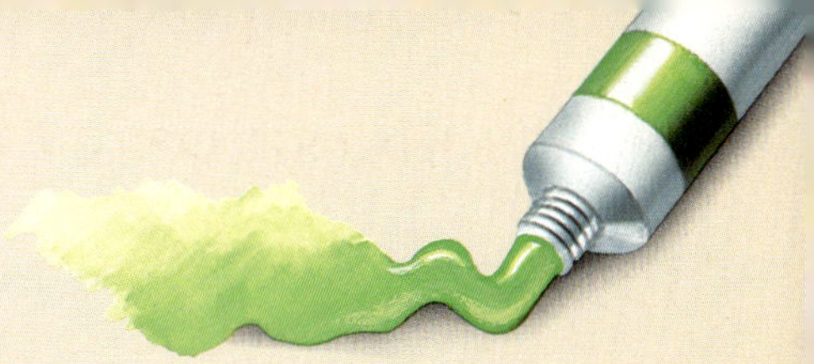

Nous pouvons développer ici la leçon de Van Gogh, en ajoutant les couleurs tertiaires obtenues par le mélange d'une couleur primaire avec une couleur secondaire.

COULEURS TERTIAIRES (fig. 138)

Vert clair . . . . (jaune + vert)
Vert émeraude . . . . (vert + bleu)
Bleu outremer . . . (bleu + bleu intense)
Violet . . . . . . (bleu violacé + pourpre)
Carmin . . . . (pourpre + rouge orangé)
Orange . . . .(rouge + jaune)

En mélangeant une couleur secondaire à une couleur tertiaire, nous enrichirions la gamme de douze couleurs supplémentaires, et ainsi de suite jusqu'à un nombre théoriquement infini de nuances. Regardez sur la figure ci-contre (139) ce qu'on appelle le « cercle chromatique », où les couleurs primaires sont indiquées par la lettre P, les secondaires par un S et les tertiaires par un T.

1. Dans son livre *Lettres à Théo*, Van Gogh cite le rouge comme couleur primaire et le violet comme secondaire. Actuellement, en accord avec les experts scientifiques et approuvé par les normes DIN, le rouge est considéré comme secondaire et le pourpre (un violet rosé, appelé aussi « rouge magenta »), comme primaire.

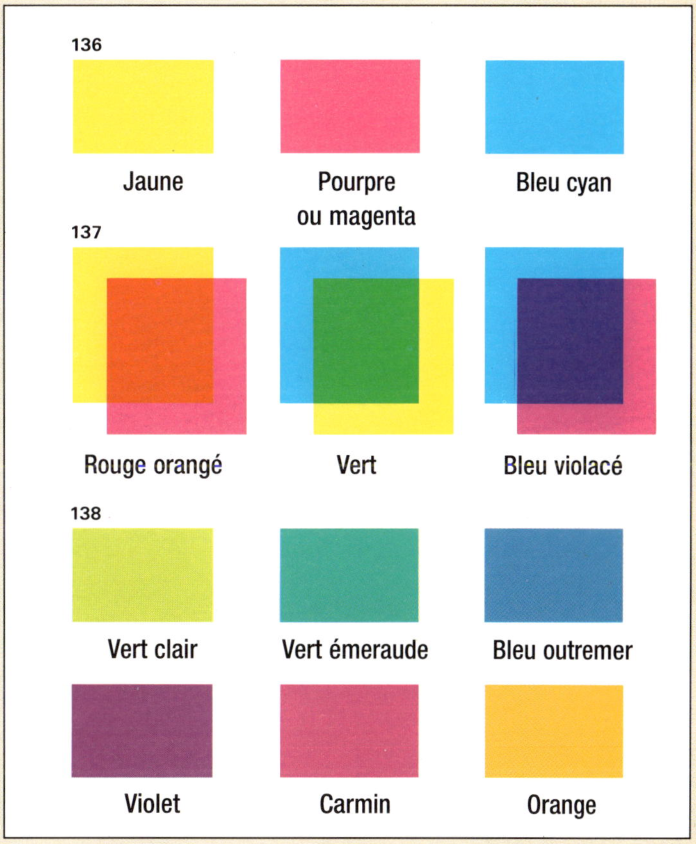

139

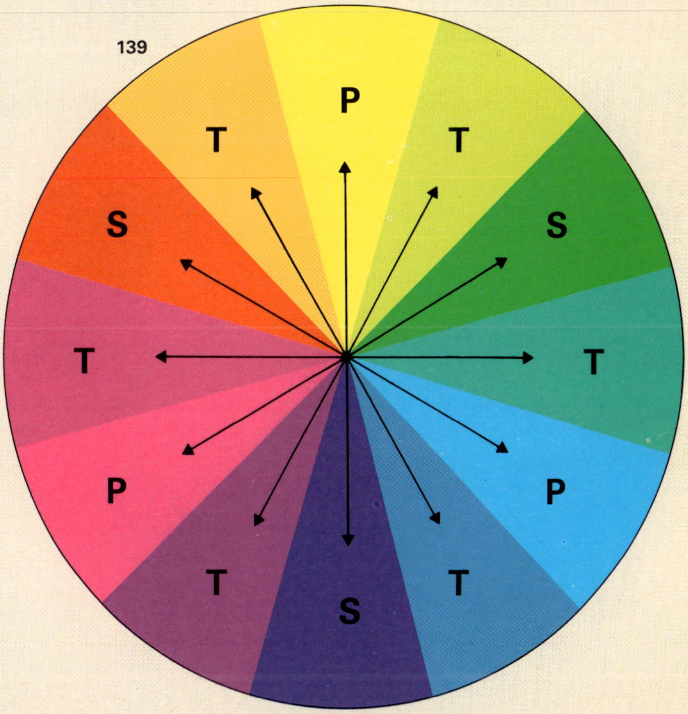

Fig. 136, 137 et 138. Les trois couleurs primaires (fig. 136) : les trois secondaires obtenues par le mélange de deux primaires (fig. 137) et les six couleurs tertiaires (fig. 138), obtenues par le mélange d'une primaire et d'une secondaire.

Fig. 139. Le cercle chromatique est constitué par les trois couleurs primaires, indiquées par un P ; les trois couleurs secondaires, indiquées par un S ; et les six tertiaires, indiquées par un T.

Les couleurs complémentaires

Revenons à Van Gogh, qui parle à présent des couleurs complémentaires et de la loi des contrastes simultanés :

> « Si l'on mélange deux couleurs primaires pour composer une couleur secondaire, on obtiendra le maximum d'éclat avec la troisième couleur primaire non employée dans le mélange » (fig. 140).
>
> « C'est avec raison qu'on les appelle complémentaires à chacune des trois couleurs primaires, par rapport à la couleur secondaire qui leur correspond. »
>
> « Si les couleurs complémentaires se juxtaposent en égalité de valeurs continue Van Gogh, elles s'élèvent une à une jusqu'à une intensité si violente que les yeux humains peuvent à peine supporter leur vision » (fig. 142).

En faisant jouer la dissonance et la stridence des couleurs complémentaires juxtaposées, on peut obtenir des contrastes chromatiques du plus grand effet. C'est ce que firent les Fauves.

> « Par un phénomène singulier, lorsque les couleurs complémentaires se mélangent entre elles, on obtient un gris, presque noir, absolument neutre » (fig. 141).

Le « piège des gris »
Attention ! Van Gogh mentionne ici le danger qui consiste à tomber dans le « piège des gris ». C'est souvent ce qui arrive à l'amateur inexpérimenté qui abuse du blanc, le mettant dans tous ses mélanges, le faisant intervenir dans les couleurs et les nuances claires... et peint, sans s'en rendre compte, avec des mélanges mal faits de couleurs complémentaires entre elles !

140

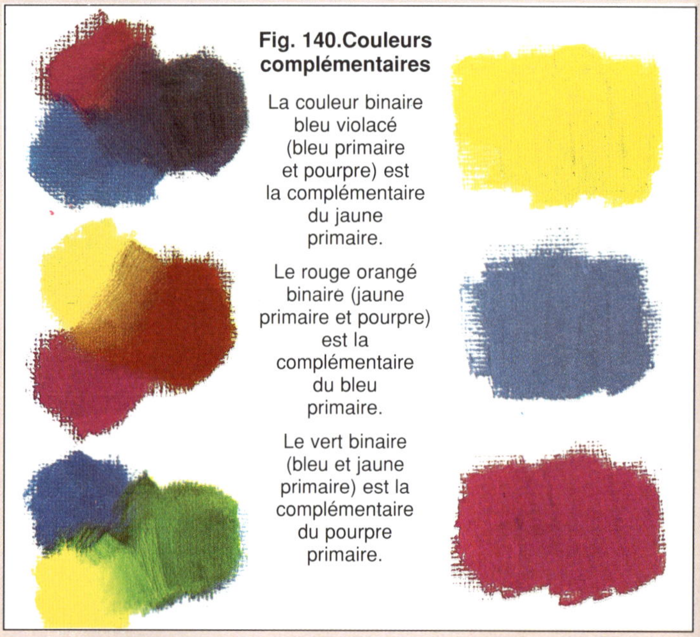

Fig. 140. Couleurs complémentaires

La couleur binaire bleu violacé (bleu primaire et pourpre) est la complémentaire du jaune primaire.

Le rouge orangé binaire (jaune primaire et pourpre) est la complémentaire du bleu primaire.

Le vert binaire (bleu et jaune primaire) est la complémentaire du pourpre primaire.

141

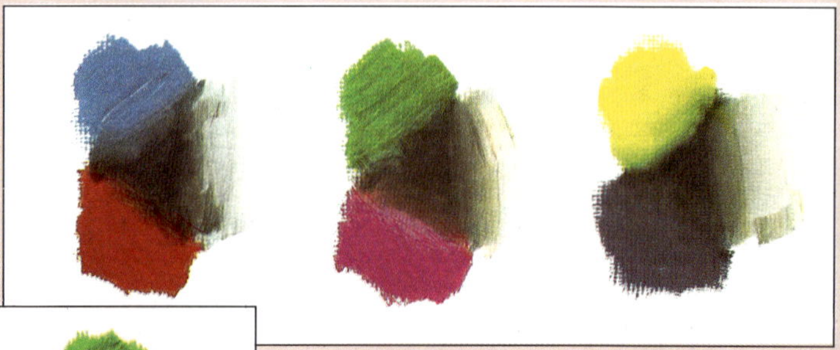

Fig. 141. Le mélange de deux complémentaires donne du noir brunâtre qui, avec du blanc, donne la gamme des couleurs rompues.

142

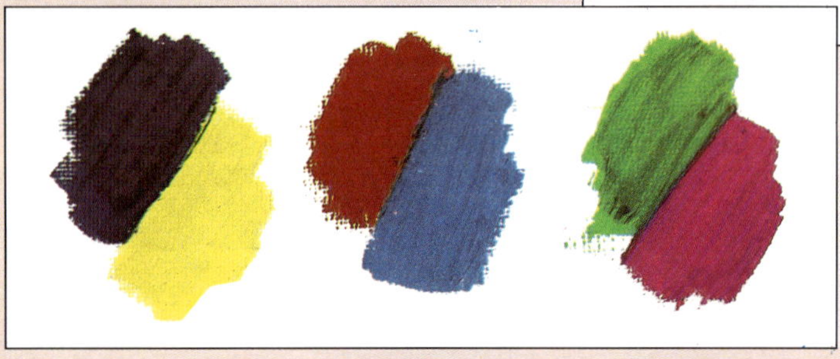

Fig. 142. Contraste maximal dans la juxtaposition des couleurs complémentaires.

143

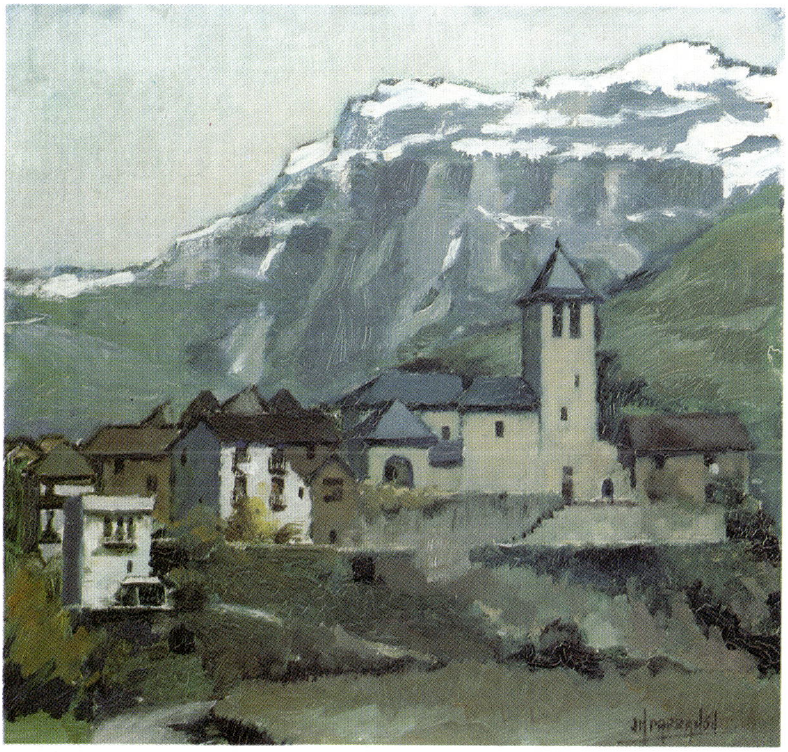

143 A

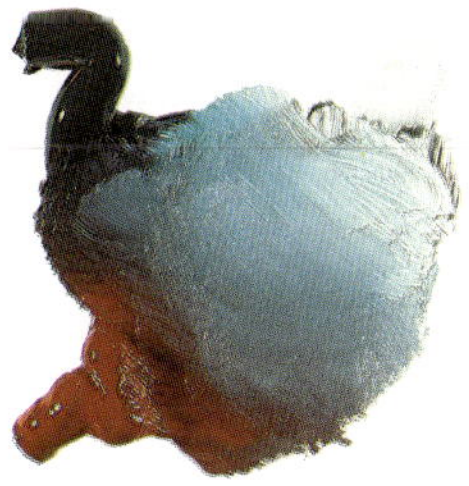

Fig. 143 et 143A. Si l'on mélange les couleurs complémentaires dans des proportions inégales et en y ajoutant du blanc, on obtient des tons rompus (143A), gamme d'une grande richesse chromatique, comme vous pouvez le constater sur ce tableau que j'ai peint dans le village de Torla, dans les Pyrénées aragonaises.

144

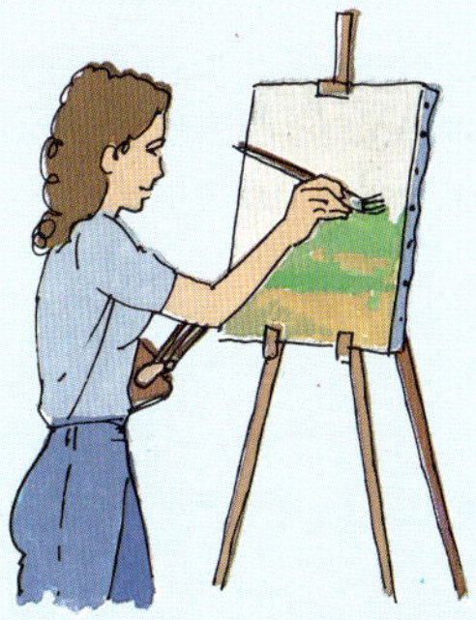

Que faire des vieilles toiles ? Surtout ne les jetez pas. Recouvrez-les d'une couche de peinture unie, en utilisant les restes de la palette, dont vous obtiendrez un excellent fond gris. Et si la toile présente des épaisseurs et des reliefs laissés par l'ancienne peinture, vous obtiendrez en peignant par-dessus des effets de pâte à la manière de Van Gogh.

Mais alors, me direz-vous, toute cette histoire sur les complémentaires, est-ce bien nécessaire ? »
Eh bien, oui ! lisez plutôt ce que dit Van Gogh :

> « Mais si l'on mélange deux complémentaires dans des proportions inégales – huit fractions de bleu violacé et deux de rouge orangé, par exemple –, elles ne se détruisent que partiellement et l'on obtient un ton rompu, avec une dominante de couleur qui n'empêche pas la parfaite harmonie des deux couleurs. »

Constatez, sur les figures 143 et 143A, l'excellence de la gamme des couleurs rompues résultant d'un mélange en proportions inégales de couleurs complémentaires, avec parfois un apport de blanc, pour salir les couleurs, les griser, les casser.
Mais laissons à présent Van Gogh et les gammes de couleurs pour étudier l'art d'harmoniser les couleurs.

Gammes et harmonie des couleurs

L'harmonie des couleurs est donnée, tout d'abord, par la nature elle-même, où existe toujours une dominante lumineuse qui crée un rapport entre les couleurs et entre les couleurs et la lumière. En plein soleil, au milieu de l'été et surtout entre 16 heures et 18 heures, un paysage de montagne aura une dominante lumineuse chaude : des jaunes, des orangés, des ocres, des sépias et des carmins (fig. 145) ; en hiver, un jour de soleil, de bonne heure, en pleine campagne (et plus encore en haute montagne), la dominante lumineuse sera bleutée, avec des couleurs froides ; des bleus, des verts, des violets (fig. 146) ; par temps couvert, en plaine, au bord de la mer, sur la plage ou en ville, surtout s'il a plu, la dominante du paysage sera grise, avec des tons rompus, sales (fig. 147).
Mais il arrive que l'ambiance lumineuse ne soit pas aussi facile à définir et à matérialiser. Il faut alors décider, et interpréter en prenant parti pour l'une des trois gammes citées et en s'y tenant, car c'est un élément important pour obtenir un résultat artistique.

La gamme des couleurs chaudes

Le mot « gamme » désigne une suite de couleurs parfaitement ordonnées ; « chaudes » est l'adjectif qui, par association d'idées, a été donné au rouge et à ses dérivés qui vont, sur le cercle chromatique, du vert-jaune au violet en passant par le jaune, l'orange, le rouge,

145

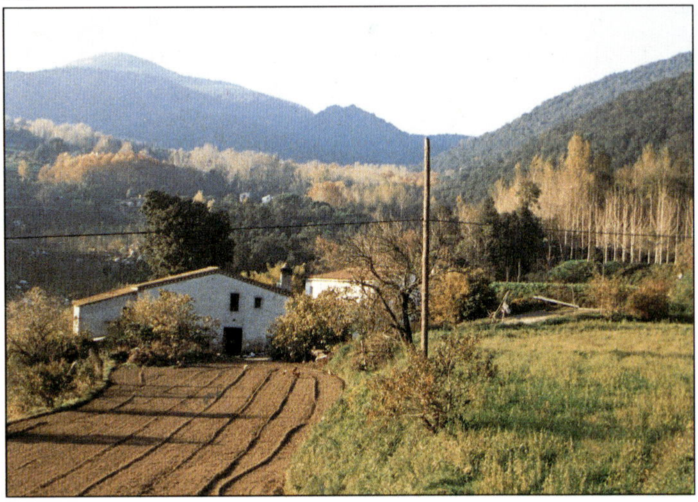

146

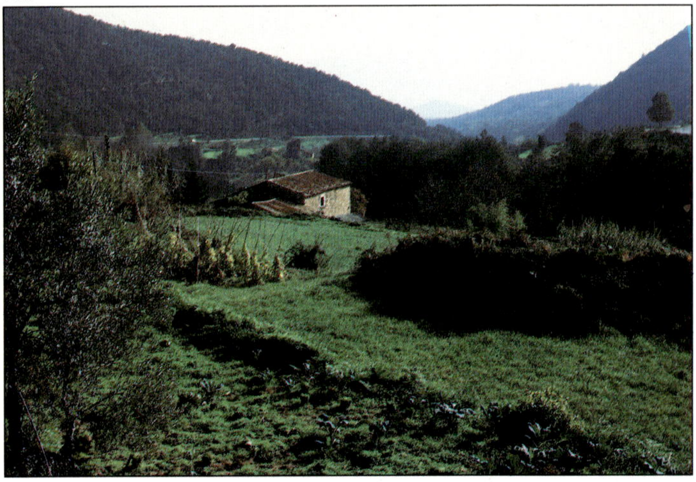

147

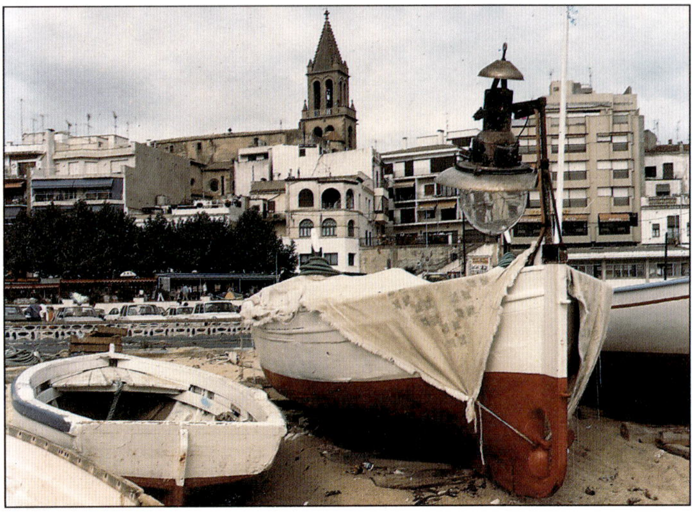

Fig. 145, 146 et 147. (Photographies de José M. Parramón.) J'ai pris ces photos des lieux que j'ai peints, afin de montrer par l'image que, selon l'heure et le temps qu'il fait, la nature nous offre une harmonisation de couleurs à dominante chaude, froide ou grise. En haut (fig. 145), paysage en haute montagne photographié en automne à 6 heures du soir ; au milieu (fig. 146), paysage des Pyrénées en été à 10 heures du matin, et en bas (fig. 147), un village de la Costa Brava à midi par temps couvert.

le carmin et le pourpre (fig. 148A). Cela dit, peindre avec une gamme de couleurs chaudes ce n'est pas utiliser uniquement ces couleurs, mais toutes les couleurs où entrera une dominante chaude (fig. 148).

La gamme des couleurs froides

On désigne ainsi le bleu et ses dérivés : le vert clair, le vert, le vert émeraude, le bleu cyan, le bleu outremer, le bleu foncé et le violet (fig. 149A). Comme pour la gamme précédente, utiliser ces couleurs froides n'exclut pas l'emploi des rouges, des jaunes, des Sienne, des ocres, des carmins, etc., mais il faut que les couleurs froides dominent. Regardez sur la figure ci-contre (149) un exemple de cette application.

La gamme des tons rompus

C'est une gamme d'une qualité chromatique, qui s'obtient par le mélange, en quantités inégales, de couleurs complémentaires, avec plus ou moins de blanc (fig. 150A). Elle comprend toutes les couleurs et peut avoir une dominante chaude ou froide, mais toujours dans les nuances rompues, grisâtres et sales. De nombreux artistes l'utilisent depuis toujours, avec succès (fig. 150).

148 — 148 A

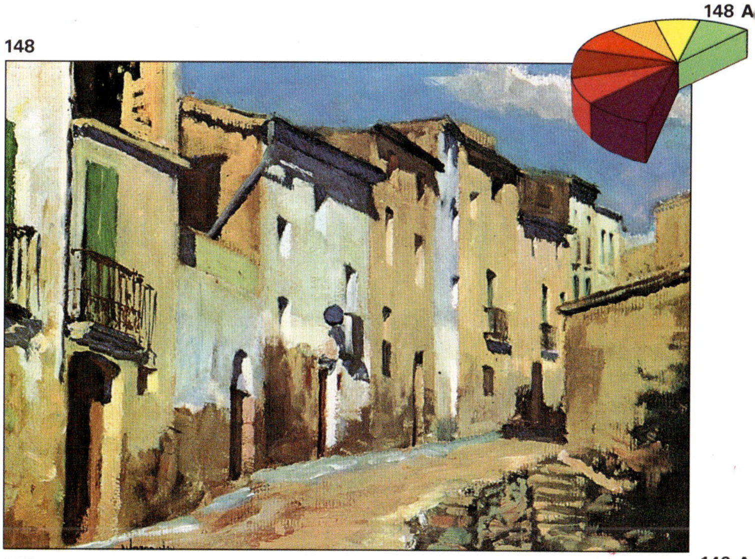

149 — 149 A

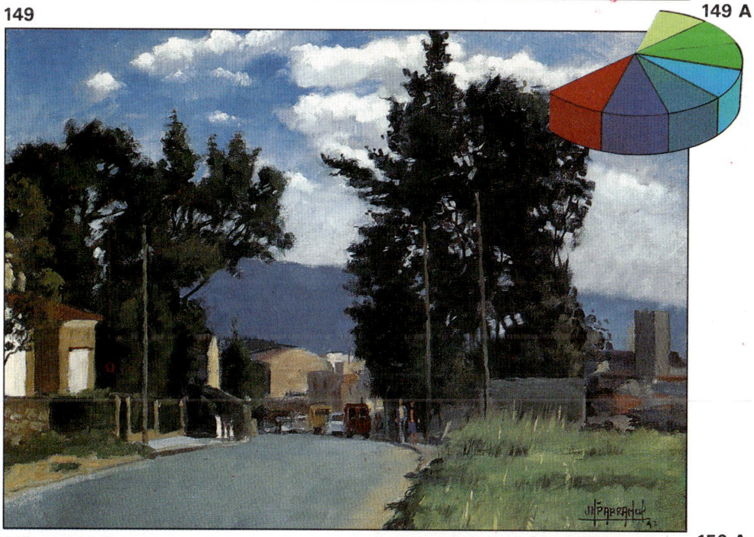

150 — 150 A

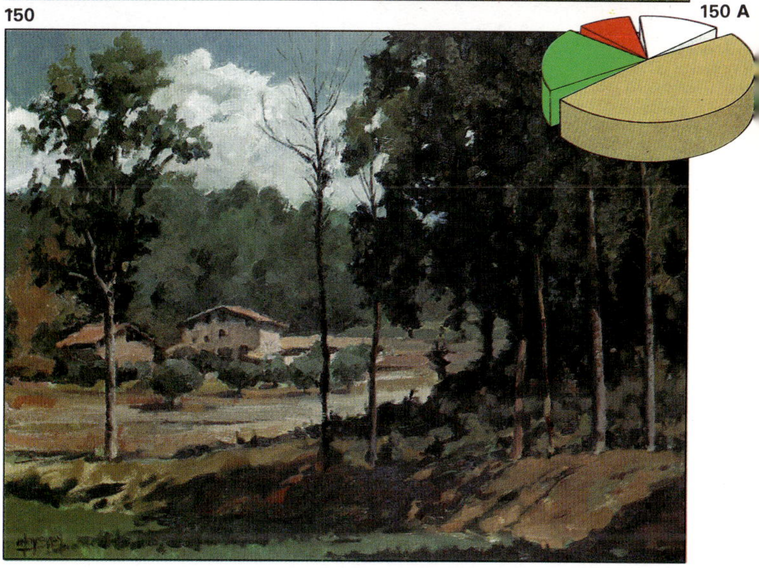

Fig. 148, 149 et 150. José M. Parramón. De haut en bas : *La Torra*, collection de l'auteur, paysage peint dans une gamme de couleurs chaudes ; *Entrée de Breda*, collection particulière (fig. 149), peint dans une gamme de couleurs froides ; *Paysage à Rupit*, collection particulière (fig. 150), dans une gamme de tons rompus. Reportez-vous pour chaque tableau aux cercles représentant les gammes de couleurs chaudes, froides ou rompues, la dernière provenant du mélange de couleurs complémentaires et de blanc.

Coloristes et valoristes

Depuis que les impressionnistes ont fait irruption dans l'histoire de la peinture, avec leurs tableaux pleins de lumière et de couleurs, les paysagistes – et, par analogie, les autres – peuvent se classer en deux grandes catégories :

1. Ceux qui rendent les volumes des corps par l'utilisation du jeu des couleurs, en faisant plus ou moins abstraction des effets d'ombre et de lumière.
2. Ceux qui, tout en utilisant les couleurs, préfèrent rendre les volumes par des effets d'ombre et de lumière.

On pourrait appeler les premiers des « coloristes » et les seconds des « valoristes », car ces derniers utilisent, pour rendre le volume, les couleurs locales et tonales. Les premiers voient la couleur avant le dessin, les seconds se plaisent à représenter la qualité corporelle du modèle. Van Gogh est un coloriste à cent pour cent. Dali joue avec les valeurs avec un art consommé. En ce qui concerne le paysage, le style coloriste est sans conteste plus proche de la peinture moderne.

Le style « valoriste »

Rappelons que modeler en se servant de l'intensité des valeurs équivaut à peindre le modèle en donnant une intensité différente à chaque partie. En peinture, la valeur d'une couleur est donnée par la couleur locale, celle du modèle proprement dit (le rouge d'un coquelicot, le vert d'une prairie, le jaune d'une meule) et par la couleur tonale, plus sombre en général, de ce qui l'entoure. Enfin, en ce qui concerne l'ombre, il existe l'ombre propre et l'ombre portée (fig. 152).

Naturellement, pour qu'il y ait des effets d'ombre et de lumière, il faut que le modèle reçoive un éclairage à la fois frontal et latéral,

151

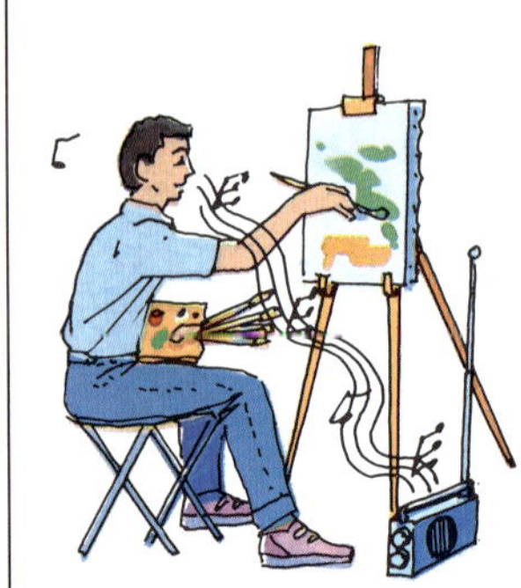

Si vous avez un lecteur d cassettes ou une radi portative, prenez-les pou écouter de la musique tou en peignant. C'est ce qu font beaucoup de profes sionnels dans leur atelier, e pourquoi pas le faire e plein air ? N'utilisez pa votre autoradio, vous pou riez vous retrouver san batterie.

152

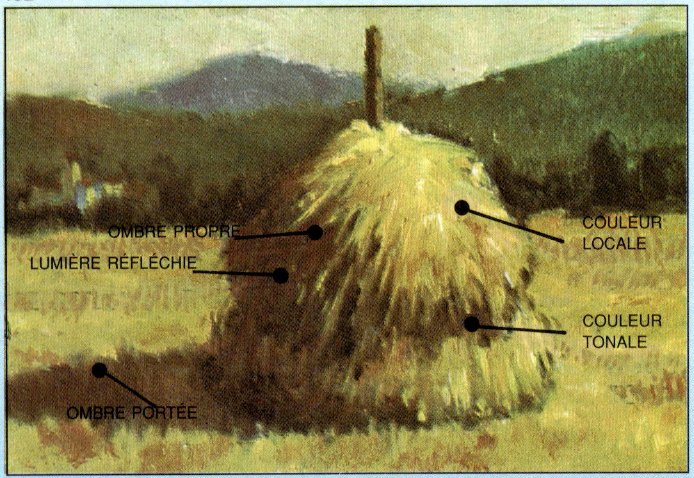

153

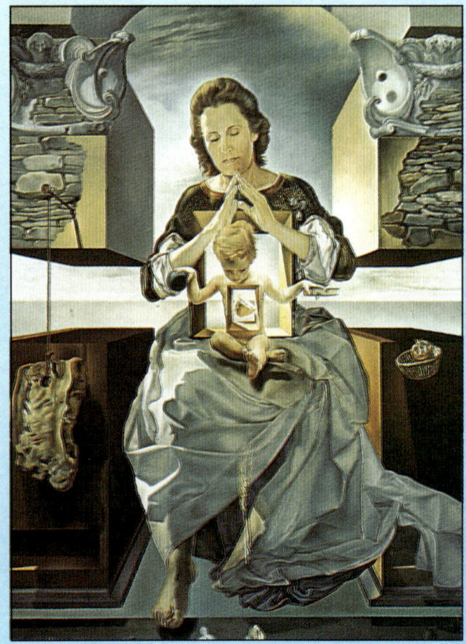

Fig. 152. Voici un exemple de « peinture valoriste », une meule de foin où le modelé est rendu par la couleur locale, la couleur tonale, l'ombre propre, l'ombre portée et la lumière réfléchie.

Fig. 153. Salvador Dali, *La Madone de Port Lligat* (détail), collection privée. Dali a toujours été un peintre « valoriste », qui rendait les corps et les formes en faisant jouer les effets d'ombre et de lumière.

qu'il soit à contre-jour ou dans un demi-jour (fig. 153). Pensez aussi que la quantité – plus ou moins de lumière – et la qualité de la lumière – directe ou plus diffuse – jouent, toutes deux, un rôle notable dans le contraste des tons et des valeurs. Ainsi, lorsque le ciel est couvert, les corps n'ont plus d'ombre. Venons-en donc au style « coloriste ».

Le style coloriste

Peut-on peindre un paysage sans volumes, sans ombres ? Oui, certainement, pour la simple raison que la couleur, par sa seule présence, diversifie, nuance et permet de rendre la forme des corps. Comme exemple de tableau coloriste et pour confirmer ce que je viens de dire, voici (fig. 154 et 155) un détail du tableau de Monet *Régates à Argenteuil*. Sur la première illustration en noir et blanc, le manque de valeurs, c'est-à-dire d'ombres et de lumières, gêne dans la vision des formes ; tandis que sur la seconde (fig. 155) la couleur par elle-même, sans valeurs, sans ombres, rend bien la forme des corps.
Maintenant, retenez bien ce conseil :

Pour réaliser une œuvre « coloriste », il est préférable de choisir un éclairage frontal s'il y a du soleil, ou une lumière diffuse quand il n'y a pas de soleil et que le ciel est couvert.

154

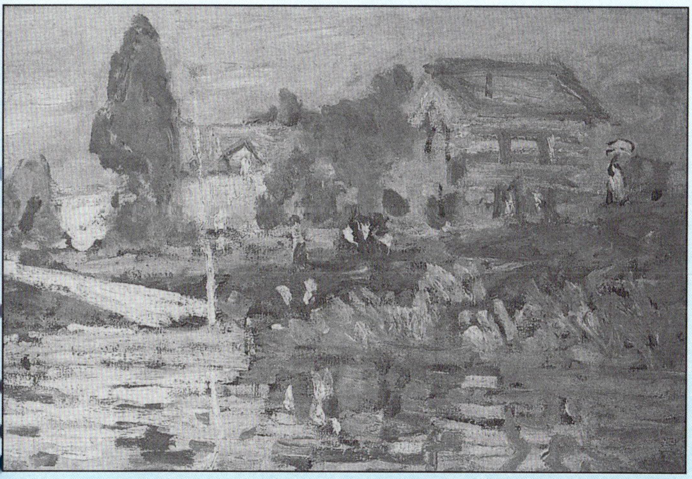

155

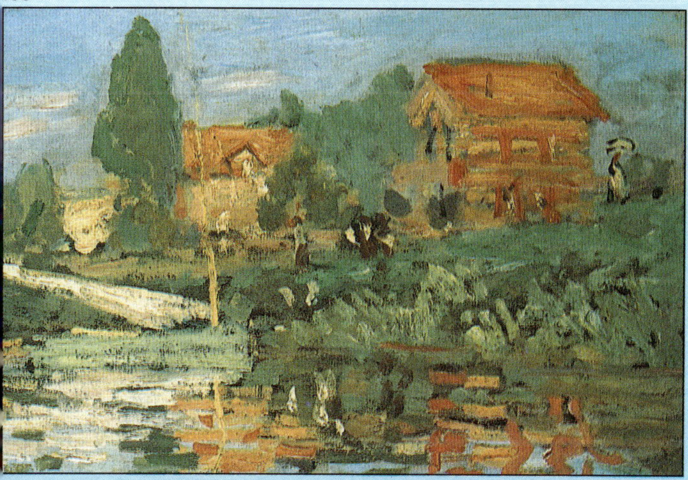

156

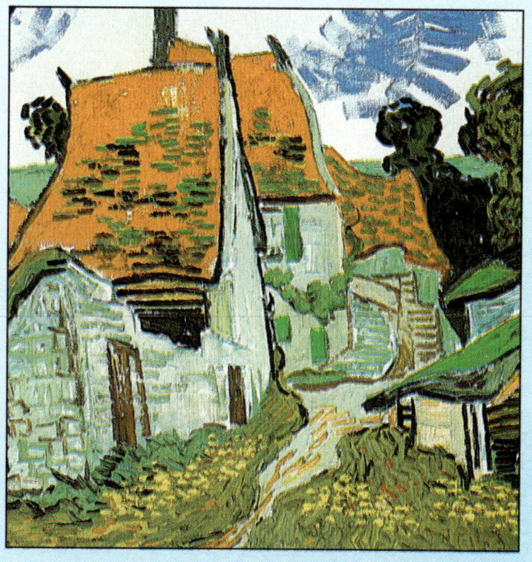

Fig. 154 et 155. Claude Monet, *Régates à Argenteuil* (détail), musée d'Orsay, Paris. Sur ce détail du tableau, de style coloriste et presque sans effets d'ombres et de lumières, on distingue à peine les formes quand la reproduction est en noir et blanc (fig. 154) ; mais quand les couleurs originales sont reproduites, chaque forme apparaît et se détache par sa couleur (fig. 155).

Fig. 156. Van Gogh, *Rue de village* (détail), 1890, Ateneumin Taidemuseo, collection Antell, Helsinki. Couleurs planes, sans ombres, mais les formes sont parfaitement rendues par les seules couleurs, dans le style coloriste de Van Gogh.

Matériel et outils pour peindre à l'huile

Je serai bref et vous montrerai plutôt que je ne parlerai, au moyen d'illustrations, car une image vaut mieux que des mots. Voici donc le matériel et les outils utilisés par les artistes pour peindre à l'huile. J'y ajouterai un peu plus loin le matériel qu'utilise le professionnel pour peindre en plein air des paysages[1].

Commençons par la page ci-contre, où l'on voit un assortiment de couleurs à l'huile couramment employées par les professionnels. Sachez que, parmi les douze couleurs mentionnées sur cette palette, celles marquées d'un astérisque sont facultatives, c'est-à-dire qu'on peut supprimer le jaune citron, le terre de Sienne brûlée et le vert permanent. Il est préférable de choisir des tubes de taille moyenne (de 20 ou de 25 cm^3) pour toutes les couleurs sauf pour le blanc, pour lequel il vaut mieux utiliser un tube plus grand (115 ou 150 cm^3).

Les couleurs sont chères. Beaucoup de professionnels utilisent la « qualité atelier », dont le prix est assez économique et la qualité tout à fait acceptable. Nous recommandons, dans la qualité professionnelle, les marques Rembrandt, Winsor & Newton, Schmincke, Titan ; et dans la qualité atelier, Amsterdam, Van Gogh, Lefranc &Bourgeois.

1. Pour en connaître davantage sur les matériaux et les outils de la peinture à l'huile, nous vous conseillons le livre *Comment peindre à l'huile*, dans la même collection, ou *Le Grand Livre de la peinture à l'huile*, de José M. Parramón.

Dissolvants : huile de lin et essence de térébenthine

La consistance de la peinture à l'huile au sortir du tube est parfois trop dense. Pour qu'elle soit plus fluide on utilise des diluants, huiles, médiums et vernis. L'huile la plus employée est l'huile de lin, qui est grasse et sèche lentement ; l'essence de térébenthine au contraire permet aux couleurs de sécher très rapidement, et de nombreux artistes l'utilisent exclusivement, pour la qualité mate qu'elle donne aux couleurs. Un diluant courant, appelé « médium », consiste à mélanger à parts égales de l'huile de lin et de la térébenthine.

La loi du « gras sur maigre »

Selon cette loi, il faut commencer le tableau en diluant la peinture avec de l'essence de térébenthine – qui est « maigre » – et peindre par-dessus avec de l'huile de lin – qui est « grasse ». Mais vous ne pouvez pas faire le contraire, c'est-à-dire commencer par une peinture grasse et terminer par une peinture maigre, car dans ce cas la dernière couche – maigre, à l'essence –, sèche plus vite que celle – grasse, à l'huile – du dessous, qui, en séchant, provoque une contraction de la couche supérieure, ce qui fait qu'au bout d'un certain temps le tableau se craquelle (fig. 158).

157

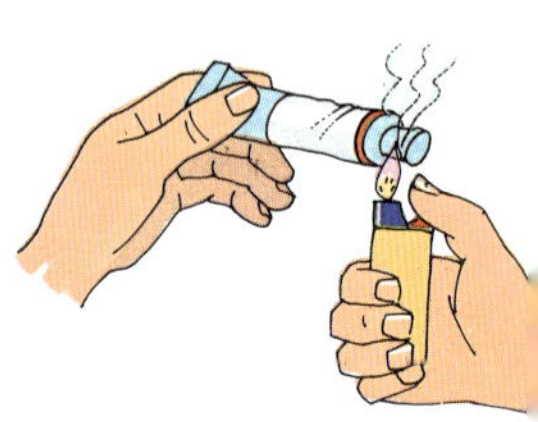

Si vous ne pouvez pas ou vrir un tube de peinture l'huile, le bouchon ayar été mal revissé et la peir ture ayant séché autour, n forcez pas, car vous risque de déformer et de creve votre tube ; allumez simple ment une allumette ou votr briquet et chauffez le bou chon – pas trop s'il est e plastique ; dévissez-le alor avec un chiffon pour ne pa vous brûler, le tube s'ouvrir facilement.

158

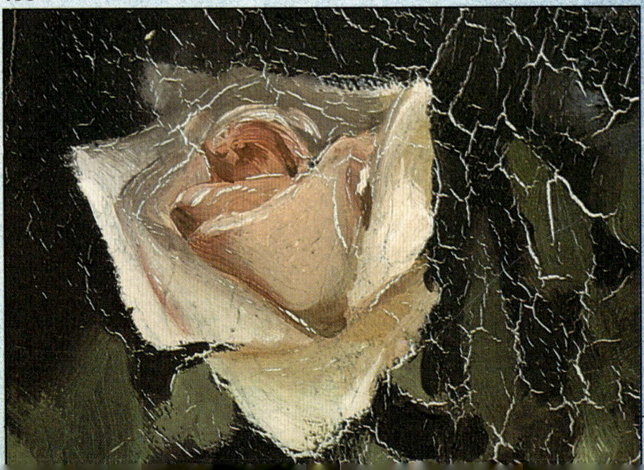

Fig. 158. Le non-respect de la règle « gras sur maigre » peut provoquer, au bout d'un certain temps, une craquelure du tableau, comme il est expliqué sur cette page.

Fig. 159. Assortiment de couleurs à l'huile d'usage courant chez les professionnels, avec un total de douze couleurs, plus le blanc. On peut le réduire à neuf couleurs, en éliminant les trois marquées d'un astérisque : le jaune citron, le terre de Sienne brûlée et le vert permanent. Mais notez qu'il s'agit d'un assortiment classique, à partir duquel certains peintres ajoutent des couleurs ou font des échanges, par exemple le terre de Sienne brûlée sera remplacé par un rouge anglais, le bleu de cobalt par un bleu de céruléum, etc.

159

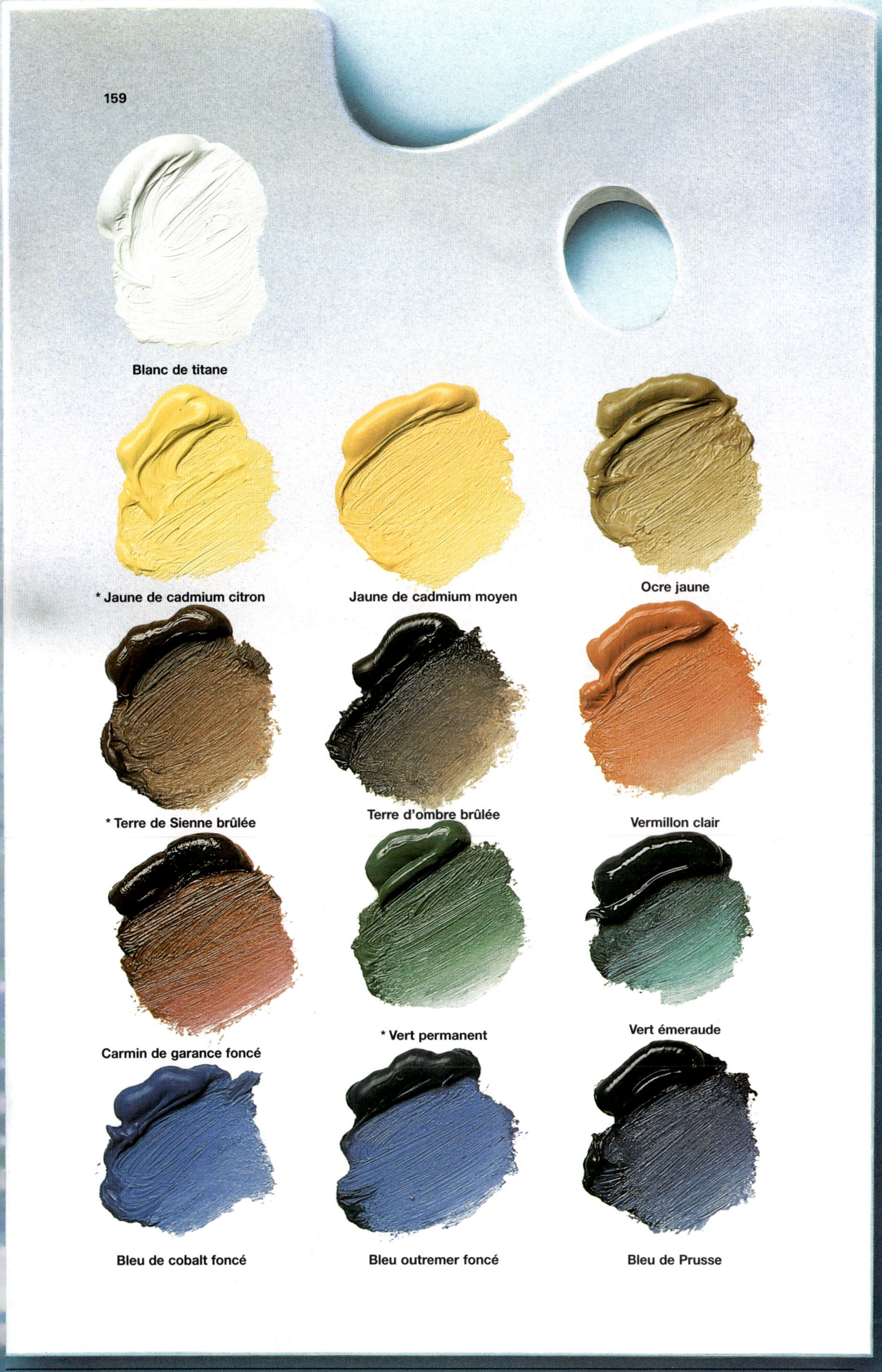

Blanc de titane
* Jaune de cadmium citron
Jaune de cadmium moyen
Ocre jaune
* Terre de Sienne brûlée
Terre d'ombre brûlée
Vermillon clair
Carmin de garance foncé
* Vert permanent
Vert émeraude
Bleu de cobalt foncé
Bleu outremer foncé
Bleu de Prusse

Les supports, les pinceaux, les couteaux

On peut peindre sur toile, sur carton, sur bois... (fig. 160). Les toiles, déjà préparées et montées sur châssis, sont classées suivant leur grain plus ou moins fin (trois grosseurs), par tailles (de 22 cm à 1,95 m, presque 2 m de large), et suivant une définition thématique de leur format : la Figure, le Paysage et la Marine (fig. 161). À cet effet il existe une table des mesures internationales de châssis (fig. 162) que vous pouvez utiliser ainsi à la commande : « Donnez-moi une toile de grain moyen, numéro 12, paysage. » Mais on peut également peindre sur carton, avec une préparation « à l'ail » (on frotte la surface avec une gousse d'ail) ; ou sur carton entoilé, qui, tout préparé, va de la taille n° 1 à n° 5 ; ou bien sur bois, du style Isorel ou contre-plaqué, sachant qu'on peut acheter des tubes ou des pots d'enduit que l'on applique directement sur la toile brute, le carton ou le bois. Enfin on peut peindre sur du papier à dessin de qualité, car c'est un très bon support pour les croquis et les esquisses. Sur la figure n° 163 vous pouvez voir deux toiles avec leur châssis en bois, avec quatre cales (une à chaque coin interne) afin de maintenir la toile bien tendue, et le porte-châssis qui apparaît en haut et en bas, et qui permet de transporter une toile fraîchement peinte en évitant de la tacher ou de l'abîmer. Dans le petit encadré au bas de la page (fig. 163A), on voit l'une des quatre petites pièces que l'on peut piquer aux quatre coins de la toile peinte et d'une autre toile de protection, et qui remplacent aussi efficacement le porte-châssis dans le transport du tableau fraîchement peint.

Les pinceaux généralement employés pour peindre à l'huile sont en soies de porc, mais pour les petits détails on utilise aussi des pinceaux en poils de martre ou synthétiques, moins chers. Tous ces pinceaux sont classés suivant les trois formes qu'ils peuvent avoir à leur extrémité : à bout rond, à bout « fil-

160

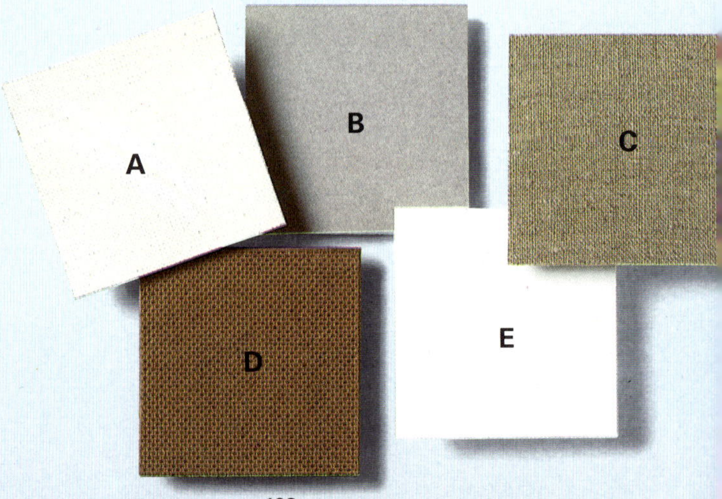

161

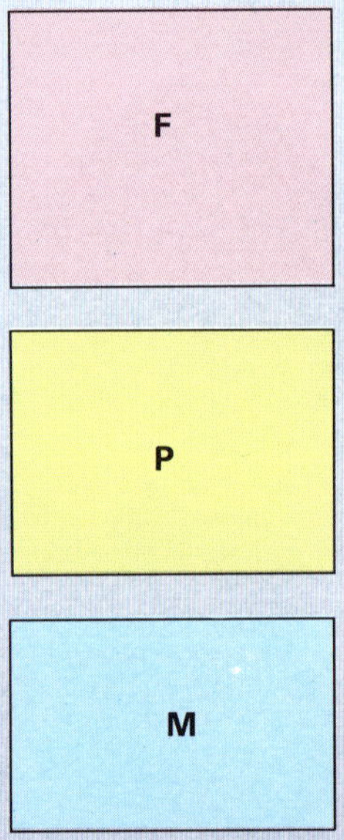

162

MESURES INTERNATIONALES
DE CHÂSSIS POUR PEINTURE À L'HUILE

N°	Figure	Paysage	Marine
1	22 x 16	22 x 14	22 x 12
2	24 x 19	24 x 16	24 x 14
3	27 x 22	27 x 19	27 x 16
4	33 x 24	33 x 22	33 x 19
5	35 x 27	35 x 24	35 x 22
6	41 x 33	41 x 27	41 x 24
8	46 x 38	46 x 33	46 x 27
10	55 x 46	55 x 38	55 x 33
12	61 x 50	61 x 46	61 x 38
15	65 x 54	65 x 50	65 x 46
20	73 x 60	73 x 54	73 x 50
25	81 x 65	81 x 60	81 x 54
30	92 x 73	92 x 65	92 x 60
40	100 x 81	100 x 73	100 x 65
50	116 x 89	116 x 81	116 x 73
60	130 x 97	130 x 89	130 x 81
80	146 x 114	146 x 97	146 x 90
100	162 x 130	162 x 114	162 x 97
120	195 x 130	195 x 114	195 x 97

Fig. 160. Supports pour la peinture à l'huile : A, toile de coton ; B, carton ; C, toile ; D, bois de type Isorel ; E, carton.

Fig. 161. Format des châssis correspondant à la Figure, Paysage et Marine.

Fig. 162. Table des dimensions internationales des châssis.

Fig. 163 et 163A. Toile avec châssis et porte-châssis.

163

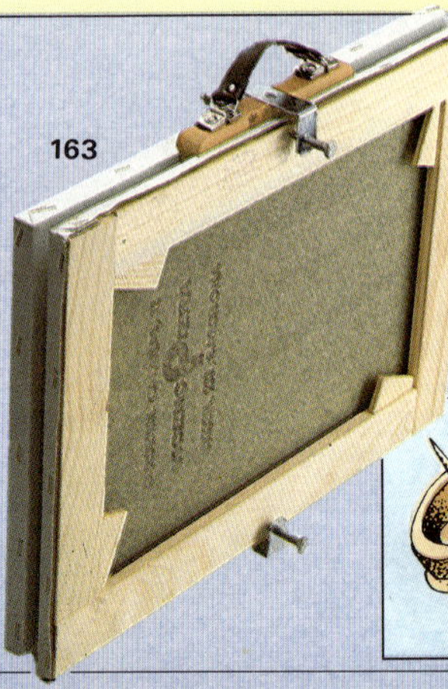

163 A

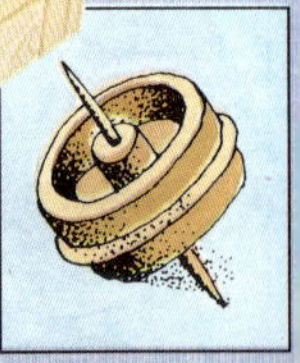

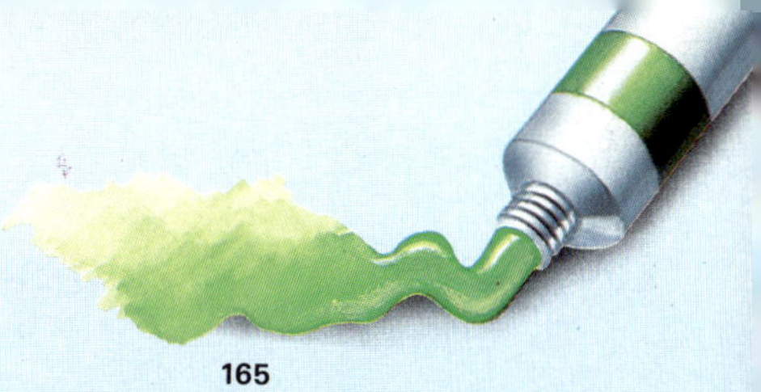

bert » (ou en langue-de-chat) et à bout plat (fig. 164). La grosseur de la touffe de poils et la taille du pinceau sont indiquées par un numéro imprimé sur le manche, qui s'échelonne du 0 au 22 (fig. 167) ; l'encadré ci-joint présente un assortiment de pinceaux d'usage courant pour la peinture à l'huile.
Enfin vous devez avoir au moins une spatule (couteau de peintre), en forme de truelle de maçon, pour gratter et rectifier, au besoin, une partie du tableau, et pour nettoyer la palette (fig. 166).

164

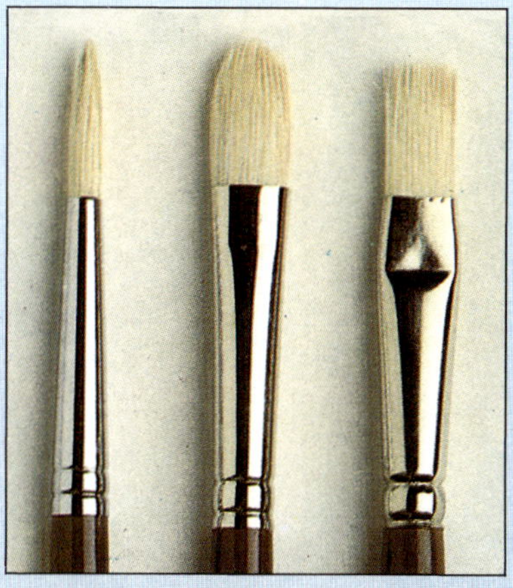

165

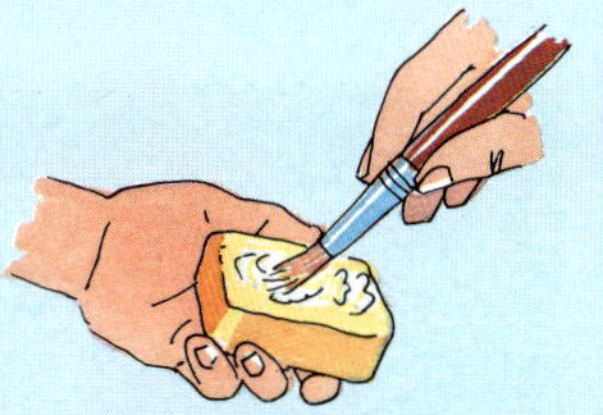

Il faut nettoyer les pinceaux après le travail quand la peinture est encore fraîche, car si elle est sèche vous n'avez plus qu'à jeter le pinceau. Il faut d'abord enlever la peinture avec un chiffon imbibé de térébenthine, puis laver les poils à l'eau et au savon pour éliminer la peinture restante. Vous pouvez différer ce travail un ou deux jours, pas plus, si vous laissez tremper vos pinceaux dans une assiette creuse remplie d'eau.

166

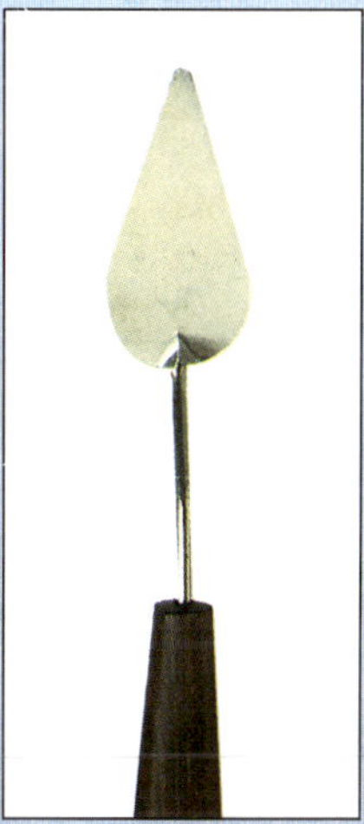

Fig. 164. Pinceau rond, pinceau « filbert » et pinceau plat.

Fig. 166. Spatule en forme de truelle.

Fig. 167. Assortiment de pinceaux par ordre numérique de 0 à 22.

ASSORTIMENT COURANT DE PINCEAUX

Soies de porc :
deux pinceaux ronds, n° 6
deux pinceaux plats, n° 8
deux pinceaux « filbert », n° 10
deux pinceaux plats, n° 12
un pinceau « filbert », n° 12
un pinceau « filbert », n° 14
un pinceau plat, n° 18
un pinceau plat, n° 20

Poils de martre ou synthétiques :
un pinceau rond, n° 4
un pinceau rond, n° 6
un pinceau rond, n° 8

167

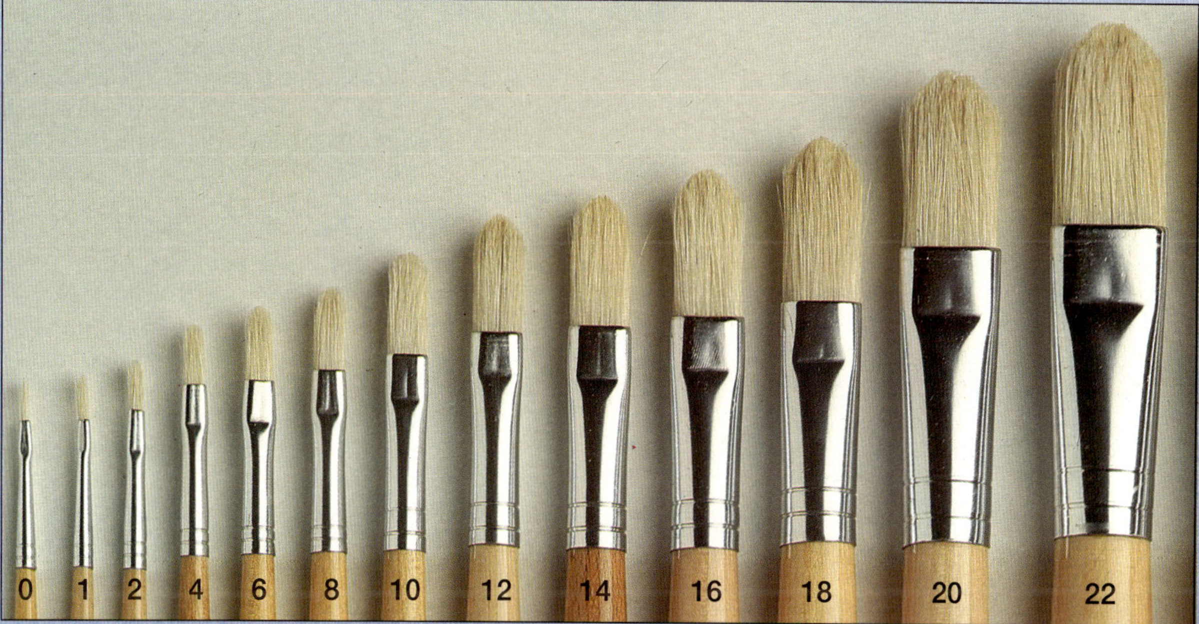

La palette et l'équipement pour peindre dehors

168

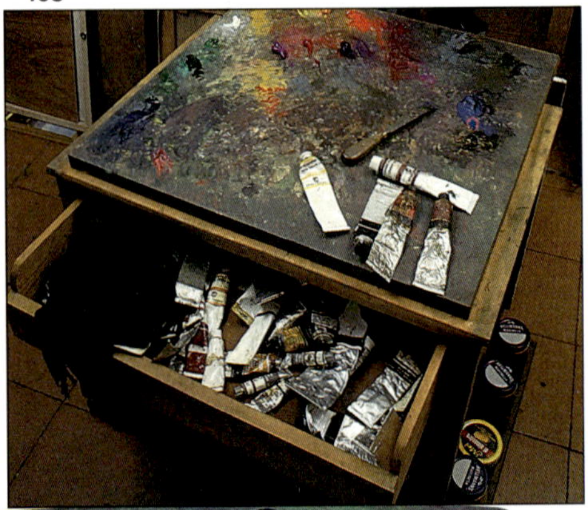

Fig. 168. Palette composée d'une planche fixée sur une table ou sur un meuble d'appoint, utilisée par certains professionnels dans leur atelier.

Fig. 169. Palette classique, rectangulaire, en bois ; c'est la plus employée pour peindre en plein air.

Les palettes peuvent être en bois, rondes ou rectangulaires, en plastique et même en papier (un bloc de feuilles de papier cellulose, avec un support en carton, façonnées en forme de palette, ce qui permet de jeter la feuille usagée après chaque séance). Dans leur atelier certains peintres utilisent une planche fixe posée sur une table ou sur un meuble d'appoint (fig. 168). Mais, que ce soit à l'atelier ou en plein air, c'est la palette rectangulaire en bois qui est la plus employée par les professionnels. Voyez comment elle se présente (fig. 169) et remarquez comment on la tient, ainsi que les pinceaux et le chiffon, avec la main gauche, tandis que la main droite manie le pinceau avec lequel on mélange les couleurs et on peint ; remarquez également les godets fixés à proximité et la disposition des couleurs suivant un ordre bien précis : le blanc en haut à droite, puis, de droite à gauche, le jaune citron, le jaune de cadmium moyen, l'ocre, le rouge, etc. On peut choisir une autre disposition, mais, quelle qu'elle soit, il convient de respecter toujours un certain ordre et de s'y tenir pour trouver aisément chaque couleur tandis que l'on peint. On voit, pour finir (fig. 170), la classique boîte-mallette possédant l'équipement complet pour peindre des croquis ou des esquisses en plein air : outre les tubes de couleurs, la palette, les pinceaux, la spatule et le flacon d'essence de térébenthine, on peut y mettre le carton entoilé destiné au tableau, grâce à deux liteaux inclinables qui le maintiennent et permettent de le transporter fraîchement peint sans risquer de salir ou d'abîmer la peinture.

Enfin sur la page ci-contre vous est présenté l'équipement nécessaire pour peindre en plein air. Tout tient dans la classique boîte-chevalet qui est pratique pour transporter la toile, les couleurs, les pinceaux, la palette, la spatule, les dissolvants, etc. Il y a aussi un pliant commode et solide, un chapeau, un lecteur de cassettes... (fig. 172 et 173).

169

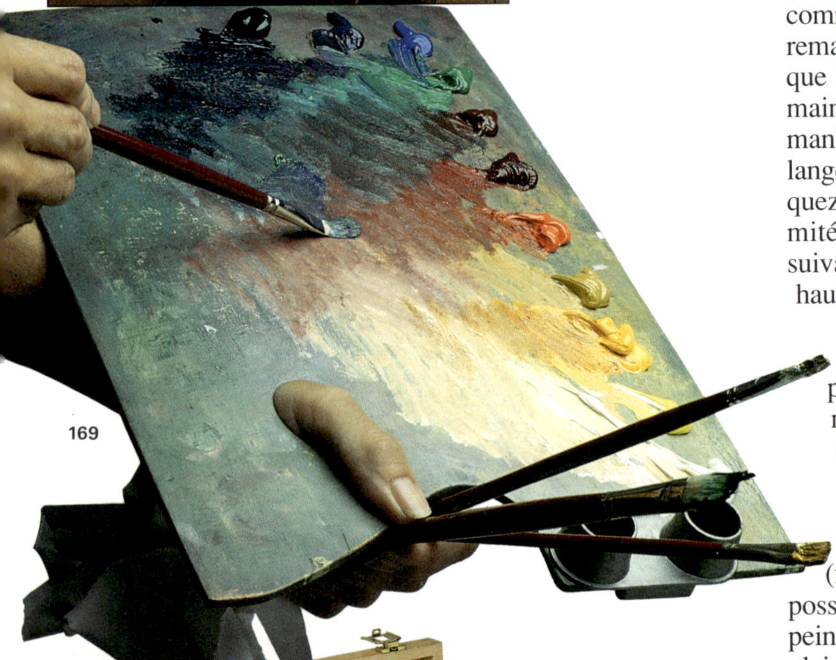

170

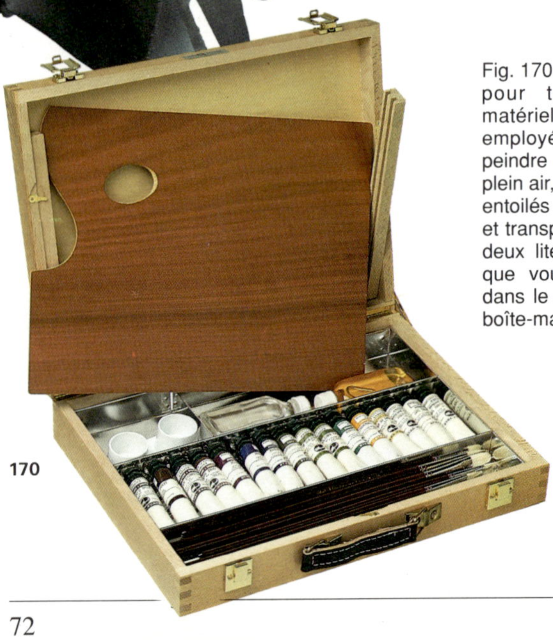

Fig. 170. Boîte-mallette pour transporter le matériel et les outils, employée aussi pour peindre des croquis en plein air, sur des cartons entoilés qu'on peut fixer et transporter grâce aux deux liteaux inclinables que vous pouvez voir dans le couvercle de la boîte-mallette.

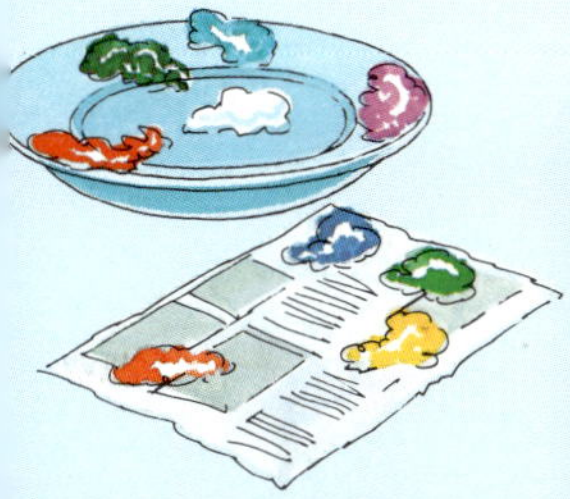

Picasso, à l'occasion, prenait pour palette une feuille de papier journal (ce qui n'est pas si extraordinaire puisqu'on trouve dans le commerce des palettes en papier). Matisse, lui, prenait une assiette, et Seurat le couvercle métallique d'une grande boîte de conserve... Ainsi, s'il vous arrive un jour d'oublier votre palette, pensez à eux... et peignez avec ce qui vous tombe sous la main.

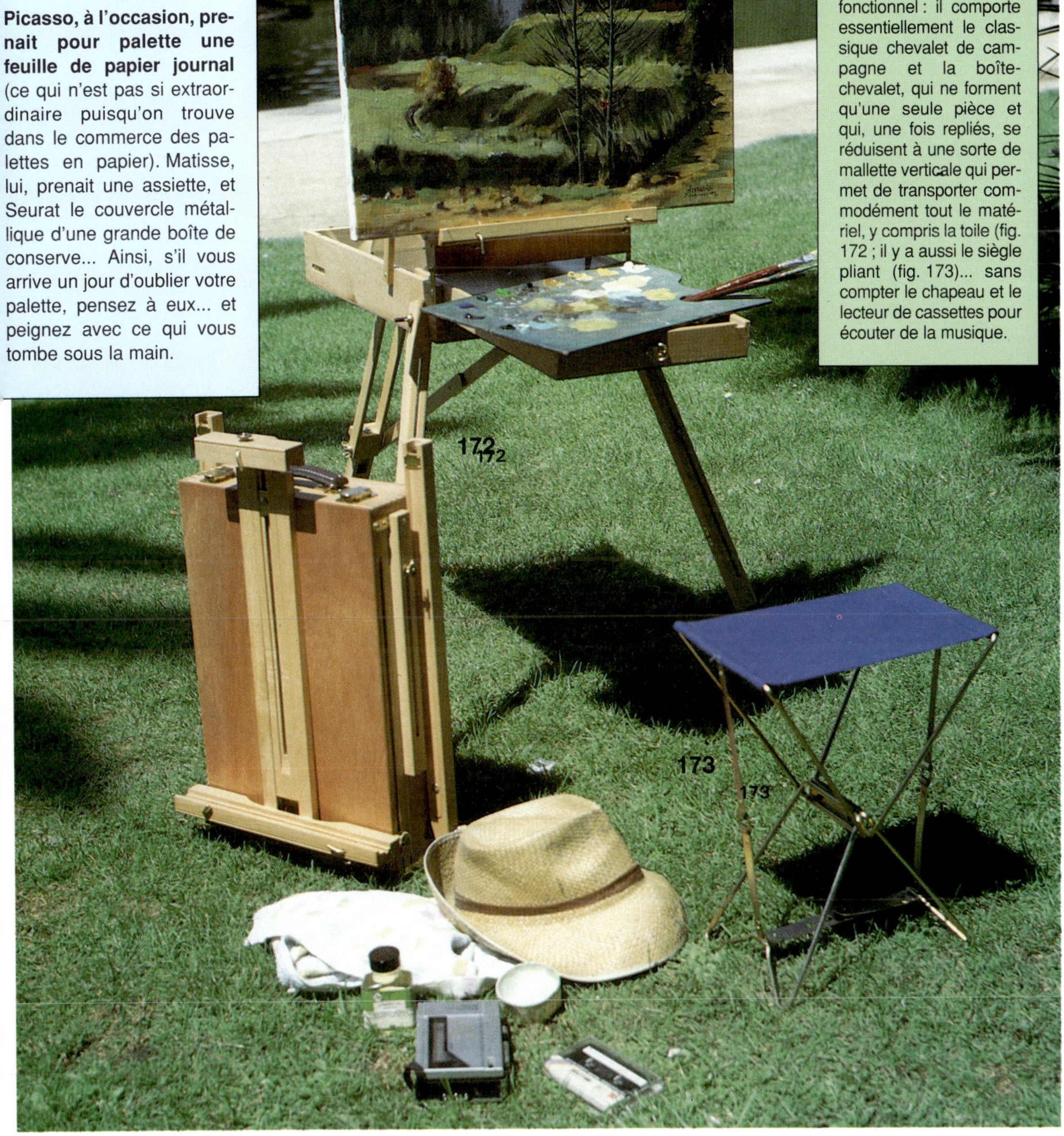

172

173

Fig. 172 et 173. L'équipement pour peindre en plein air est simple et fonctionnel : il comporte essentiellement le classique chevalet de campagne et la boîte-chevalet, qui ne forment qu'une seule pièce et qui, une fois repliés, se réduisent à une sorte de mallette verticale qui permet de transporter commodément tout le matériel, y compris la toile (fig. 172 ; il y a aussi le siège pliant (fig. 173)... sans compter le chapeau et le lecteur de cassettes pour écouter de la musique.

174

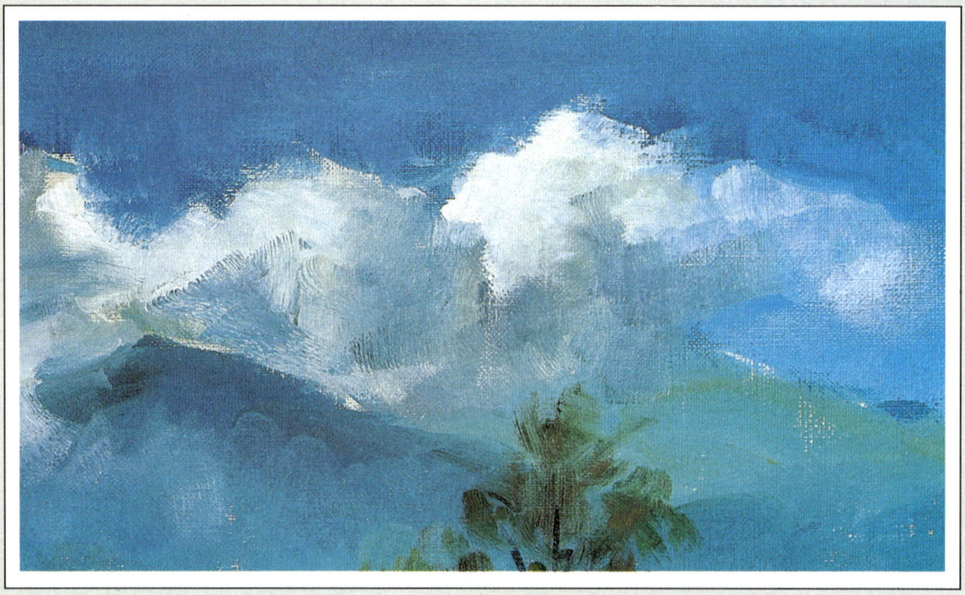

175

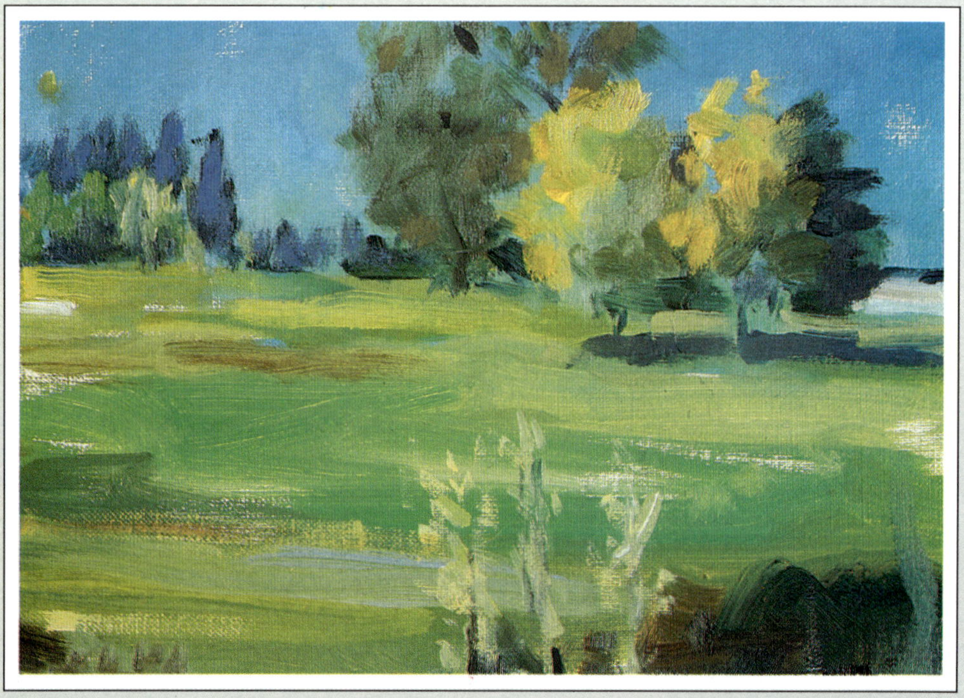

Fig. 174 et 175. José M. Parramón, *Paysage avec des cumulus* (détails), collection particulière.

Quelques aspects du paysage à l'huile

Le paysage se compose d'un ensemble d'éléments et d'aspects qu'il vaut mieux étudier séparément, étant donné leur diversité et leurs caractéristiques : nous allons nous y employer et aborder la pratique, tout en parlant du ciel, des arbres, des arbustes, de l'eau, des fleuves, de la mer, des bateaux, des personnages... tous les aspects partiels du paysage à l'huile. Et nous essayerons de rendre si possible ces caractéristiques et cette diversité des éléments, par exemple les ciels en été et en hiver, le matin et l'après-midi, avec et sans nuages, sous le soleil et sans le soleil, etc.

Le ciel

Regardez bien ce ciel plein de nuages sur la figure 178 (page ci-contre) : peint à l'huile, sur papier, il mesure 24,8 x 29,2 cm et au dos on peut lire en anglais : *Noon 27 Sept., very bright after rain, wind West.* (« Après-midi 27 septembre, très lumineux après la pluie, vent d'ouest »). Il a été peint en 1821 dans le Suffolk (Angleterre) par John Constable. Constable a très souvent peint et dessiné des études de ciels nuageux. Pour lui, les ciels étaient très importants, et il l'a écrit :

> « Le ciel est la source de lumière de la nature, et il gouverne tout le paysage. »

L'impressionniste Alfred Sisley fait aussi partie des artistes qui ont parlé de l'importance du ciel dans le paysage :

> « Le ciel ne peut jamais être un simple fond. Je donne beaucoup d'importance au ciel. Je commence toujours mes paysages par le ciel. »

Moi aussi, et la plupart des artistes font de même. D'abord parce que les nuages bougent et qu'il faut les peindre rapidement. Mais surtout parce que le ciel est généralement une part importante du paysage ; et la première préoccupation de l'artiste lorsqu'il commence un tableau est de peindre les grands espaces en recouvrant et en éliminant le blanc de la toile, afin d'éviter l'effet négatif de la loi des contrastes simultanés, selon laquelle

une couleur paraît plus claire ou plus foncée selon la couleur qui l'entoure (fig. 176 et 177).

Reportez-vous à ces figures et vous constaterez que le nuage blanc sur fond bleu foncé paraît plus blanc que le nuage sur fond bleu clair. Les nuages sont avant tout un problème de dessin et de valeurs colorées. Il faut étudier et tenir compte des formes, des contrastes, des nuances tonales, des ombres et des lumières qu'ils reflètent.

Je vous invite à dessiner des nuages. Prenez un papier Canson mi-teintes, spécial pour le fusain et le pastel, de couleur bleue, et commencez à dessiner et à peindre avec une craie blanche et un bâtonnet de pastel bleu outremer,

176

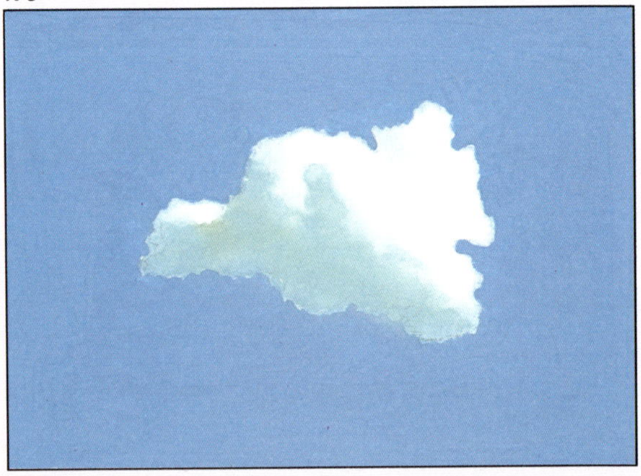

177

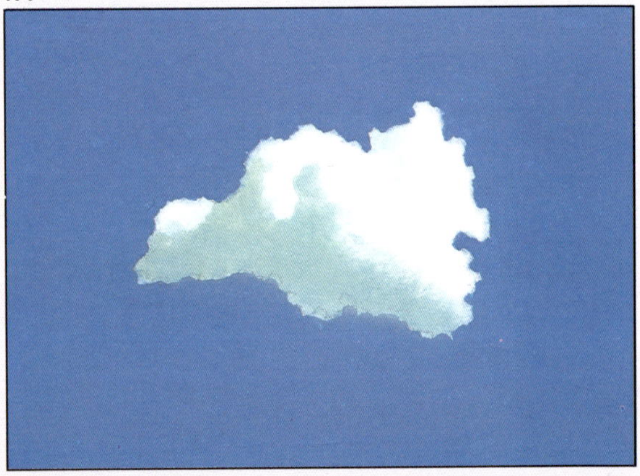

Fig. 176 et 177. Selon la « loi des contrastes simultanés », le blanc d'un nuage peint sur un fond bleu foncé paraît plus blanc que celui du même nuage sur fond bleu clair.

ainsi qu'un mélange de craie noire et de pastel bleu, pour une ligne de montagnes en bas du tableau ; utilisez une estompe et vos doigts pour estomper légèrement et harmoniser les formes, les lumières et les ombres. Munissez-vous d'une gomme mie-de-pain pour faire ressortir les blancs, rendre les lumières et les contours.

Vous remarquerez (fig. 179 et 179A) la couleur bleue du papier et le résultat que j'ai obtenu avec ce matériel.

Faites cet exercice de dessin : il est très utile, nécessaire et amusant.

178

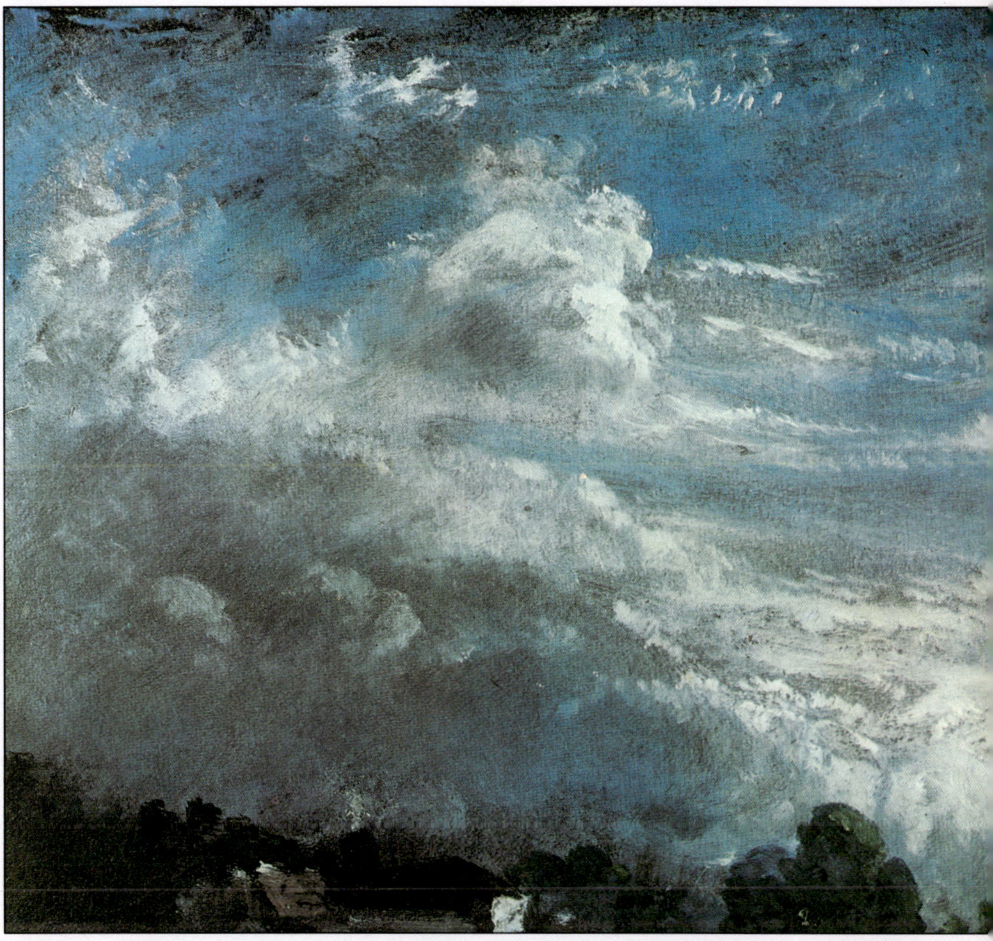

Fig. 178. John Constable, *Ciel nuageux après la pluie*, National Gallery, Londres. Constable a réalisé plusieurs études de ciels avec nuages, dessinant au crayon, au fusain et avec des touches de craie blanche, peignant à l'aquarelle et à l'huile, et mentionnant toujours au dos de ses œuvres l'heure, le jour, le temps et la direction du vent.

179

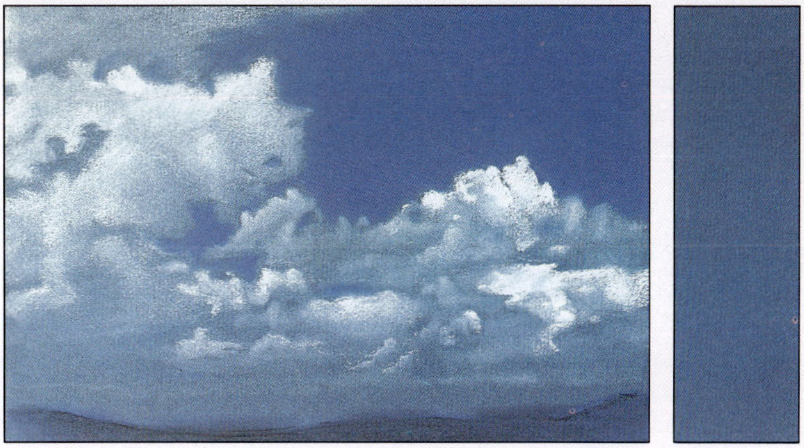

Fig. 179. J'ai peint ce ciel avec des cumulus en dessinant, au pastel bleu outremer, à la craie blanche et dure (Koh-i-noor) et, pour les montagnes, à la craie noire. J'ai utilisé un papier Canson mi-teintes de couleur bleue, une gomme mie-de-pain et des estompes. Voyez le bleu du papier sur l'échantillon ci-joint (179A).

Comment peindre un ciel dégagé et un ciel nuageux

Lorsque vous représentez un ciel complètement dégagé, observez que sa couleur est plus intense dans sa partie supérieure que dans sa partie inférieure, proche de l'horizon. Une autre constante à noter est que dans le bleu de la partie supérieure entre du carmin ou du rouge de cadmium foncé, ce qui le fait tendre vers le bleu outremer, alors que plus près de l'horizon le bleu perd de son intensité et se nuance parfois de jaune (fig. 180).

Mais ne peignez pas un ciel dégagé – à plus forte raison s'il ne l'est pas – comme un dégradé parfaitement régulier. Il faut au contraire créer une vibration de la lumière et de la couleur, en peignant par petites touches inégales afin d'éliminer toute impression d'uniformité. N'oubliez pas, également, que la couleur du ciel n'est pas toujours bleue : elle peut se nuancer de rose ou être franchement dorée, jaune, verte, etc. (fig. 181).

Ces règles sont applicables aussi bien aux ciels nuageux qu'aux ciels dégagés, le ciel nuageux n'étant, en fait, rien d'autre qu'*une toile de fond, sur laquelle apparaissent des nuages avec leur lumière et leurs ombres.*

À ce propos et pour résumer ces enseignements, reportez-vous page ci-contre (fig. 182, 183 et 184) : voici l'évolution, image par image, d'un ciel bleu avec des cumulus.

Première étape (fig. 182) : je dessine le sujet, une place de village où se dresse le clocher d'une église romane. Je commence par peindre le ciel – avec du bleu outremer, du bleu de Prusse, du blanc, et un peu de carmin de garance pour la partie supérieure –, en réservant, dès le début, les blancs correspondant aux nuages pour lesquels je fais un premier essai de modelé en passant quelques touches de couleur gris-bleu, composée de bleu de Prusse et de blanc, avec un peu de carmin et de terre d'ombre naturelle.

Étape suivante (fig. 183) : je précise la forme des nuages, je redessine leurs contours et j'insiste – en peignant et en dessinant tout à la fois – sur la construction et l'évaluation des lumières et des ombres. Mais je ne peux laisser le reste de la toile en blanc, car je risque de me tromper sur la couleur bleue du ciel – rappelez-vous la loi des contrastes simultanés ; alors je passe rapidement au pinceau des couleurs approximatives, pour « remplir » le clocher et les murs des maisons. Enfin je repeins le ciel pour reprendre le bleu que je vois maintenant plus lumineux.

Dernière étape (fig. 184) dont vous pouvez voir le résultat : j'ai précisé la couleur et la forme des nuages dans leurs parties ombrées, puis j'ai peint le reste du tableau.

180

Fig. 180. Avec ou sans nuages, le bleu du ciel est toujours plus intense dans sa partie supérieure et il peut tendre vers le bleu outremer ; dans sa partie inférieure il est plus clair, virant parfois au bleu nuancé de jaune.

181

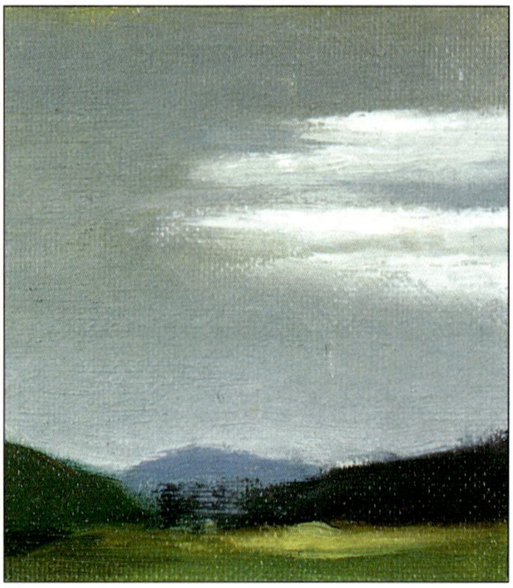

Fig. 181. Le ciel n'est pas toujours bleu : il est parfois de couleur jaune ou dorée, parfois de couleur orangée ou tirant sur le rouge. En outre, l'artiste peut toujours interpréter la couleur à sa façon, en accord avec la gamme d'harmonie du paysage.

182

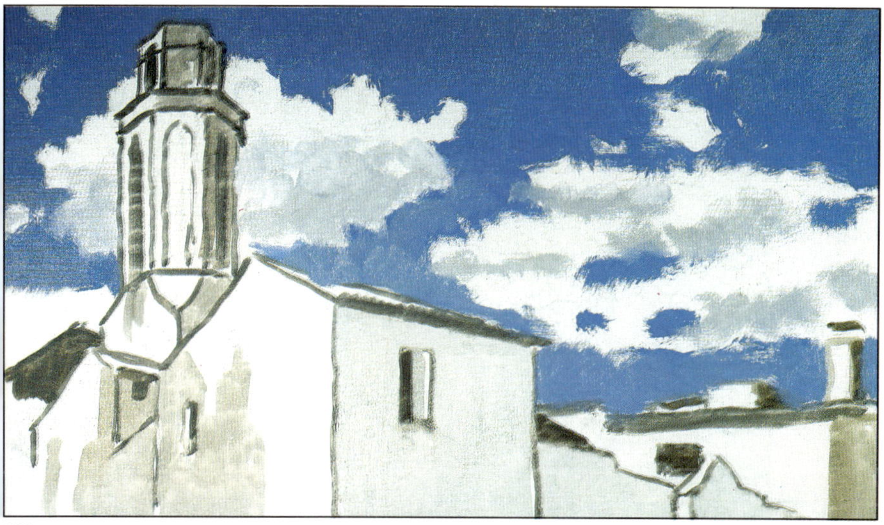

183

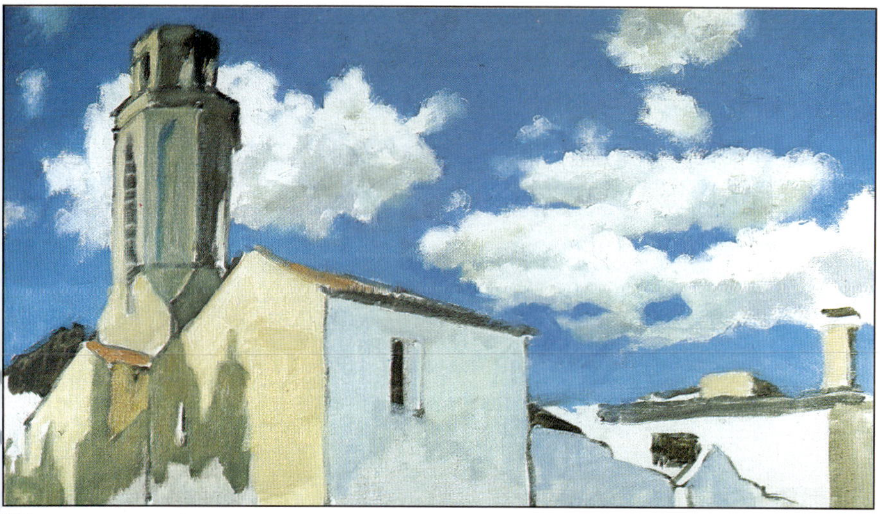

184

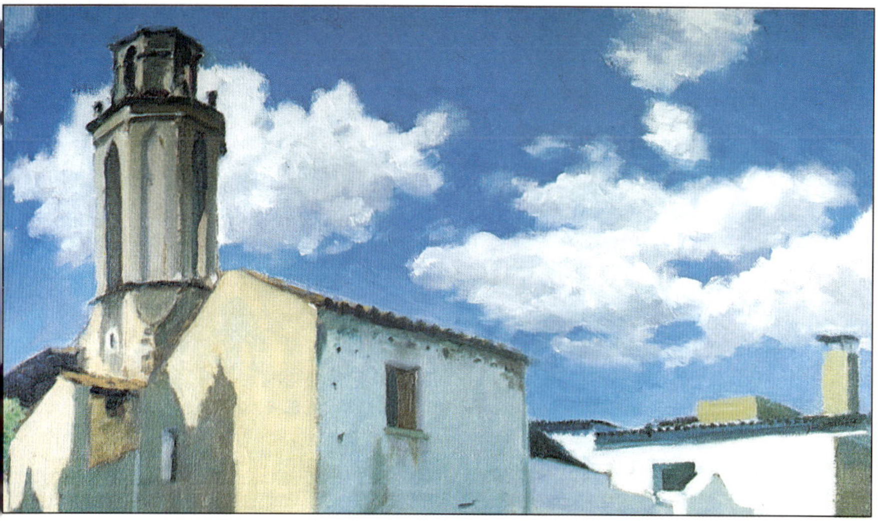

185

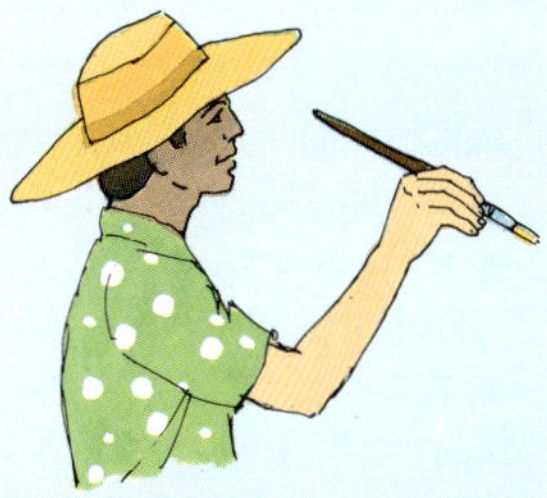

N'oubliez pas un chapeau à larges bords ; prenez-le en paille, un chapeau de paysan par exemple, pourvu qu'il soit agréable et léger. Il vous évitera l'insolation si vous peignez en rase campagne et en plein soleil... et dans ce cas je vous conseille de ne pas placer votre toile face au soleil, afin d'éviter l'éblouissement.

Fig. 182. Comme la plupart des artistes, après avoir dessiné le sujet, je commence par peindre le ciel : ici j'ai peint en bleu la toile de fond, en réservant des espaces blancs pour les cumulus et en esquissant les ombres avec du gris-bleu ; enfin j'ai essayé de « remplir l'espace » pour éviter les effets de contrastes simultanés.

Fig. 183. Deuxième étape : je peins le clocher, les maisons et le reste du sujet avec des couleurs approximatives, toujours pour éliminer les espaces blancs. Je travaille ensuite le ciel, précisant davantage les formes des nuages, la luminosité des contours et les valeurs des ombres.

Fig. 184. Réajustement des formes et des couleurs, pour le rendu des nuages, et voilà le tableau terminé.

Les couleurs de la terre

La couleur de la terre est généralement foncée dans les champs cultivés, plus claire sur un terrain inculte et encore plus claire dans les chemins et les sentiers. La terre cultivée est une terre retournée, humidifiée par l'arrosage et qui présente donc une couleur plus foncée. La terre des chemins et des sentiers est, en revanche, sèche, lisse, tassée ; elle renvoie davantage de lumière et est par conséquent d'une couleur plus claire. Ainsi, la terre retournée tend principalement vers le Sienne, le rouge et le carmin, tandis que celle des chemins et des sentiers est plus jaune dans ses parties éclairées et plus bleue dans ses zones d'ombre (fig. 186 et 186 A).

Mais la couleur de la terre n'est jamais uniforme. C'est une règle que vous devez avoir constamment à l'esprit : il faut superposer à la couleur propre de nombreuses touches de couleur qui nuancent le ton de base. Attention à la direction de votre coup de pinceau ; il doit être toujours, ou presque, dans le sens horizontal. Un champ ou un chemin peints à coups de pinceaux verticaux, par exemple, se transformeraient en champ de blé récemment coupé.

Ne tombez pas non plus dans le piège de la « productivité ». Je fais allusion ici à l'amateur qui, ayant composé une couleur pour la terre, se met à peindre avec la même couleur tous les coins de terre qu'il aperçoit sur le modèle.

Dans la nature, la terre n'a jamais une couleur uniforme

Et puis, vous le savez certainement, les montagnes et les collines dans le lointain ont des couleurs estompées et prennent des tons de bleu, de violet et de gris.

186

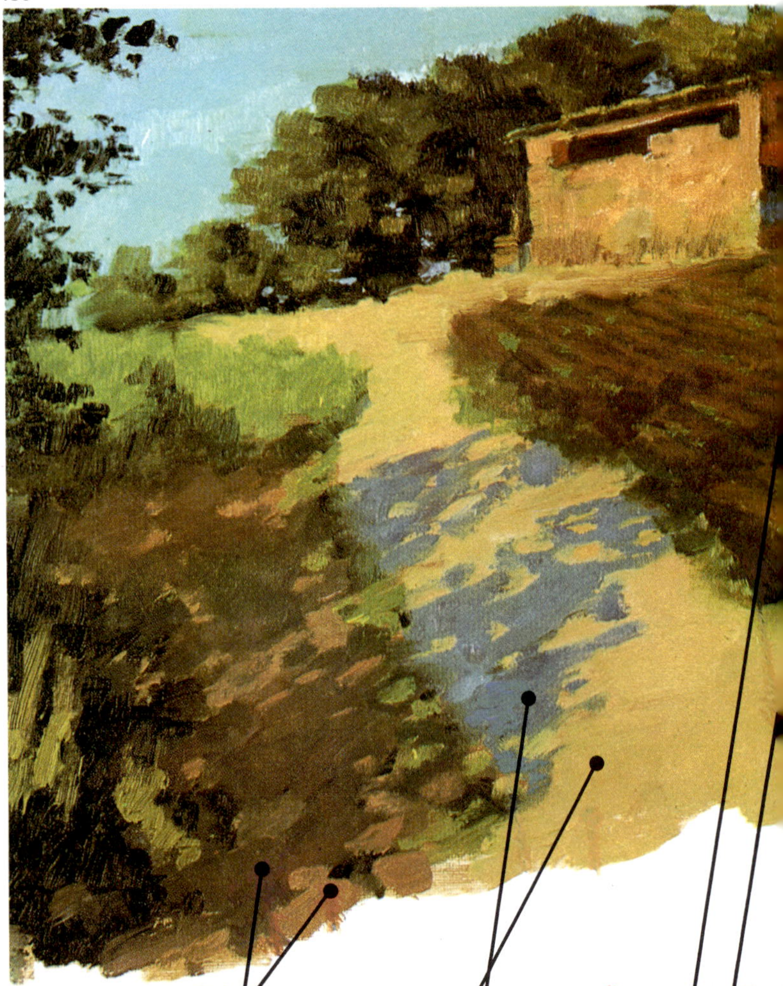

186 A

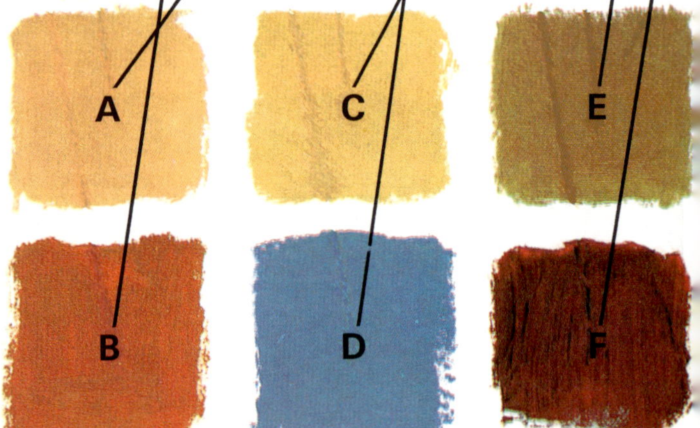

Fig. 186 et 186A. La couleur de la terre offre de multiples variantes. Voyez les couleurs A et B correspondant aux parties éclairées et aux ombres d'une terre inculte et sèche ; comparez-les aux couleurs C et D de la terre du chemin qui se trouve à la fois dans l'ombre et dans la lumière ; tandis que pour la terre cultivée les couleurs tendent vers le Sienne foncé pour les parties éclairées (E) et un carmin légèrement nuancé de bleu (F) pour les ombres.

La couleur des ombres

La palette claire des impressionnistes eut pour principe de substituer, pour la représentation des ombres, le « bitume de Judée » (de couleur brune, utilisé jusqu'au milieu du XIXe siècle) par le bleu. Monet disait à ses amis : « Quand la nuit tombe, tout le paysage devient bleu ». En effet, quand la lumière diminue, la couleur bleue domine de plus en plus (fig. 187).

Le bleu est donc la première couleur présente dans toute ombre.

La deuxième couleur est donnée par la complémentarité de la couleur propre du sujet. Si on peint en bleu une montagne située dans le lointain, le rouge orangé entrera dans la composition de la couleur de l'ombre, comme complémentaire du bleu.

La troisième est la couleur propre du sujet dans un ton plus foncé. Dans le cas de cette montagne, la couleur propre dans un ton plus foncé s'obtiendra avec un bleu mêlé d'une pointe de terre de Sienne brûlée ou naturelle.

187

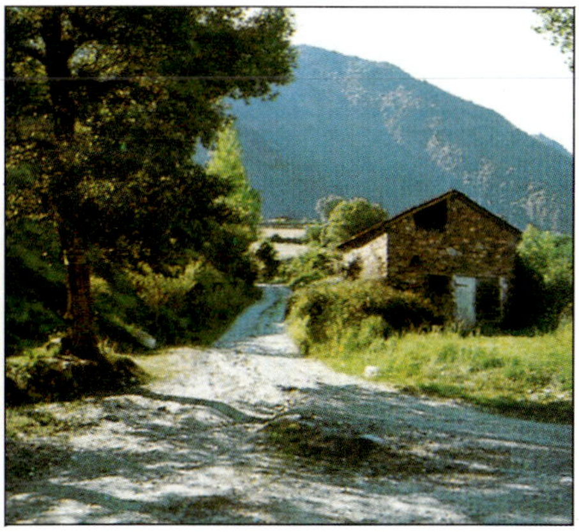

Voici la couleur des ombres : bleu + complémentaire de la couleur propre + la couleur propre dans un ton plus foncé.

C'est compliqué, dites-vous ? Mais non ! Regardez la figure 188 et lisez ce qui est écrit au-dessous, vous comprendrez mieux le problème.

188

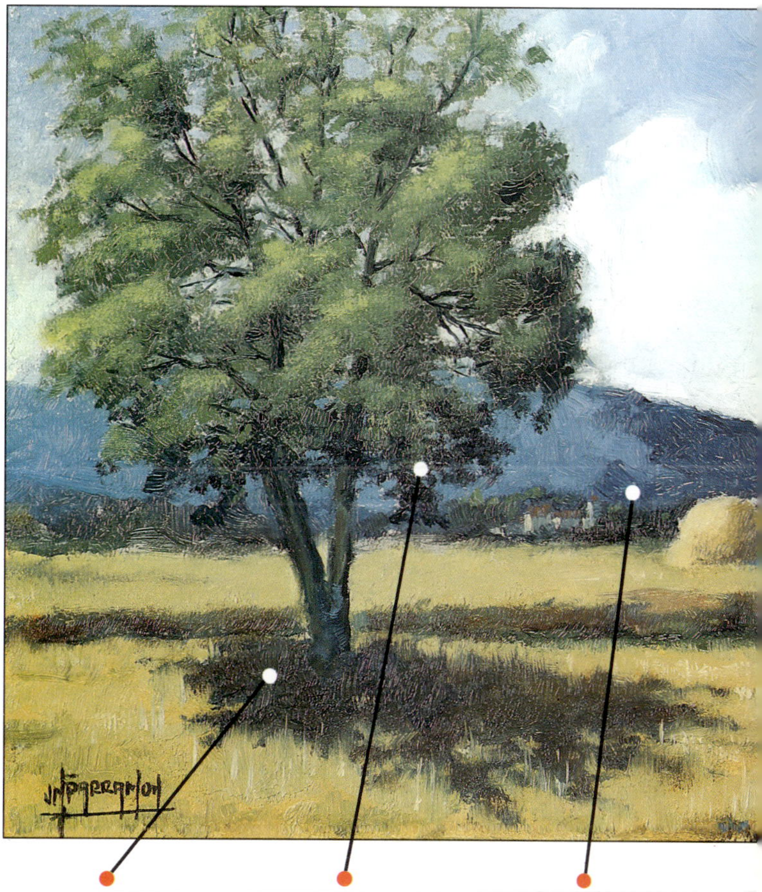

La couleur de l'ombre faite par l'arbre (ombre portée) est obtenue par :

1. Bleu
Bleu de cobalt éclairci de blanc

2. La complémentaire du jaune
Bleu outremer éclairci de blanc

3. Couleur propre dans un ton plus foncé
Ocre jaune

La couleur de l'ombre dans l'arbre vert est obtenue par :

1. Bleu
Bleu de Prusse éclairci de blanc

2. La complémentaire du vert
Pourpre, éclairci de blanc

3. Couleur propre dans un ton plus foncé
Vert et terre de Sienne naturelle

La couleur de l'ombre de la montagne bleue est obtenue par :

1. Bleu
Bleu outremer éclairci de blanc

2. La complémentaire du bleu
Rouge (très peu)

3. Couleur propre dans un ton plus sombre
Bleu de cobalt et un peu de terre de Sienne

Fig. 187. Sur cette photo, que j'ai prise par temps clair en haute montagne, la couleur bleutée de l'ombre est évidente.

Comment dessiner et peindre les arbres ?

189

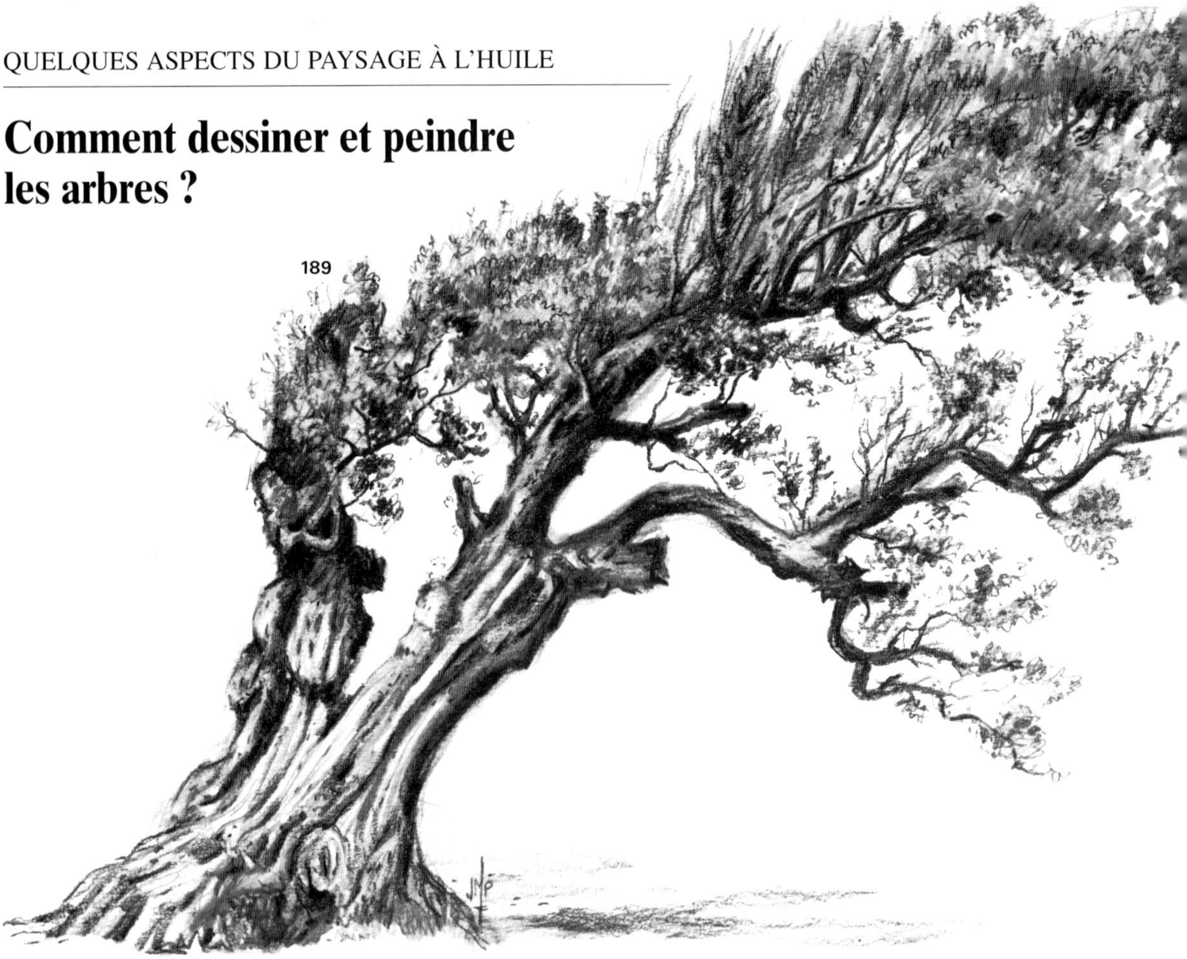

190

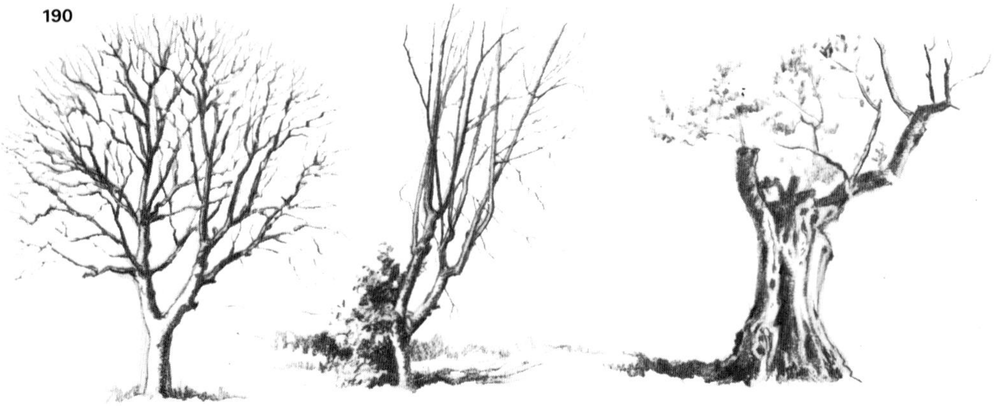

191

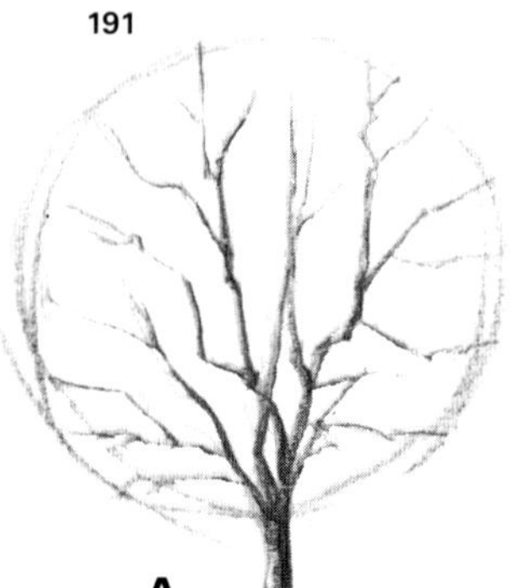

A

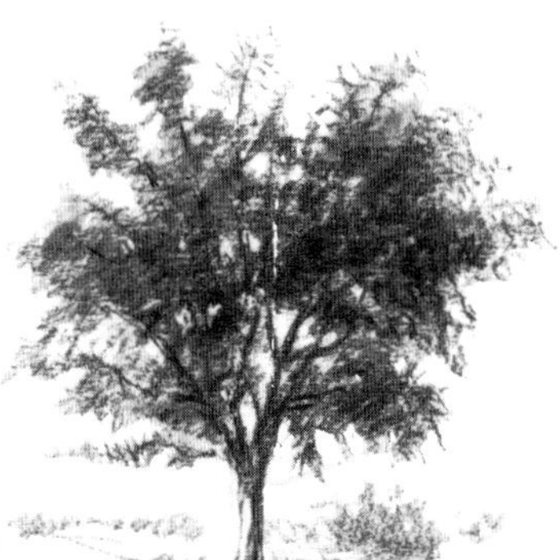

B

Fig. 189, 190 et 191. Je vous conseille de faire des dessins de vieux troncs d'arbre, comme celui de l'illustration (en haut), pour vous exercer à représenter la forme et la structure des arbres, car il vaut mieux commencer à dessiner des arbres sans feuilles pour étudier la disposition du tronc et des branches (fig. 190) et terminer en « habillant » l'arbre de son feuillage, comme je l'ai fait ici (fig. 191A et B).

Fig. 192 et 192A. Peinture en deux temps et synthèse d'un arbre dont on élimine les détails, en raison de son éloignement.

On a l'impression que peindre un arbre avec son tronc, ses branches maîtresses, ses petites branches et ses milliers de feuilles est très difficile. Mais savoir bien dessiner et le faire avec une vue synthétique sont les clés du succès.

Essayez de vous astreindre à la discipline qui consiste à dessiner, pendant un certain temps, des arbres, des arbustes et des buissons, comme le faisait Van Gogh, afin de pouvoir, ensuite, comme lui, peindre avec une vue synthétique, résumant en quelques coups de pinceau la structure complète des branches et des feuilles. Je vous conseille un exercice intéressant : dessinez un arbre sans feuilles, en essayant de deviner la structure des branches à partir du tronc et leurs ramifications (fig. 191 A), et étudiez ensuite, afin de pouvoir les répartir correctement, l'ensemble des branches avec leurs feuilles, sans oublier la frondaison de l'arbre, sa forme globale (fig. 191 B).

Lorsqu'il s'agit de peindre, la synthèse peut arriver à son expression maximale quand les arbres sont situés à une certaine distance, car ils demandent une exécution moins concrète : il faut peindre par masses (fig. 192 et 192 A).

Même pour peindre un arbre situé au premier plan et de grande taille (fig. 193), il est possible et conseillé de résumer dans une vue synthétique les groupes de feuilles, en évitant de les détailler une par une.

« Peindre en synthèse, c'est oublier les détails », comme disait Ingres. Il faut donc regarder le modèle en plissant les yeux et ne tenir compte que des grandes masses ; et peindre avec de gros pinceaux.

192

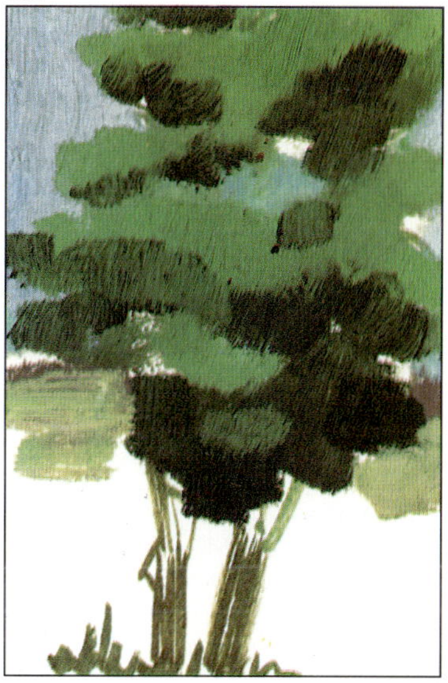

192 A

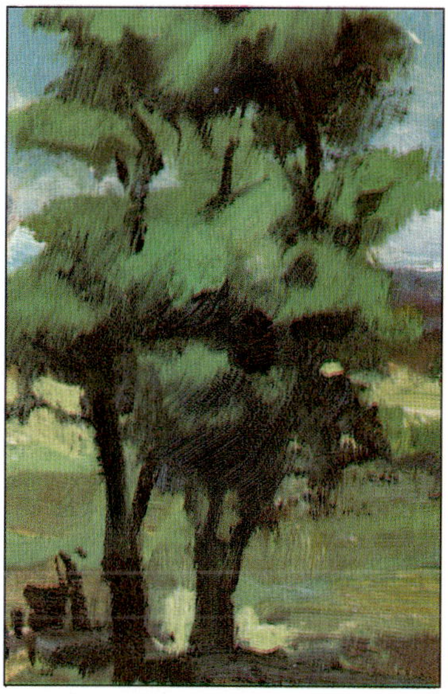

193

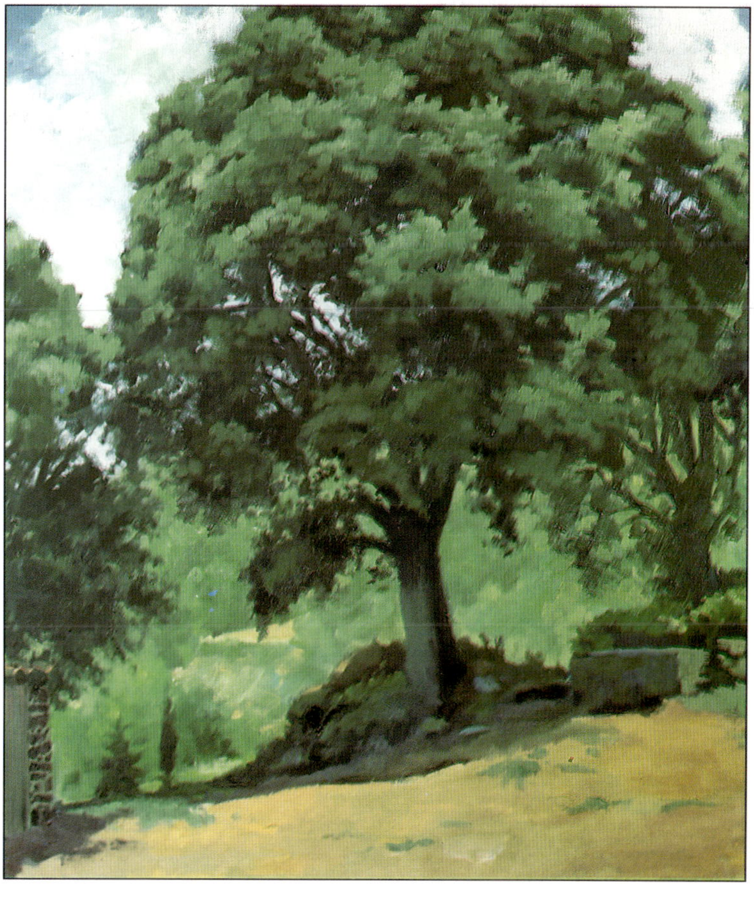

Fig. 193. Voici l'étude d'un arbre situé au premier plan, où l'on voit bien l'idée de synthèse qui consiste à regarder le modèle en clignant des yeux et à peindre avec de gros pinceaux, afin d'éliminer les détails et de n'apprécier que les volumes importants.

Comment peindre un arbre, étape par étape

Regardez le modèle sur la figure 194 : c'est un arbre au tronc mince et à la cime haute, avec de petites feuilles, mais dont le feuillage dissimule la plus grande partie des branches. Il convient parfaitement à l'exercice auquel je vais me livrer :

Première étape (fig. 195) : avec du bleu de Prusse mélangé à de la terre d'ombre brûlée, beaucoup d'essence de térébenthine et un pinceau en poils de martre rond n° 8, je dessine le tronc (en plus petit) et les branches, tout en pensant à celles qui sont dissimulées par le feuillage. Ensuite je peins le ciel, en laissant du blanc autour des branches. Pour la couleur du ciel je mélange du bleu de Prusse, du bleu outremer, un soupçon de carmin et beaucoup de blanc, dilués dans de la térébenthine pour obtenir un séchage rapide.

Deuxième étape (fig. 196) : je laisse l'arbre pour le moment et peins le paysage en attendant que le bleu du ciel sèche. Puis je peins et dessine le feuillage. J'emploie pour cela un vert foncé presque noir (fig. 197 C page ci-contre), mélange de bleu de Prusse, de vert émeraude et de carmin. J'emploie uniquement ce vert foncé pour le feuillage en laissant une zone en blanc pour que vous compreniez mieux le processus.

Troisième étape (fig. 198) : je termine cette partie inachevée et je repeins ensuite l'arbre en combinant les trois verts de base, le vert foncé, le vert moyen et le vert clair (fig. 197 A, B et C), en essayant de rendre et de rehausser les effets de lumière et d'ombre.

194

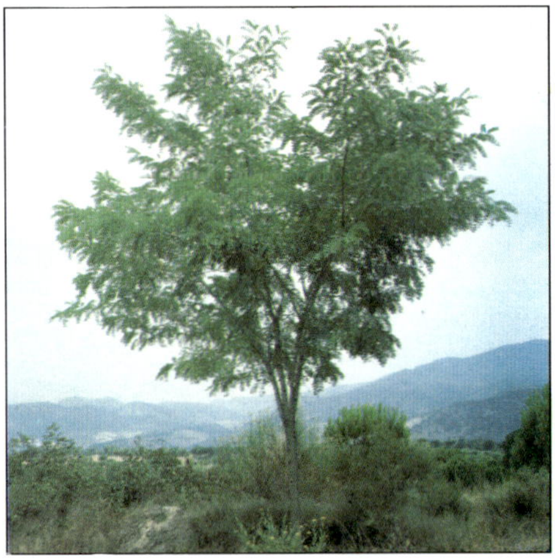

195

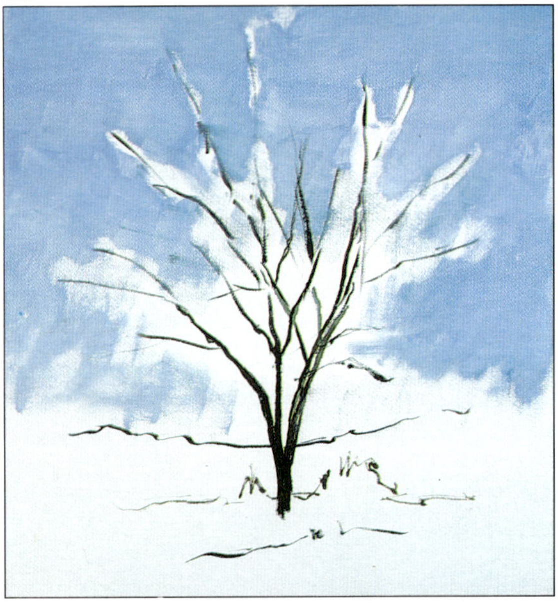

196

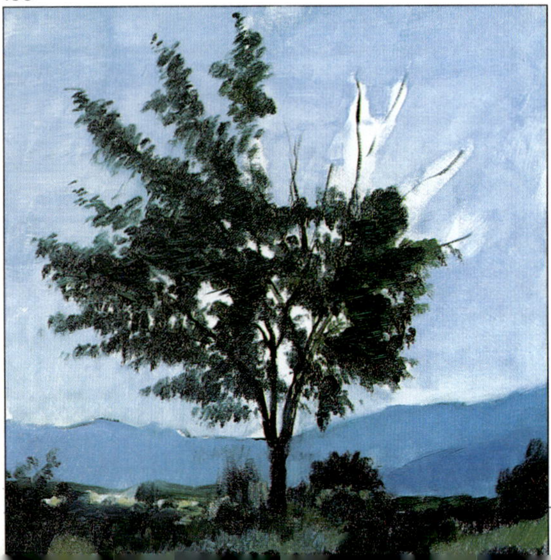

Fig. 194. Voici le modèle.

Fig. 195 et 196. Je peins les branches, la structure de l'arbre, puis le ciel avec beaucoup de térébenthine pour qu'il sèche vite (fig. 195). En attendant, je poursuis mon travail en créant le paysage. Puis je peins le feuillage d'une première couche de vert foncé (fig. 196).

Fig. 198 et 199. Je peins ensuite les lumières et les ombres avec un vert moyen et un vert clair, combinés avec le vert foncé du début (fig. 198). Finalement je renforce la couleur du ciel, je retouche certaines formes et remplis les espaces de ciel bleu visibles à travers les branches et les feuilles (fig. 199).

J'ai maintenant trois pinceaux à bout « filbert », du n° 8, dont j'utilise la pointe pour les petites touches et le plat pour les larges coups de pinceau. Pour composer le vert moyen et le vert clair, je rajoute du vert permanent, de l'ocre et du blanc.

Quatrième et dernière étape (fig. 199) : je commence par repeindre le ciel avec une peinture plus épaisse. Je retouche la partie gauche de la frondaison, précise certaines formes et les tons en général. Et j'achève en peignant les espaces bleus du ciel visibles à travers les branches et les feuilles. J'utilise un pinceau plat en poils de martre n° 4, que je nettoie constamment, afin de pouvoir repeindre sur les couleurs encore humides.

198

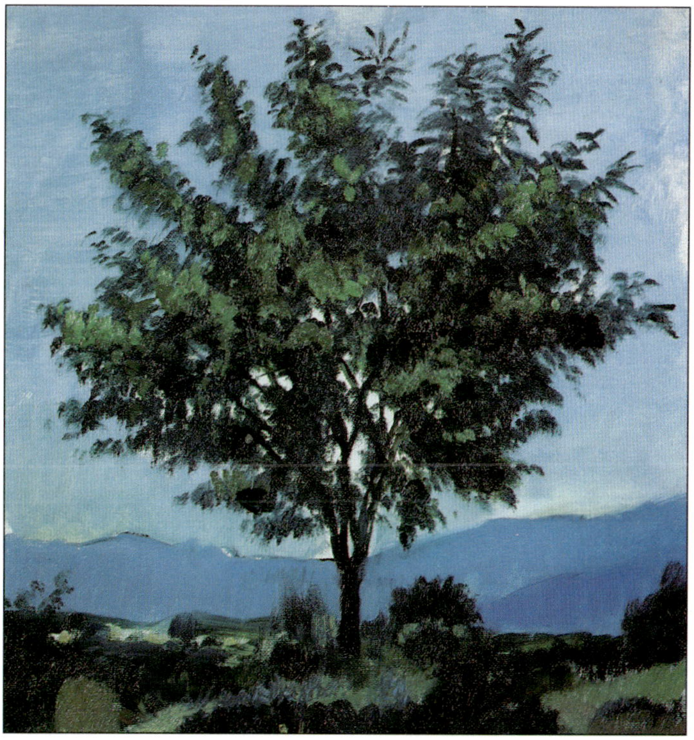

197

Fig. 197. Voici les trois couleurs vertes de base, utilisées pour le feuillage de l'arbre et les effets correspondants de lumière et d'ombre.

199

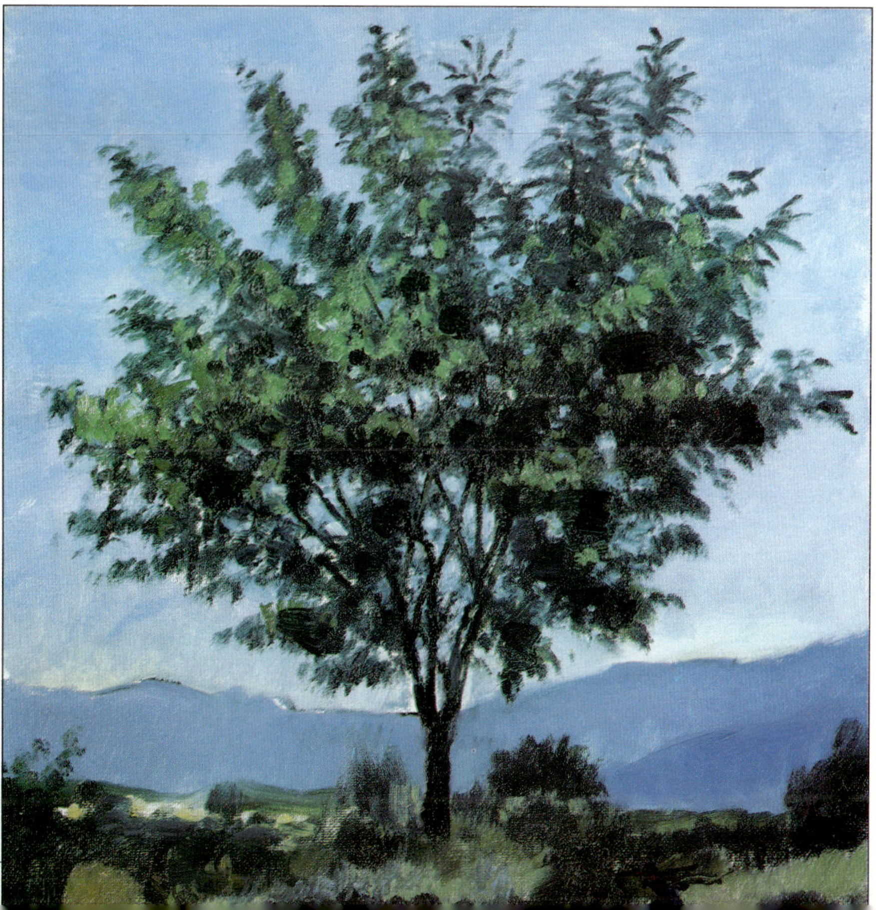

La mer et les bateaux

La couleur de la mer, de l'eau des lacs et des fleuves profonds n'est pas autre chose que la couleur reflétée par le grand écran qu'est le ciel : à un ciel bleu correspond une mer bleue, à un ciel nuageux correspond une mer de couleur grise.

La mer subit également les effets de l'atmosphère interposée : elle voit sa couleur s'éclaircir, pâlir, à mesure qu'elle se rapproche de l'horizon, tandis que le contraste des rochers, des vagues, de l'écume est plus accentué au premier plan.

Peindre la houle, l'éclat et le moutonnement des eaux, l'écume blanche se brisant sur la plage et les rochers exige une pratique, une connaissance du modèle qui, sans exclure l'invention, sera faite de mémoire. Heureusement, ces mouvements et ces formes se répètent, se ressemblent. Il s'agit de regarder attentivement pendant un temps assez long, d'observer les formes et les couleurs et de retenir pour peindre ensuite de mémoire – je le répète –, en se référant au modèle toujours vivant.

Les rochers ont généralement des formes géométriques plus ou moins précises, de cubes ou de cônes par exemple. Il faut peindre avec des couleurs distinctes et souvent par plans, à chaque plan correspondant une couleur, en notant qu'elles sont plus foncées quand les vagues viennent s'y briser. Observez et soulignez la frange sombre qui marque la hauteur des eaux sur les rochers à demi immergés. Regardez la figure 200 et lisez les commentaires d'ordre pratique sur ces aspects qu'offrent la mer ainsi que les lacs et les fleuves.

Fig. 200. L'eau, les rochers, la mer : quelques conseils d'ordre pratique.

Comparez la couleur de l'eau de la mer et le contraste produit par les rochers éloignés avec la couleur et la valeur des rochers au centre du premier plan. Observez qu'il existe dans ce plan plus éloigné des contours plus diffus, un coloris plus pâle allant de pair avec l'eau qui, elle aussi, s'atténue dans le lointain.

Quand vous peindrez des rochers partiellement immergés, rappelez-vous que le niveau de l'eau les marque d'une frange sombre à la base.

Essayez d'accentuer la forme de certains rochers en peignant des angles vifs et des effets dramatiques de lumière et d'ombre, sans oublier l'effet de clair-obscur et les jeux de valeurs de la lumière réfléchie à l'intérieur des zones sombres.

Remarquez bien les effets d'écume là où les vagues se brisent sur les rochers : le blanc de l'écume a été peint par endroits en tirant le pinceau, ou au contraire par petites touches de couleur appliquées délicatement. C'est à ce moment qu'il faut peindre de mémoire, en se rappelant ce qu'on a vu et ce qui, heureusement, se répète sous une même forme de multiples fois.

La couleur de l'eau au premier plan va du bleu-noir presque absolu à des teintes vertes et bleutées. Oubliez l'idée préconçue selon laquelle la mer est bleue et peignez la couleur exacte que vous voyez sur le modèle.

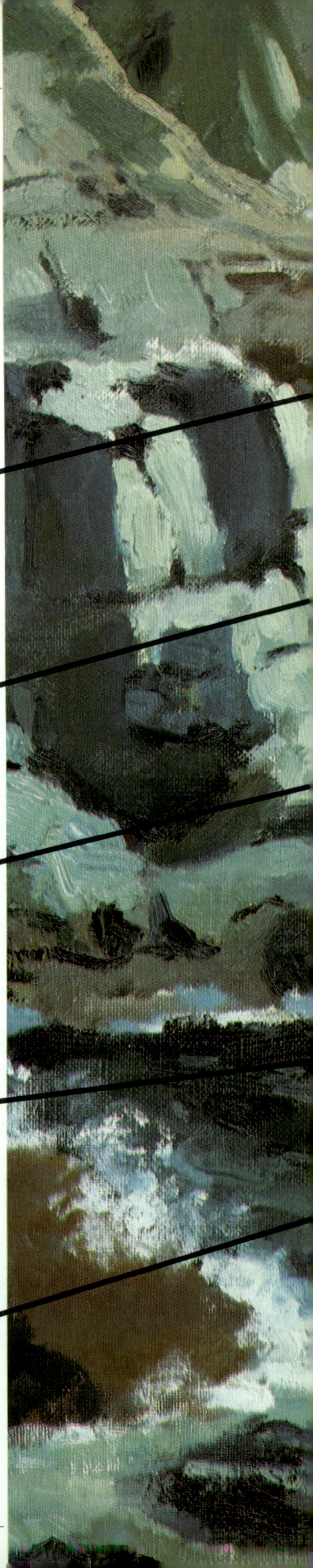

200

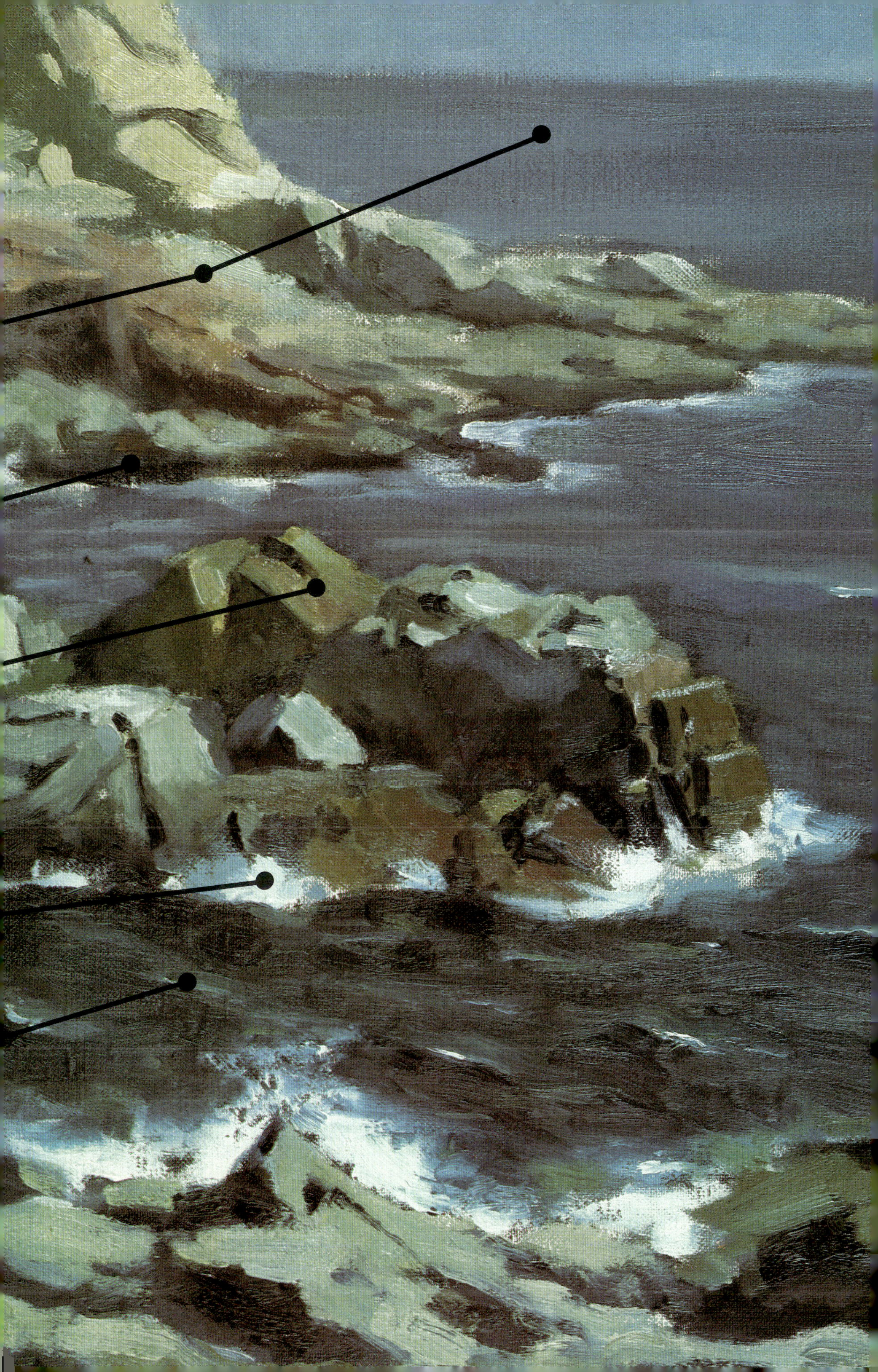

Barques et bateaux

Dessiner et peindre une embarcation, un canot ou une barque est surtout un problème de structures où les dimensions (largeur, longueur) doivent être prises car elles jouent un rôle important : il faut donc un dessin de base minutieux, s'appuyant de surcroît sur une bonne perspective. Regardez les deux schémas ci-dessous (fig. 202 et 202 A) et pensez qu'il vaut mieux prendre des croquis d'après nature pour peindre ensuite plus sûrement.
Regardez à présent (fig. 203) une esquisse que j'ai peinte récemment sur le port de Barcelone, un jour où le soleil était à moitié caché par les nuages, la lumière venant à contre-jour : j'ai essayé de rendre les reflets de l'eau en mouvement, s'opposant à la masse sombre du groupe de bateaux et de créer ainsi un effet de contraste saisissant au premier plan, permettant de renforcer l'impression d'atmosphère interposée, les plans plus éloignés ayant été estompés et fondus dans les gris. Si vous vivez dans une ville en bord de mer, prenez sans cesse des croquis sur la plage ou sur le port, en dessinant des bateaux et en peignant à l'huile des esquisses et des tableaux. C'est un sujet plein d'intérêt et d'un effet certain.

201

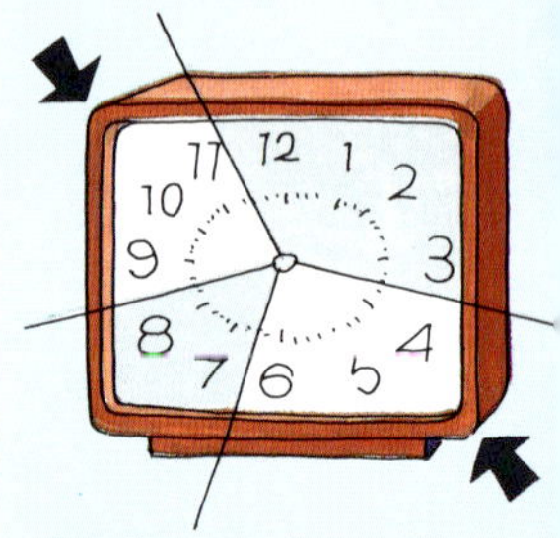

Quelles sont les meilleures heures pour peindre dehors ? Si le ciel est nuageux, toute heure convient. Avec un ciel dégagé et beau soleil, les meilleures heures sont le matin entre 9 et 11 heures, et, l'après-midi, entre 4 et 6 heures (7 heures en été). Mais si vous peignez à la manière fauve vous pouvez le faire de midi à 16 heures.

202

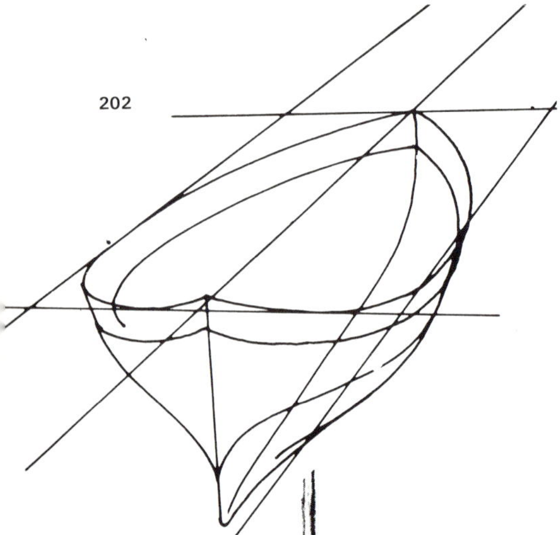

202 A

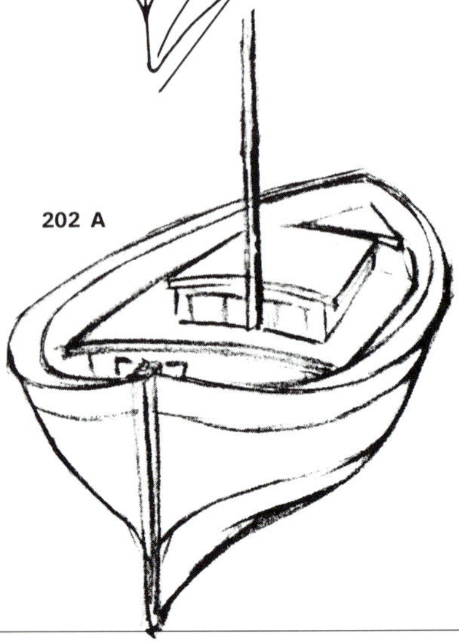

203

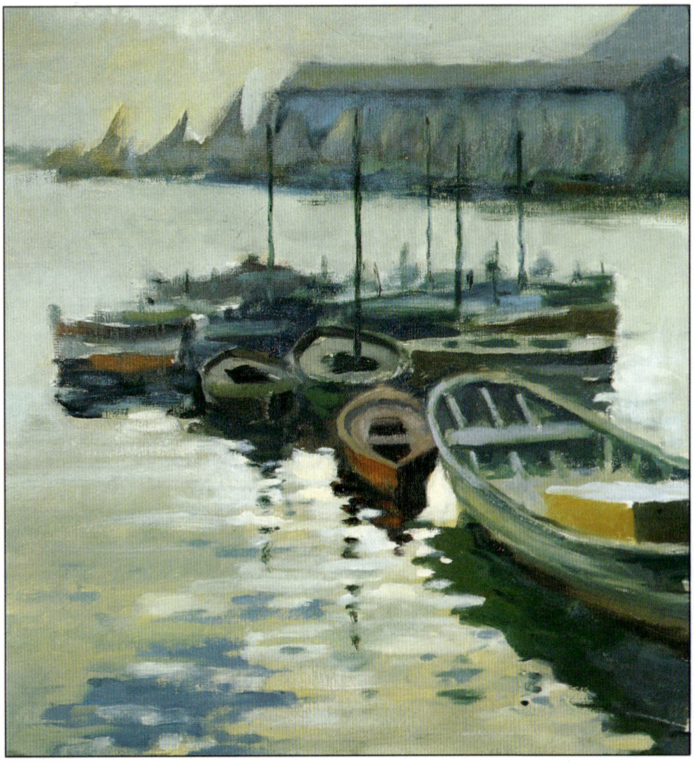

Fig. 202 et 202A. Peindre des bateaux et des barques exige un bon dessin de base, un bon calcul des dimensions, des proportions, et des connaissances en perspective.

Fig. 203. José M. Parramón, *Bateaux au port*, collection de l'artiste. On voit bien l'effet d'atmosphère et de contraste capté sur cette esquisse peinte sur le port de Barcelone.

Personnages

Si vous peignez un paysage en pleine campagne, une vue de la côte ou un hameau en montagne, vous n'êtes pas obligé d'y inclure des personnages. Mais si vous peignez l'entrée d'un village, une rue ou une place dans un bourg et à plus forte raison dans une ville, il faut y introduire des silhouettes humaines et même des véhicules. Les impressionnistes – toujours avec cette idée de traduire une scène vivante – ont peint des centaines de tableaux avec des personnages, donnant ainsi plus de vie au sujet. Mais comment se présentent-ils et comment sont-ils peints ?

Comme exemples, vous pouvez voir sur les figures 204 et 205 deux détails du tableau de Camille Pissarro *La Place du Théâtre-Français* (musée de l'Ermitage, Saint-Pétersbourg). À gauche (fig. 204), il s'agit d'une vue d'ensemble du tableau, et à droite (fig. 205) d'un détail agrandi représentant l'omnibus à chevaux, vu de l'arrière, avec les marches pour monter sur l'impériale et les gens en bas autour du véhicule. Vous remarquerez que, malgré leur déformation apparente, les personnages sont correctement proportionnés et que la synthèse des formes et des couleurs est parfaite : une ou deux touches de pinceau suffisent à Pissarro pour déterminer la tête ; trois ou quatre touches de plus pour exprimer et modeler le corps, la jupe, le pantalon, etc. De telles silhouettes sont un reflet de la réalité ; ce sont des gens qui passent par là et qu'il faut saisir dans le mouvement ou à l'arrêt, qu'il faut voir et étudier en mémorisant les formes et les couleurs, comme nous l'avons fait pour les vagues de la mer.

Tout cela vous oblige à dessiner maintes fois beaucoup de personnages et à peindre ensuite avec beaucoup d'attention et de concentration, en étudiant et en calculant chaque forme, chaque couleur, chaque trait, chaque coup de pinceau.

Fig. 204 et 205. Camille Pissarro, détails du tableau *La Place du Théâtre-Français*, musée de l'Ermitage, Saint-Pétersbourg. La qualité de ces personnages réside dans l'instantané, la rapidité du croquis, le sens de la synthèse, le mouvement, enfin dans la forme et la couleur.

204

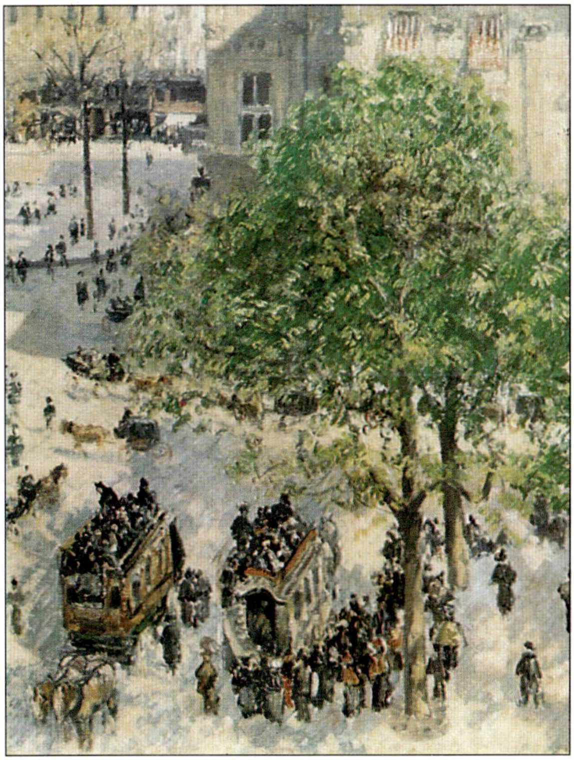

205

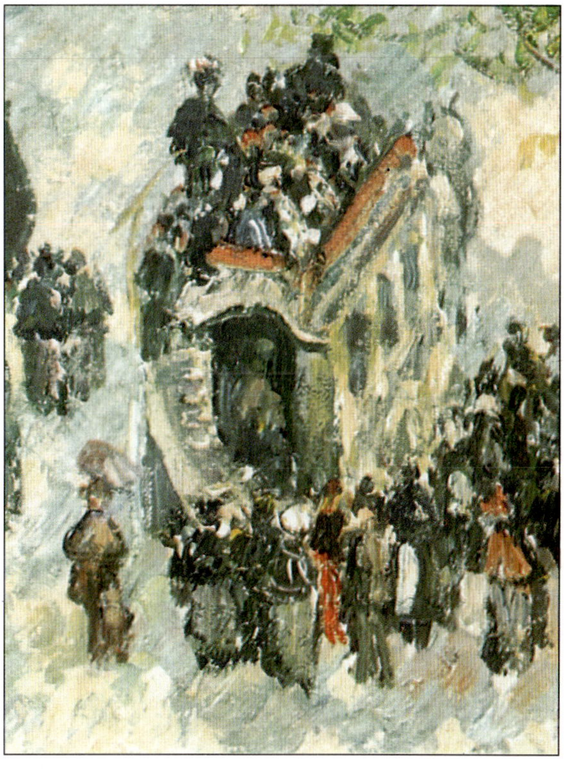

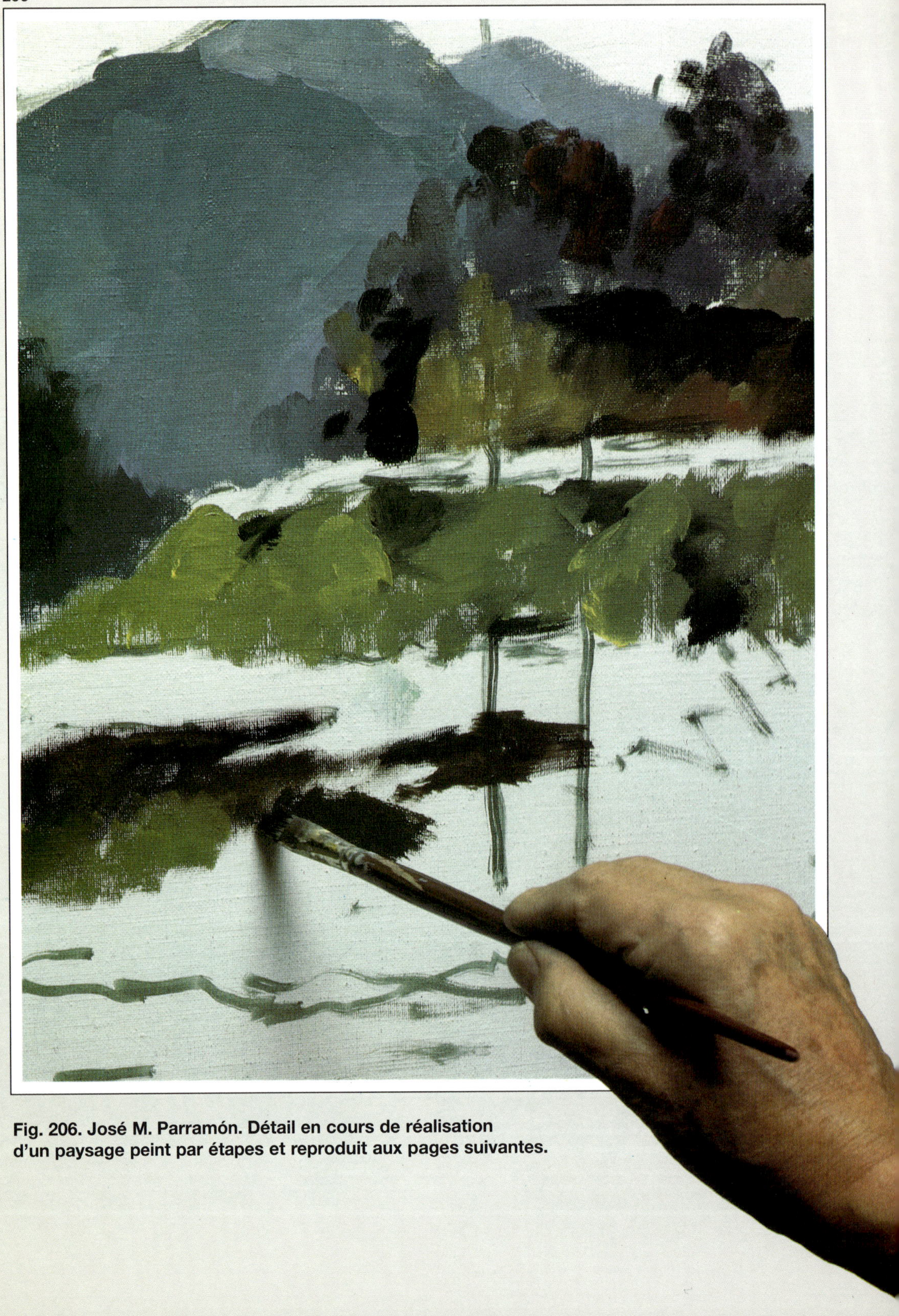

Fig. 206. José M. Parramón. Détail en cours de réalisation d'un paysage peint par étapes et reproduit aux pages suivantes.

Peindre des paysages à l'huile

« On dit ce qu'on va dire ;
on dit ;
on dit ce qu'on a dit. »

Voici une formule merveilleuse que m'a apprise le philosophe Jean Guitton. Elle est parfaite pour bien composer un écrit, que ce soit une information, un livre ou une méthode. Je vous la recommande. Je l'ai appliquée dans la quarantaine de livres que j'ai écrits sur l'enseignement du dessin et de la peinture, et je crois qu'elle m'a servi pour en organiser le contenu. Or donc, nous en sommes au dernier chapitre de ce livre, et le moment est venu de « dire ce qu'on a dit », de développer la pratique de toutes les leçons des pages précédentes. Allons-y : nous allons peindre – j'emploie le pluriel car j'espère que vous peignez aussi –, nous allons peindre, dis-je, différents paysages, y compris une esquisse à l'huile, un paysage *alla prima* (peint du premier jet, en une séance) et un autre en plusieurs séances. Je n'en dis pas plus...

Comment peindre une pochade

Une pochade est un croquis permettant l'étude d'un thème, mais c'est aussi un reflet de l'impression première. La pochade doit être peinte suivant ces trois principes :

1° Rapidité
2° Concentration
3° Spontanéité

J'ai peint la pochade qui illustre ces pages en été, à 4 heures de l'après-midi, à contre-jour. J'ai dessiné le thème au pinceau. Au centre, il y avait une maison en ruine. J'ai commencé à peindre le ciel avec un jaune clair, sale ; j'ai éclairci le gris de la montagne du fond, créant un contraste qui met en valeur la silhouette de la maison en ruine (fig. 207). Avec un gros pinceau n° 14 – la spontanéité et la synthèse naissent des gros pinceaux –, j'ai couvert rapidement la toile, avec la préoccupation constante de diversifier la couleur (fig. 208 et 209). J'ai peint les arbres : d'abord les troncs, avec un pinceau plus fin ; ensuite les feuillages et les branches, par touches plates, sans volume, et les branches basses avec un pinceau presque sec que j'ai frotté sur le fond (fig. 210).
Enfin j'ai peint la lumière donnant latéralement sur les troncs (fig. 211). Temps d'exécution : une heure et quarante-cinq minutes.

207

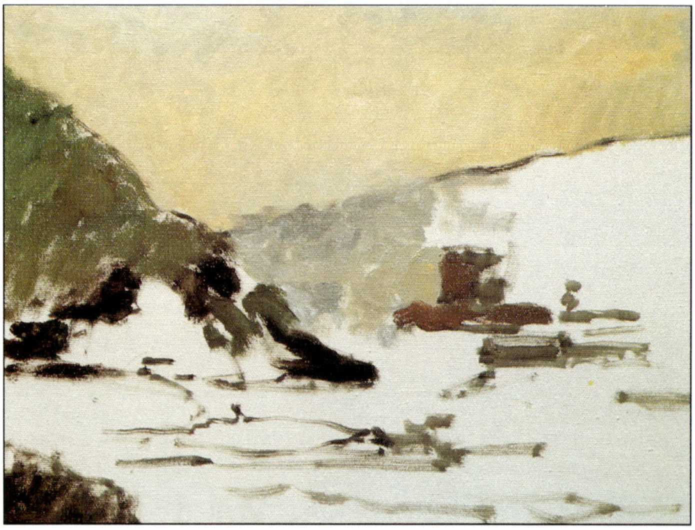

208

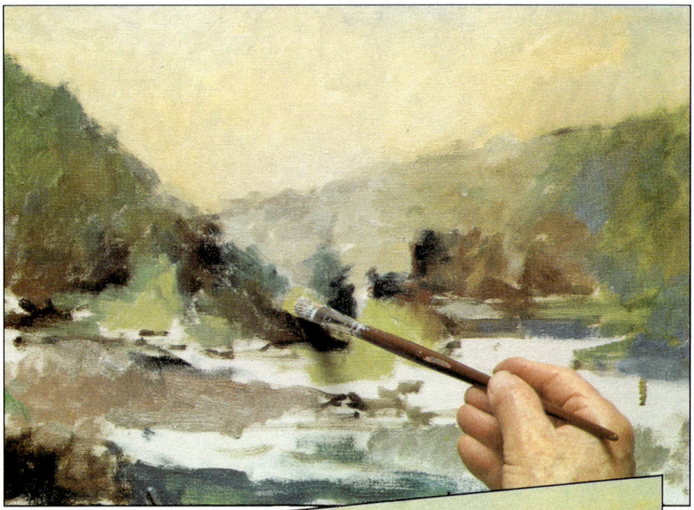

209

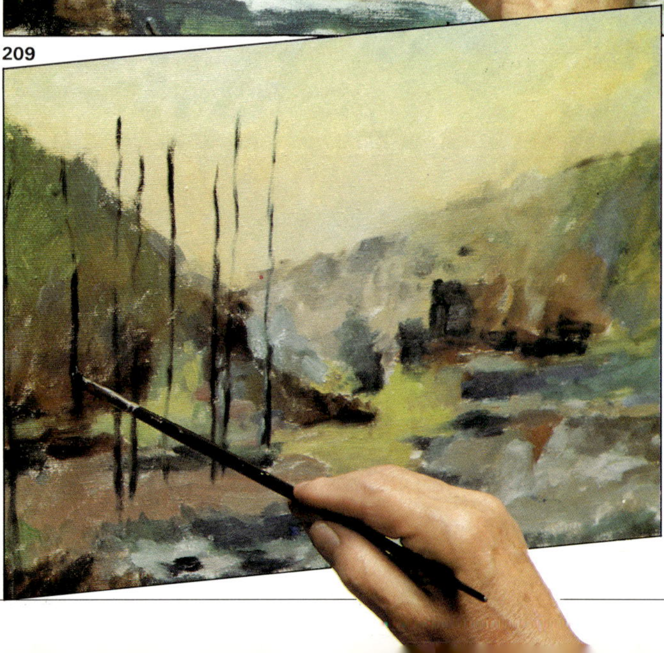

Fig. 207. J'ai commencé par peindre le ciel avec un jaune de cadmium moyen, mélangé à du blanc, une pointe de bleu de Prusse, un soupçon de terre d'ombre brûlée et beaucoup de térébenthine pour obtenir un séchage rapide.

Fig. 208 et 209. Au cours de cette étape les couleurs employées sont très diverses : bleu outremer, terre d'ombre et blanc pour la montagne du fond, avec à droite un dégradé de vert émeraude, de carmin, de terre d'ombre brûlée et de blanc. À gauche, j'ai fait prédominer le bleu de Prusse, le vert émeraude, l'ocre, la terre et le carmin. Pour la maison : terre d'ombre, bleu de Prusse, blanc. Pour les taches vertes, bleu de cobalt, jaune moyen, ocre, blanc.

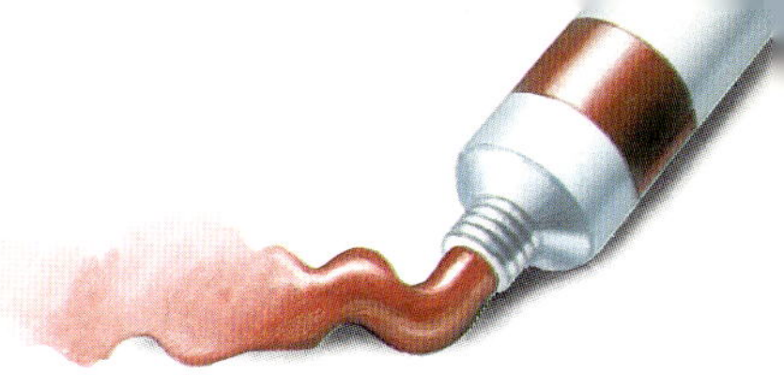

Fig. 210 et 211. J'ai peint les arbres avec du vert émeraude, du vert permanent, du bleu outremer, de l'ocre et du blanc. Pour les taches sombres du premier plan, c'est le bleu de Prusse qui prédomine, avec une pointe de terre de Sienne naturelle et du blanc, utilisé en plus grande quantité pour les taches grises.

210

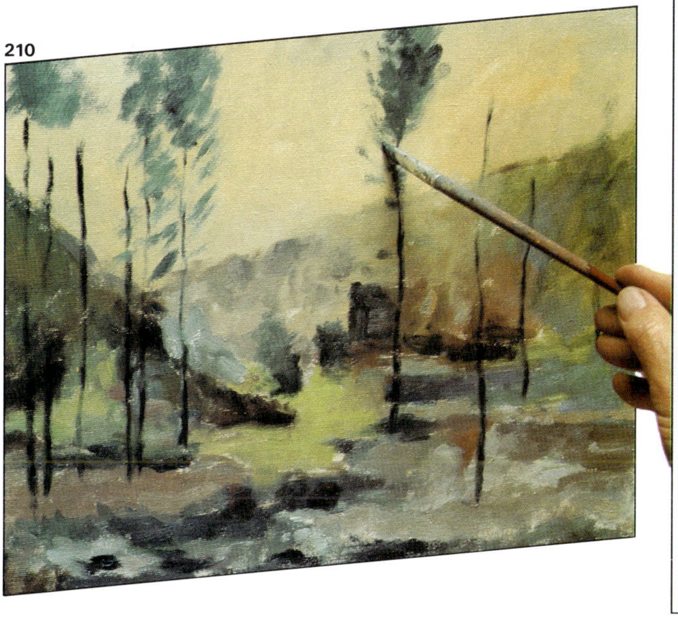

212

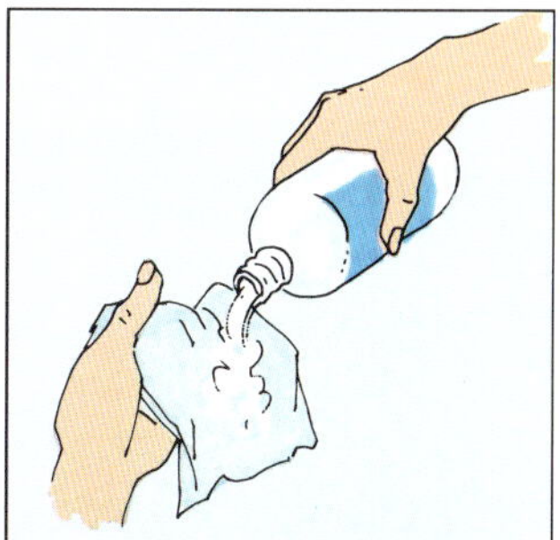

Lavez-vous les mains à la térébenthine. Quand vous aurez terminé votre séance de peinture, rangez tout et lavez-vous les mains en dernier. Procédez ainsi : vous prenez un chiffon dans la main gauche, vous l'imbibez de térébenthine et vous vous frottez les mains avec, comme si vous vouliez les sécher.

211

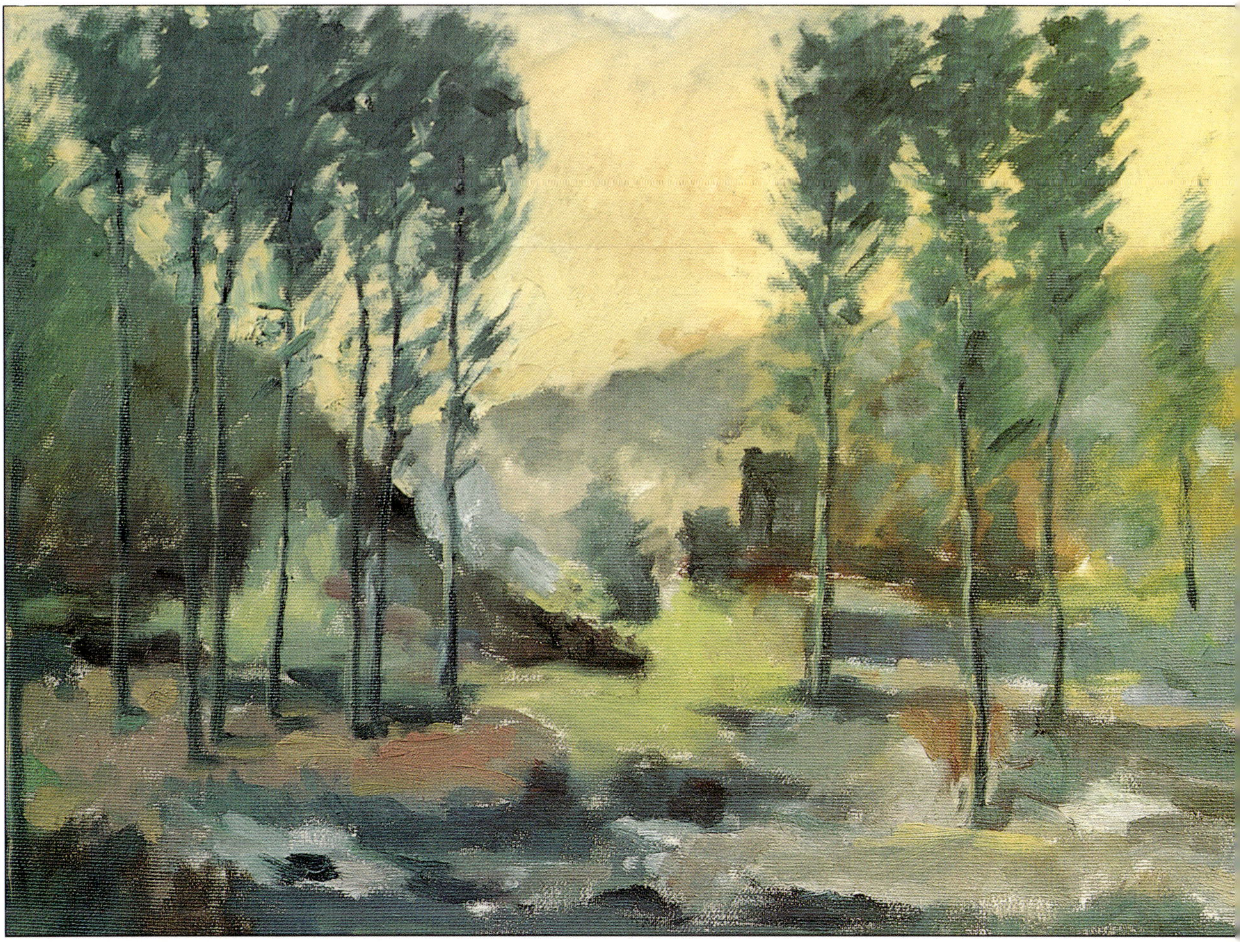

Peindre d'après nature

213

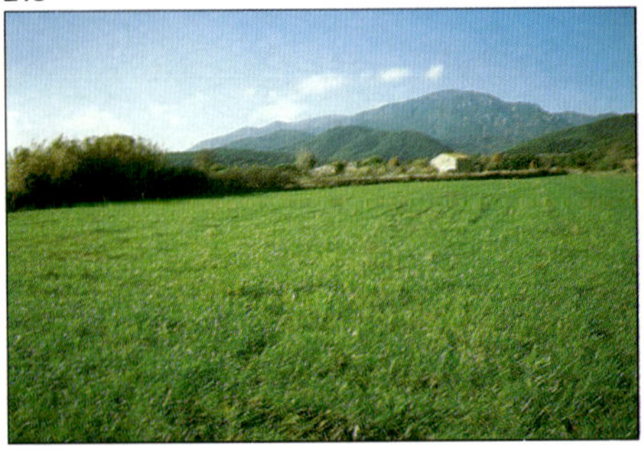

TECHNIQUE DE LA POCHADE ET DE LA PEINTURE DIRECTE

1. Peindre vite.

2° Peindre de façon définitive.

3° Synthétiser, résumer ce que « dit » le modèle.

4° Diversifier les couleurs.

J'ai peint ce tableau il y a juste quelques jours. Lorsque j'ai vu le sujet (fig. 213), j'ai pensé aux tableaux de Van Gogh avec leurs immenses champs de blé doré. Mais ici, c'était un pré bien vert. Tandis que je peignais, j'enregistrais sur cassette mes impressions et mes gestes du moment (un peu gêné, car les enfants de l'endroit ne comprenaient pas pourquoi pour peindre il fallait dire : « je fixe la toile, une toile numéro dix ») ; mais tout cela me permet maintenant de le faire sur le vif, comme si je peignais devant vous, le commentaire suivant :

« Je monte le chevalet, je fixe la toile (une toile 10, paysage, de 25 x 55 cm). Il est 10 heures du matin. »

« Je modèle les montagnes du fond » (fig. 215).

« Je peins d'un seul jet les arbres et les maisons à l'horizon » (fig. 216).

« Je termine le tableau en modelant et en rehaussant les formes et les couleurs des arbres, en peignant la ligne horizontale lumineuse qui borde le pré ; puis je réalise la finition du pré, d'abord en ajustant la couleur verte, ensuite en plaçant ces sillons de couleur foncée, et pour finir en peignant cette série de petits traits verticaux qui « traduisent » l'herbe » (fig. 217).

« Il est 1 heure et demie de l'après-midi. »

Fig. 213. Le modèle : un grand pré vert et, au fond, un horizon de montagnes, d'arbres et de maisons, à proximité d'un village qui se trouvait derrière moi.

Fig. 214. Je dessine avec de la couleur ocre, de la Sienne naturelle et du blanc. Je peins le ciel avec de l'outremer, du blanc et un petit peu de carmin ; les montagnes avec du bleu de Prusse, du blanc, un peu de carmin et de la terre d'ombre brûlée ; le vert du pré avec du vert émeraude, du bleu outremer, du jaune de cadmium moyen, de l'ocre et du blanc.

Fig. 215. Je peins les montagnes du fond avec du bleu de Prusse, de la terre d'ombre brûlée et du blanc.

214

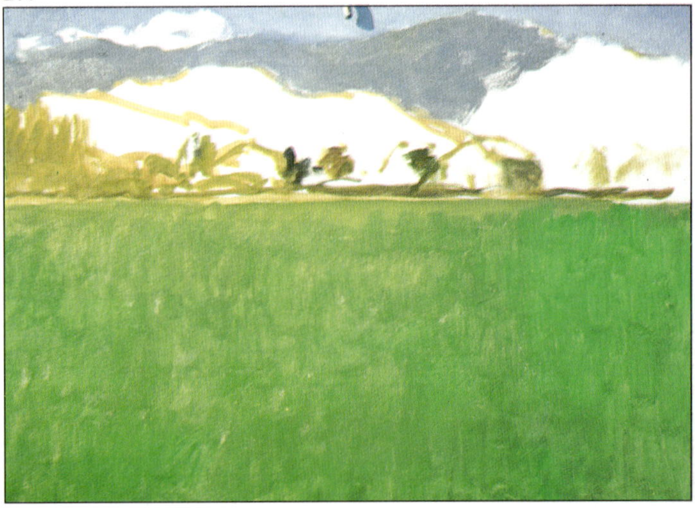

215

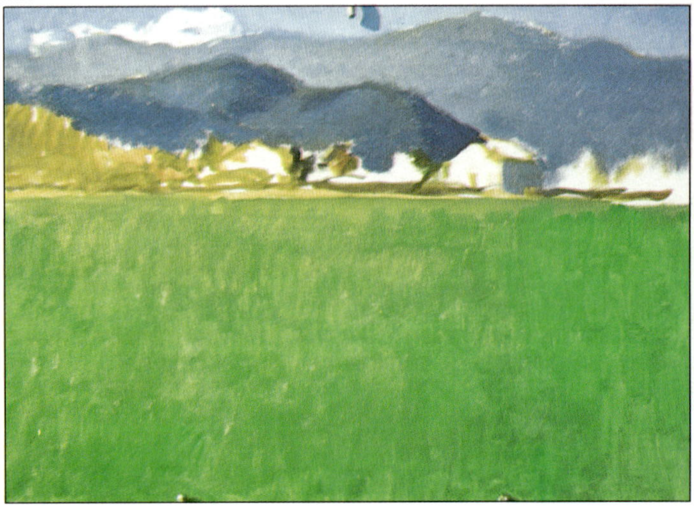

Fig. 216 et 217. Pour les roseaux j'utilise de la terre d'ombre brûlée, de l'ocre et du bleu de Prusse ; pour les arbres et les arbustes, de la terre d'ombre, du bleu de Prusse, de l'ocre, du vert permanent, du carmin, etc. ; et pour la maison à droite, de l'ocre, du rouge, du blanc, un soupçon de cobalt et du vert pour les volets. Pour finir je reprends le vert de la prairie en ajoutant de la couleur, je peins ces sortes de sillons avec du vert émeraude, du carmin et du bleu de Prusse et les petits traits avec le même vert éclairci de blanc.

216

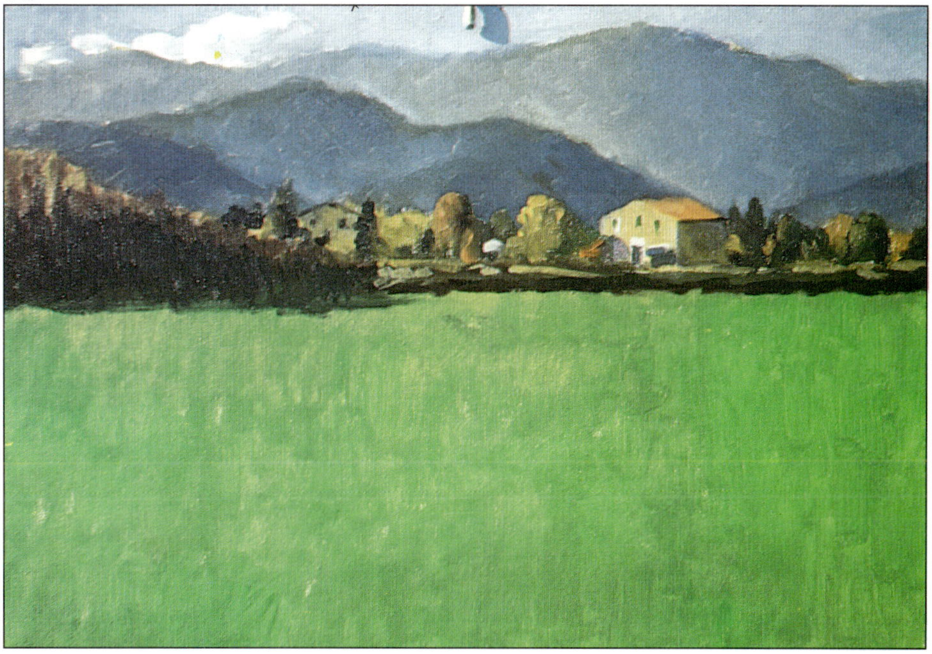

217

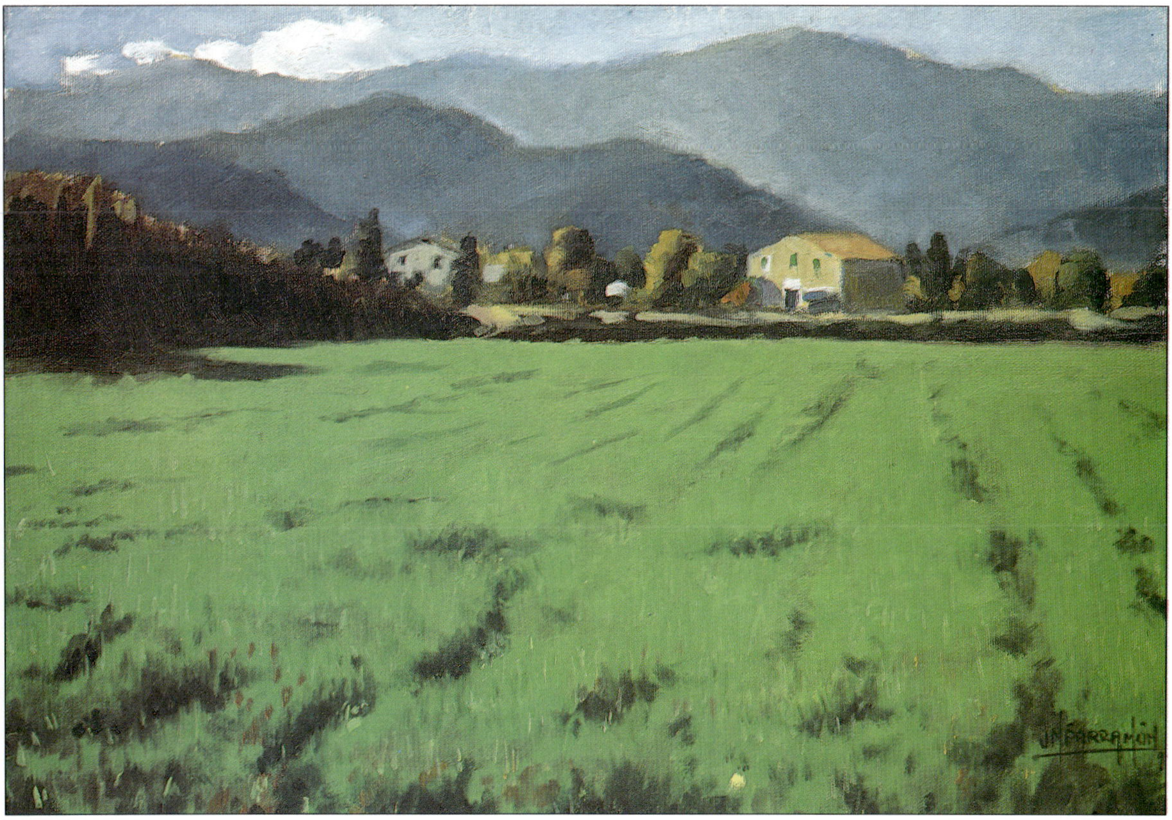

Peindre par étapes

On applique les règles énoncées précédemment : peindre dès le début la forme définitive (« Ce qui est fait est fait »), mais à présent avec un tableau plus grand – un 12, paysage, 61 x 46 cm –, et sans la nécessité de peindre en une seule séance.

Corot, qui connaissait les conséquences de cette technique, s'exprimait ainsi :

> « Je sais par expérience qu'il est fort utile de peindre par étapes, de la façon la plus complète possible, du premier coup, de sorte qu'il n'y ait que peu de chose à faire lorsque la toile est remplie. Il ajoutait : Je me suis rendu compte que tout ce que l'on peint directement est plus naturel. Et de plus, on peut espérer bénéficier d'un accident heureux. »

Nous allons mettre cela en pratique : exécuter un paysage en peignant, pour ainsi dire, « de haut en bas », avec l'espoir du possible « accident heureux », mais surtout l'avantage, pour moi, de connaître le sujet. En effet, j'ai peint un croquis de ce thème (fig. 218) il y a un an, et je vais le refaire à partir de cette ébauche.

Première étape : mise en pratique des deux règles essentielles pour commencer un paysage.

En regardant attentivement ces illustrations, vous pourrez voir que, à part la première (fig. 219), qui est le dessin du thème, j'ai mis en pratique dans les autres deux règles généralement appliquées à la peinture du paysage :

Première règle : commencer à peindre les zones les plus vastes afin de

218

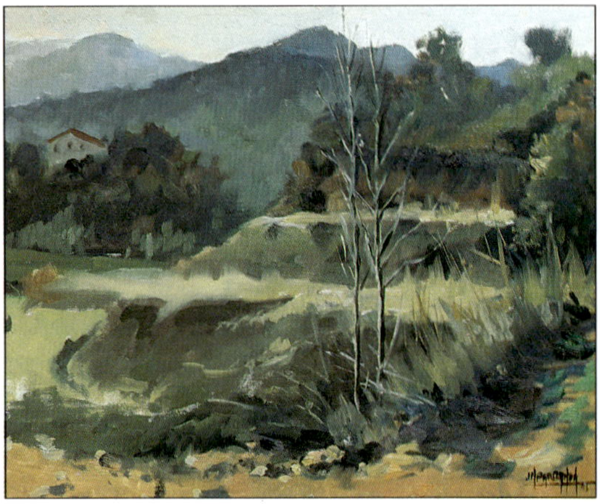

Fig. 218. Cette étude, peinte il y a un an, va me servir maintenant pour peindre un 12 paysage selon la technique de la peinture directe en plusieurs séances.

219

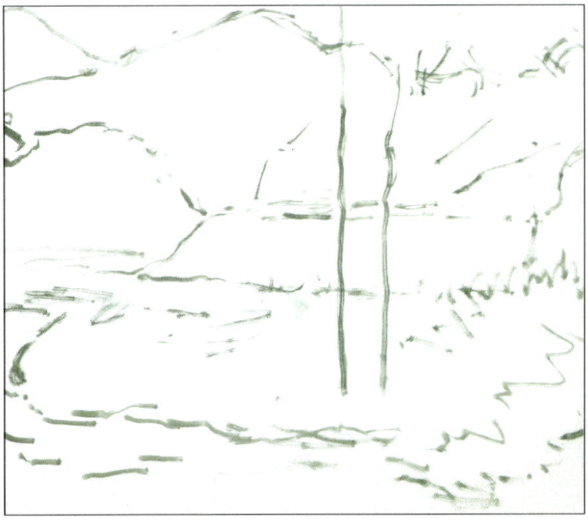

Fig. 219. Le dessin : linéaire, exécuté au pinceau avec un mélange de bleu de Prusse et de terre d'ombre brûlée.

220

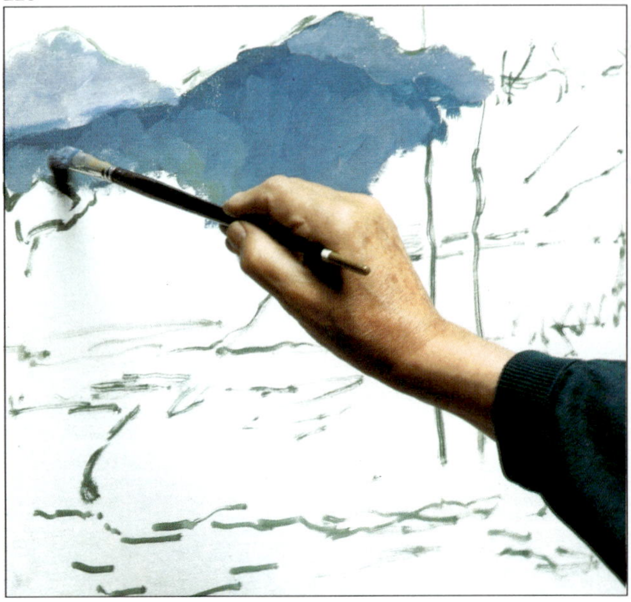

« remplir les espaces », le tableau, en éliminant la force qui émane du blanc de la toile.
Deuxième règle : commencer par les zones les plus sombres, pour mieux ajuster les couleurs et les contrastes qui restent à traiter.

Les couleurs de la première étape :

Pour les montagnes du fond (fig. 220) : bleu de Prusse, bleu outremer, blanc, carmin et terre d'ombre brûlée. Pour la végétation plus sombre (fig. 221) : bleu de Prusse avec un peu de terre d'ombre brûlée. Pour la végétation de la partie droite (fig. 222) : encore le bleu de Prusse, mélangé à certains endroits de blanc, de plus ou moins de carmin et de terre d'ombre brûlée. Pour les taches vertes, du bleu de Prusse, du bleu de cobalt, un peu de blanc et du jaune de cadmium moyen mélangé à un peu d'ocre.
Cette dernière combinaison de jaune, d'ocre, de blanc et de bleu de Prusse joue sur le vert (fig. 223).

221

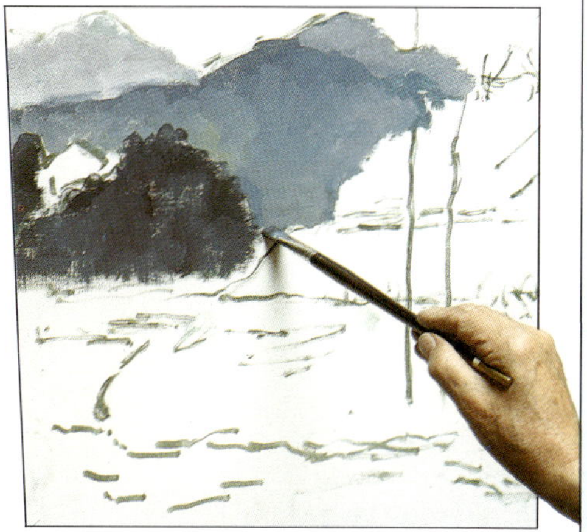

222

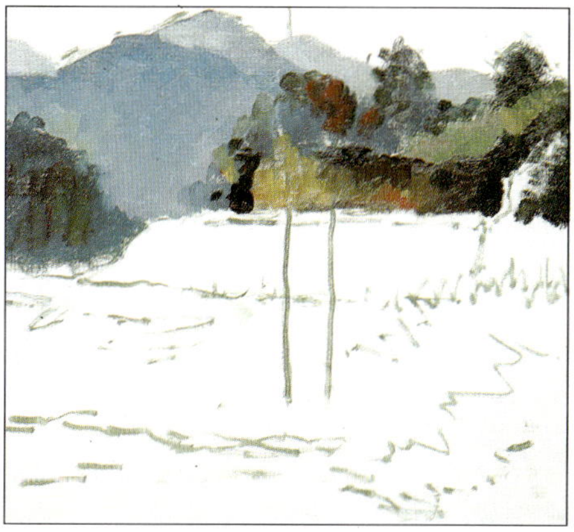

224

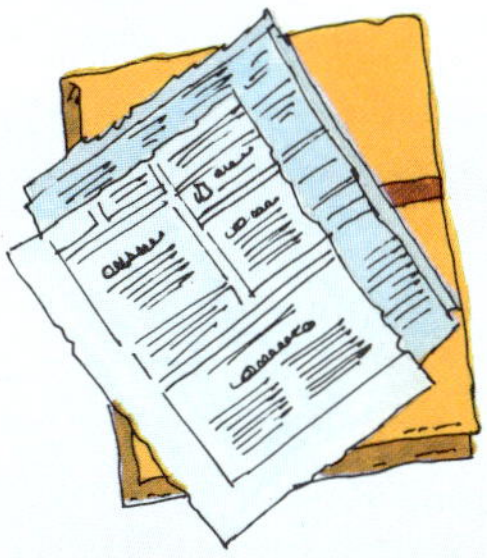

Il faut des chiffons, des morceaux de journaux et des sas en plastique. De vieux chiffons et du papier journal découpé, pour nettoyer et égoutter les pinceaux ; les chiffons, pour les pinceaux et la palette ; et le sac en plastique pour emporter et jeter ensuite les chiffons et les papiers sales.

223

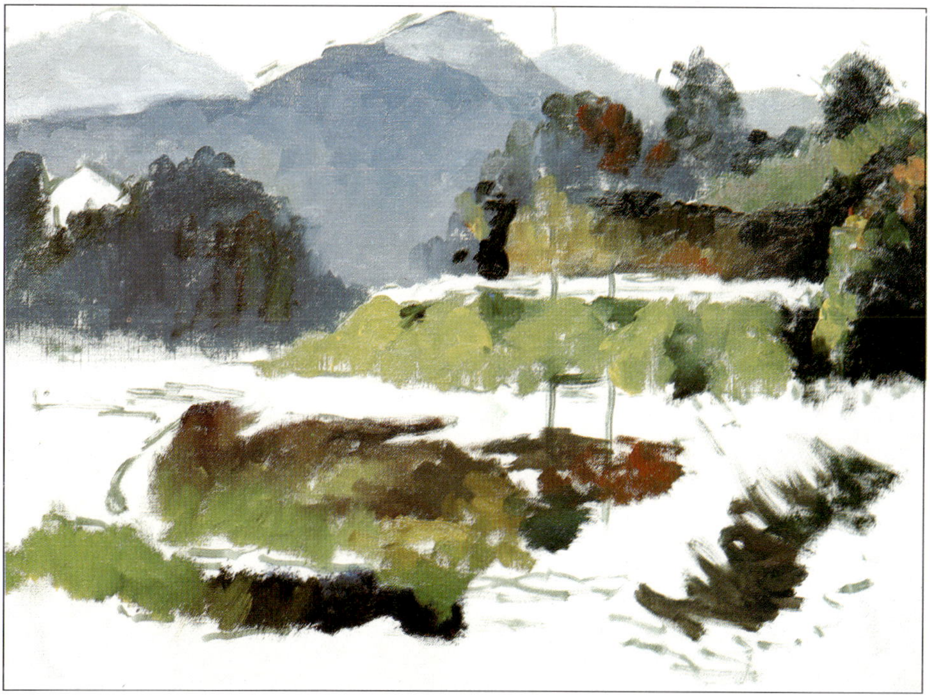

Fig. 220, 221 et 222. Je peins là, par étapes successives, en appliquant la première règle : je remplis la toile avec les couleurs qui correspondent le mieux au modèle.

Fig. 223. Deuxième règle : commencer par les ombres et les zones les plus obscures.

Deuxième étape : comment peindre les zones éclairées

Après le règne des ombres, cédons maintenant la place aux lumières. Je continue à remplir le tableau et à peindre « de haut en bas », travaillant à présent les parties éclairées – regardez bien. Je compose ce vert clair avec du jaune citron, de l'ocre, du blanc, du vert permanent et du bleu de cobalt pour introduire une légère nuance grise (fig. 225 et 226).

Je peins la lumière de la couleur terre, en m'attachant uniquement, pour l'instant, à recouvrir complètement le blanc de la toile (fig. 227). J'ai composé cette couleur terre avec de l'ocre, du carmin, du jaune de cadmium, du blanc et un peu de bleu de cobalt.

Ensuite je peins cet ensemble d'herbes hautes, de couleur claire, sur un fond sombre (fig. 228). C'est un peu difficile, car il faut peindre sur des couleurs foncées toutes fraîches et faire ressortir la forme et la couleur. Je réalise ce travail avec une peinture très épaisse d'un vert aussi clair que celui des pourtours du champ, peignant par « coups » de pinceau en appuyant à la base de chaque herbe et en remontant pour finalement détacher le pinceau de la toile, obtenant ainsi une forme pointue et dégagée.

225

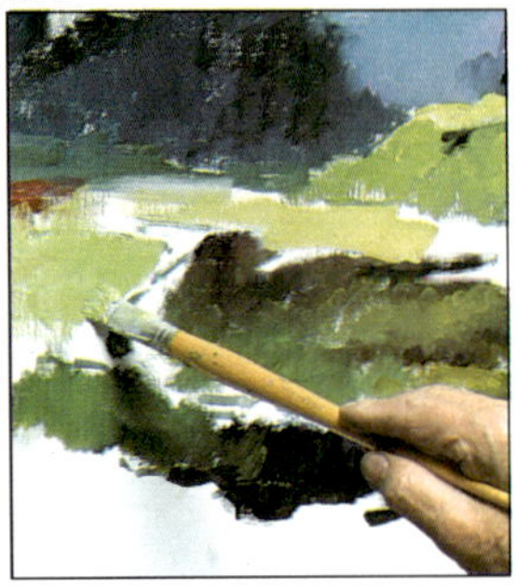

226

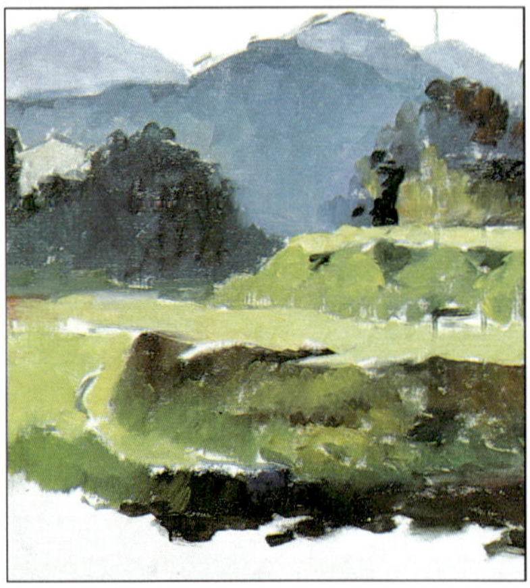

Fig. 225 et 226. Je commence par « éclairer » le tableau en peignant les verts clairs des prés.

Fig. 227. Premier essai sur la couleur de la terre au premier plan.

227

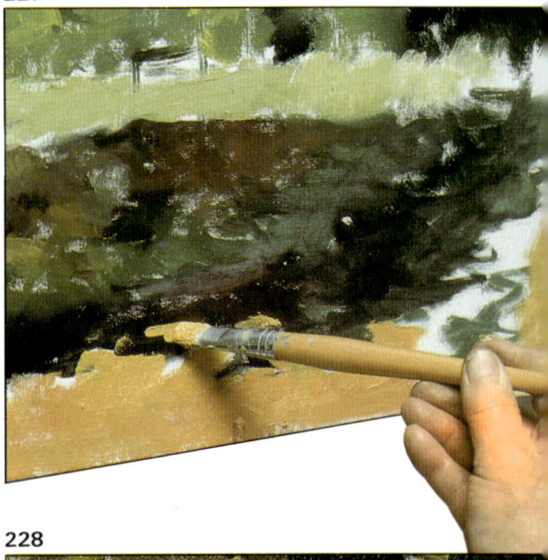

228

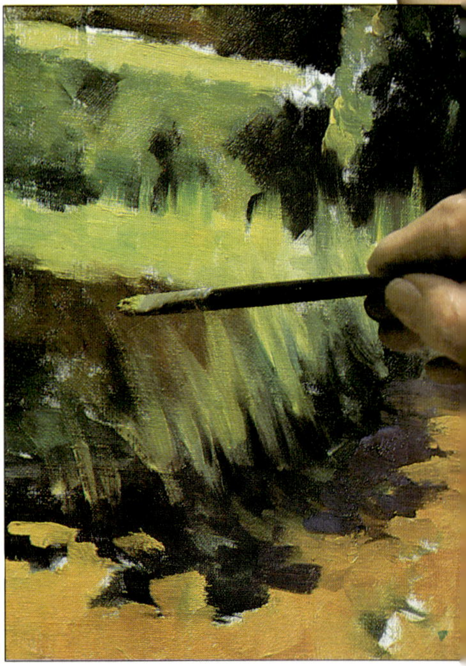

Fig. 228. Comment peindre les herbes claires sur un fond sombre encore humide. La photographie a été prise au moment où la main vient de « balayer » de bas en haut avec le pinceau.

Regardez sur la figure 229 l'état du tableau une fois arrivé à ce stade. Je peins ensuite un arbuste de couleur automnale (fig. 230), j'intensifie le gris du ciel, je peins ce petit nuage (fig. 231), et, après avoir travaillé les formes et les nuances des montagnes du fond et apporté quelques modifications, j'arrive à la phase finale de cette deuxième étape (fig. 232).

Il est maintenant nécessaire de faire une pause d'un jour ou deux afin que la peinture sèche et que je puisse voir le tableau d'un œil neuf : la finition n'en sera que meilleure.

229

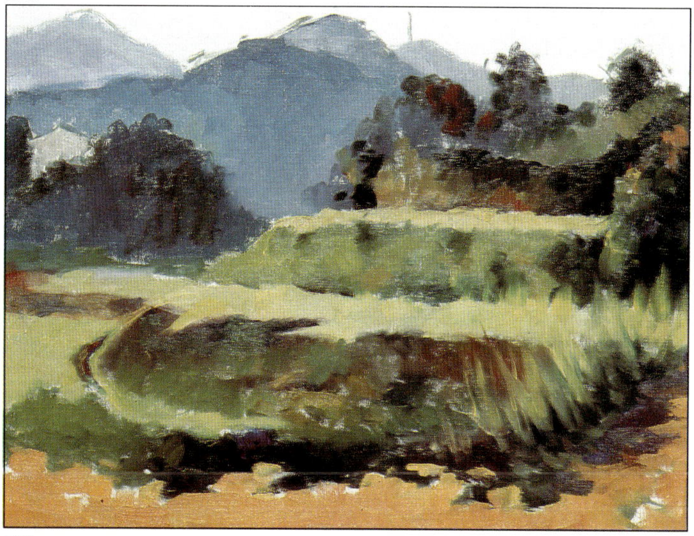

230

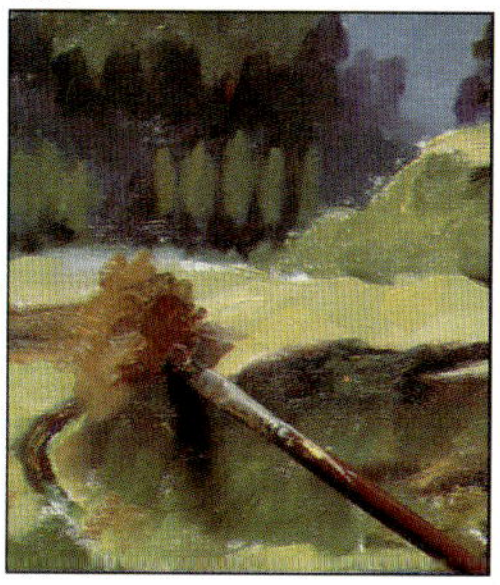

231

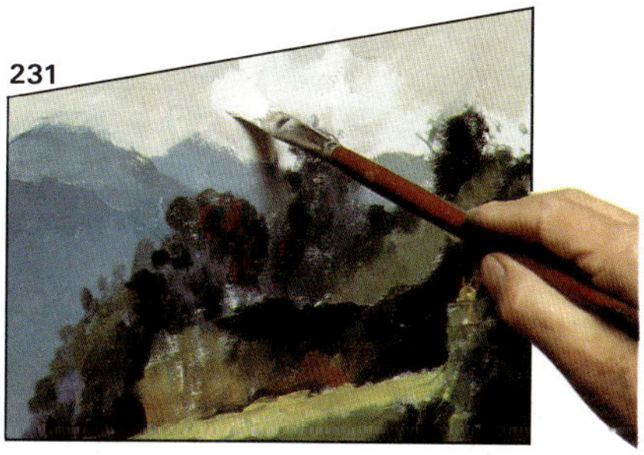

232

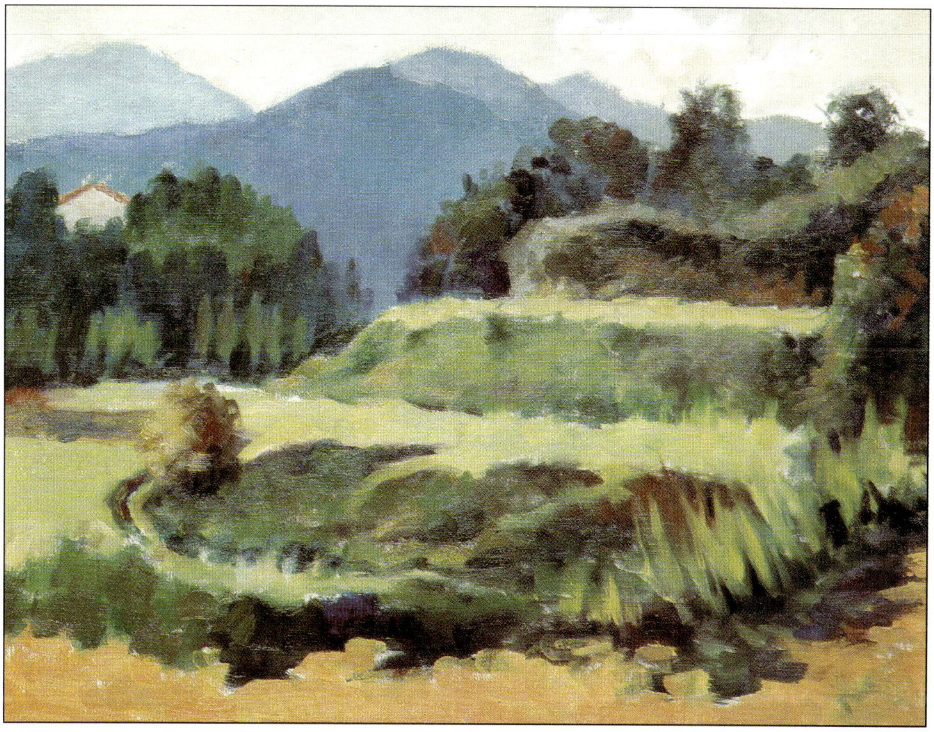

Fig. 229. Voici l'état du tableau quand il n'y a plus aucun espace blanc.

Fig. 230 et 231. Petits détails pour compléter cette seconde étape : un arbuste et un petit nuage dans le ciel.

Fig. 232. J'ai traité les éléments de la montagne à gauche et j'ai corrigé certains tons et quelques formes de l'extrême limite à droite. Encore quelques retouches et voilà que s'achève cette seconde étape.

Troisième et dernière étape : ce qui reste à faire quand on a recouvert toute la toile

Il ne reste que les deux arbres sans feuilles et le morceau de terrain jonché de pierres du premier plan. Et pas mal d'autres choses.

Deux jours plus tard, le tableau est presque sec ou tout au moins offre assez de mordant pour que je puisse peindre les arbres par-dessus. J'utilise à cet effet un pinceau en martre n° 8 et un mélange de bleu de Prusse, de terre d'ombre brûlée et un tout petit peu, un rien, de blanc : je peins le tronc vertical à main levée et les branches, moins grosses, à coups de pinceau instinctifs (fig. 233). Sur la figure suivante (234), je peins la partie éclairée des troncs, avec le même pinceau (propre, bien sûr), et je souligne quelques branches sur des zones sombres, utilisant un mélange de blanc, de bleu de cobalt et d'un peu d'ocre.

Pour la terre et les pierres du premier plan (fig. 235) : de l'ocre, du carmin, du jaune de cadmium moyen, du blanc et un peu de bleu de cobalt, en rajoutant, pour l'ombre des pierres, de la terre d'ombre brûlée et du bleu de Prusse, diversifiant la couleur, pour la terre, avec plus ou moins de blanc, plus ou moins de jaune, etc.

Et quoi d'autre ? Je vous invite à comparer l'état final ci-joint (fig. 235) avec la dernière reproduction de l'étape précédente (fig. 232, page précédente), représentée ici en réduction (fig. 236). Observez, comparez vous-même les changements survenus entre les deux. Au premier plan et sur ce sentier qui part sur la droite, et aussi les herbes sur fond sombre ; dans le fossé du premier plan, près du bout de terrain plein de pierres ; sur le plan d'herbes immédiatement derrière ce creux... Vous remarquerez que certains aspects, surtout entre le plan médian et le dernier plan, n'ont pas été modifiés, comme cette masse d'arbres ou d'arbustes à droite qui sont restés tels quels depuis le début. C'est tout. J'en ai fini avec le tableau, que j'ai peint selon la technique de Corot, de haut en bas. Je signe.

233

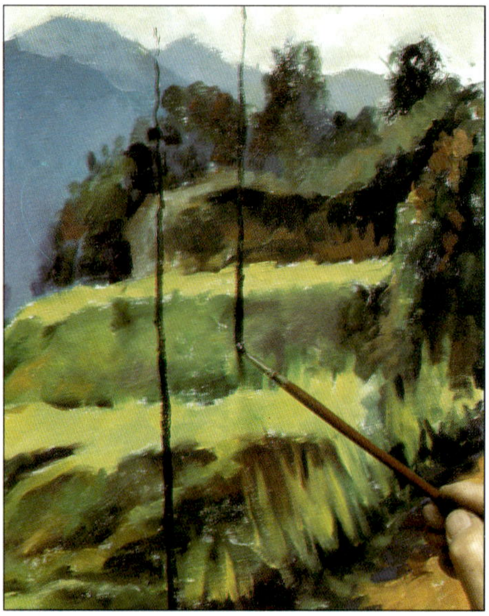

234

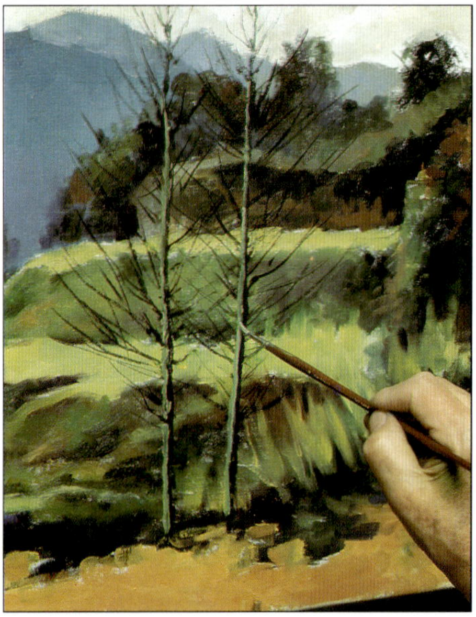

235

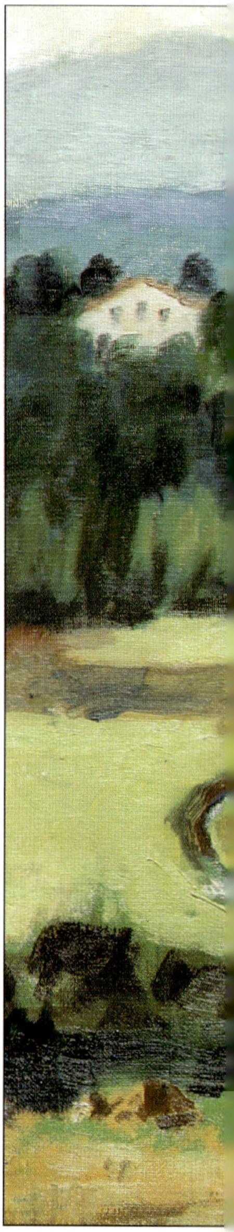

Fig. 233 et 234. Le tableau étant presque sec, je peins les deux arbres avec un pinceau en martre n° 8, mon seul problème étant de veiller à peindre les troncs verticaux et à bien placer les branches.

Fig. 235 et 236. Sur la figure 235, je viens de peindre la terre et les pierres du premier plan, et le tableau est terminé. Sur la figure 236, une reproduction de la figure 232 (page précédente), qui vous permettra de comparer les modifications et les ajouts apportés au tableau dans cette phase finale.

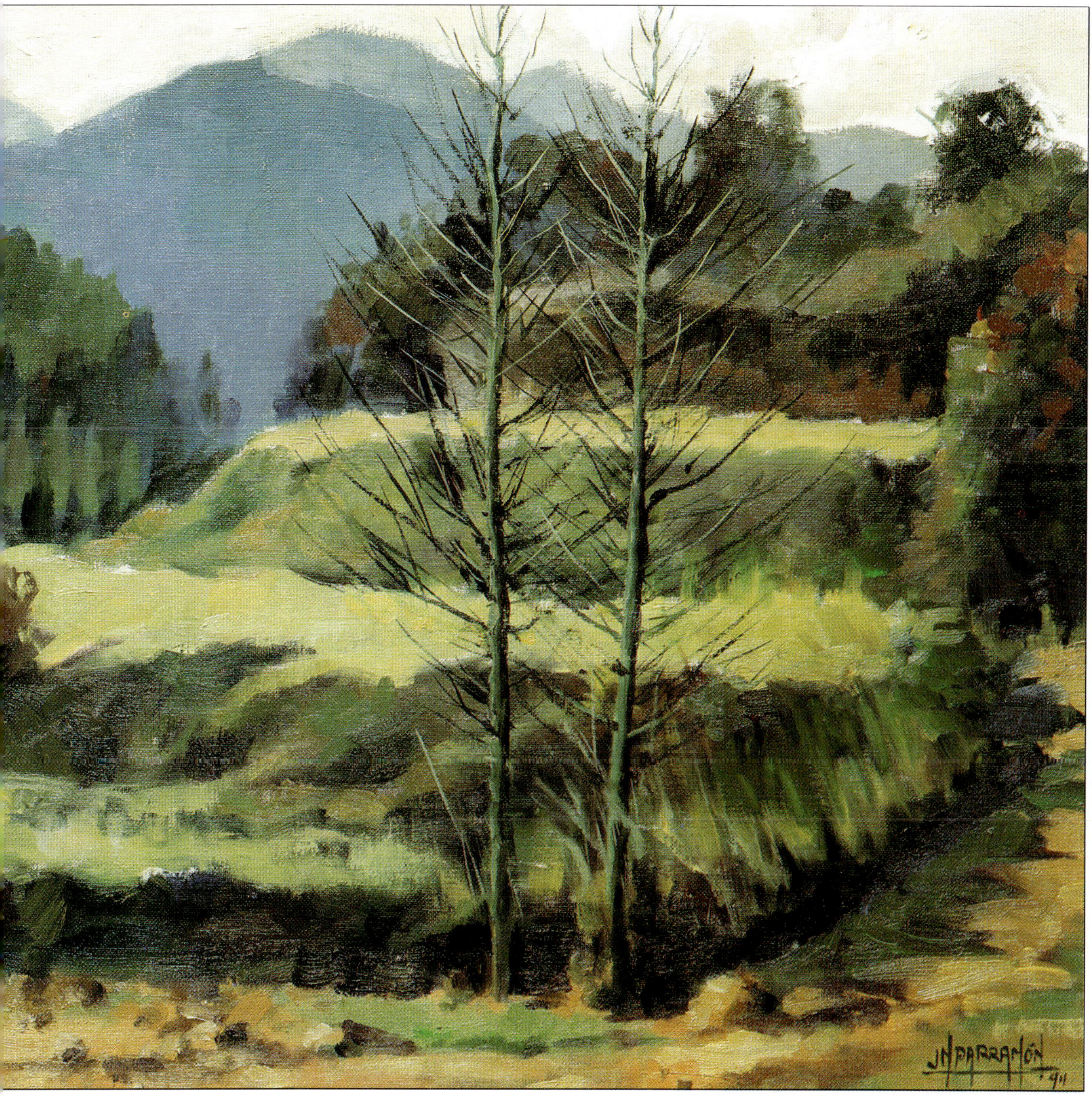

236

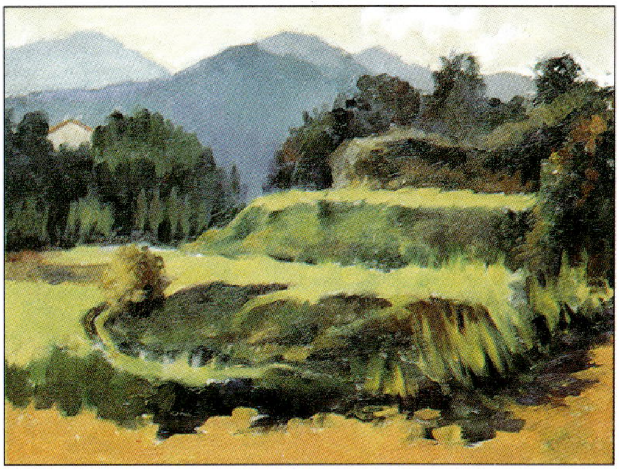

Peindre un paysage en automne

237

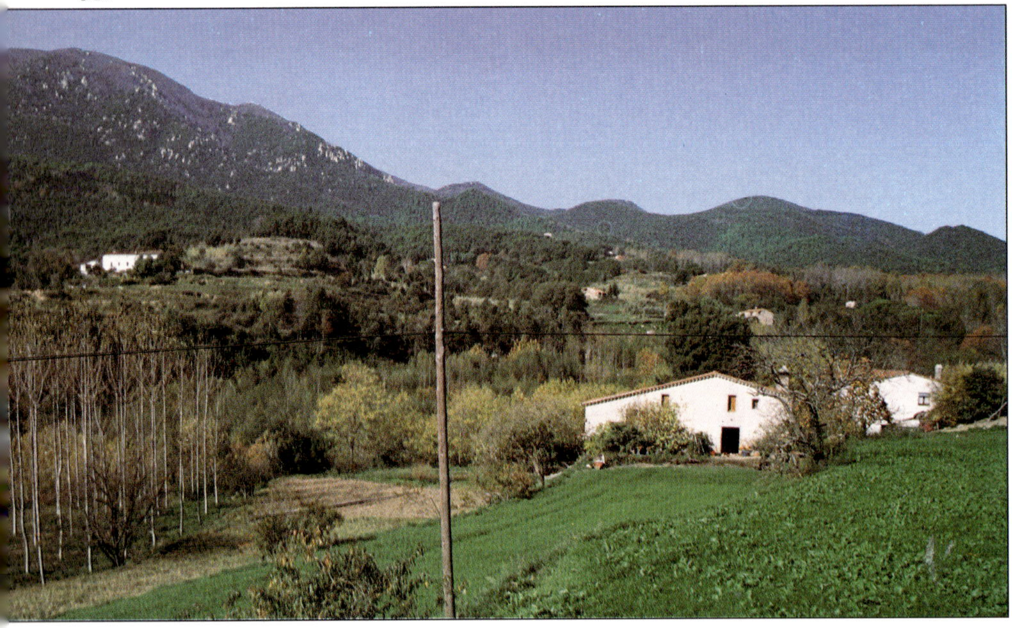

238

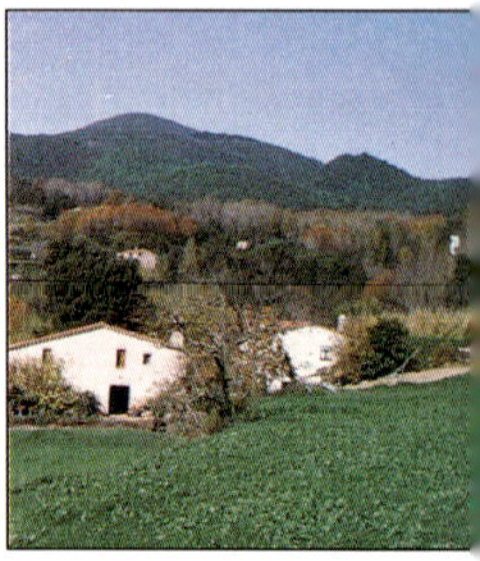

Fig. 237. Photographie panoramique du modèle : un endroit pourvu d'une abondante végétation, dans la montagne à 70 km de Barcelone. J'ai pris cette photographie avec un grand angle, mais malgré tout il manque une partie de la vue qu'offre ce site et vous pouvez voir le reste sur la photographie suivante (238).

Fig. 238. Détail d'une autre photographie du site où l'on voit sur la droite le bosquet

Toutes les saisons sont bonnes pour peindre un paysage, mais si vous demandez à un artiste quelle est la meilleure époque de l'année, il vous répondra très certainement que c'est l'automne. Il fallait que je choisisse un paysage pour ce livre, et j'ai pensé qu'il serait souhaitable de le peindre en automne. Il fallait juste décider de l'endroit où je pouvais trouver un paysage montagneux, avec quelques maisons et beaucoup de végétation. J'ai pensé alors aux montagnes du Montseny. Je connaissais cet endroit – reproduit à la figure 237 : un massif montagneux à 70 km de Barcelone, pourvu d'une végétation abondante et variée. Et je m'y suis rendu à la fin du mois d'octobre ; c'était un peu tard, car il faisait froid et les couleurs avaient perdu de leur vivacité. Malgré tout, j'ai peint une esquisse et pris quelques photographies. Avant de me mettre au travail, j'ai passé un certain temps à regarder le modèle, en essayant d'interpréter, de « voir » mon tableau... Et j'en suis arrivé à deux conclusions importantes : la première était que je devais réduire la distance entre la maison du premier plan à droite et celle du fond à gauche, en simplifiant et en éliminant une partie de la végétation qui les séparait, et la seconde que je devais raccourcir aussi la distance entre la maison du premier plan et le bosquet de peupliers à droite (fig. 238, sur la petite photographie) ; ce bosquet de peupliers ne se voit pas sur la grande photographie reproduite ici (fig. 237), bien que j'aie utilisé un objectif grand angle, f : 3,5.

J'ai donc peint l'esquisse reproduite ici (fig. 239), en très peu de temps, car il se faisait tard et je voulais rentrer chez moi. Deux jours plus tard mes photographies étaient agrandies au format 18 x 24 et j'avais décidé de peindre une seconde esquisse, en y consacrant plus de travail et de temps. C'est ainsi que le lendemain matin je repartis pour Montseny et fis cette seconde étude (fig. 240).

Et c'est avec les photographies, la première ébauche, le croquis le plus complet et une séance d'après nature, devant le modèle – comme les couleurs changent vite en automne ! – que j'ai peint le tableau qui illustre les dernières pages de ce livre. Vous pouvez en suivre les différentes phases dès à présent.

239

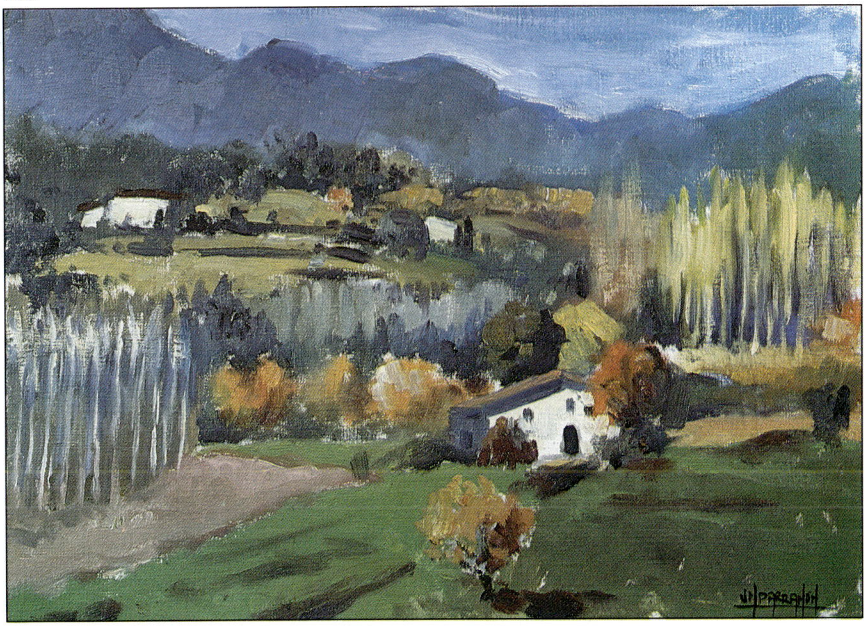

240

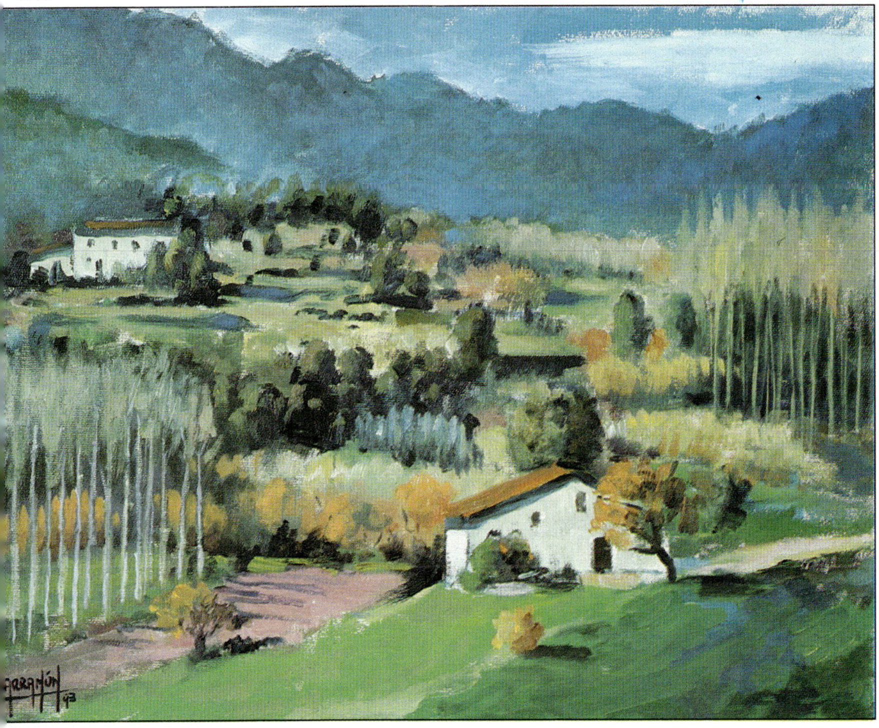

Fig. 239 et 240. Ces deux esquisses ont été réalisées sur place par le peintre. Voyez, en comparant avec les photographies qui ont été prises du modèle, comment l'artiste a réduit la distance entre la maison du premier plan et celle du fond à gauche ; il a simplifié et éliminé une partie de la végétation.

Première phase : dessiner et « remplir » la toile

Je commence à dessiner avec un pinceau en soies de porc n° 10 et un mélange de bleu de Prusse, d'ocre et de blanc, une sorte de *verdaccio* (fig. 241). Je passe au ciel, avec un bleu outremer, du blanc, du bleu de Prusse, un petit peu de carmin et de terre d'ombre brûlée. J'utilise un pinceau n° 14. Je peins les nuages de façon, je l'espère, définitive (fig. 242). Je passe à la montagne de gauche, diversifiant la couleur par plusieurs taches de teintes différentes (fig. 243), que j'harmonise ensuite en les fondant les unes dans les autres (fig. 244). Je place aussi la maison, peignant dès maintenant le plateau du fond et les arbres du plan le plus éloigné. J'emploie une peinture un peu allongée de térébenthine, pour qu'à la prochaine séance elle soit à moitié sèche ou qu'elle ait assez de mordant. Je compose la couleur du plateau avec du jaune, de l'ocre, du blanc, un peu de terre de Sienne naturelle et du bleu de cobalt ; le vert des arbres est neutre pour le moment, sans ombre ni lumière, et composé de vert émeraude, d'ocre, d'un peu de carmin et de blanc. Toujours dans l'idée de « remplir » la toile, j'ébauche les deux rangées de roseaux du fond avec un mélange gris-crème et un orangé (fig. 245). Je termine cette première étape en peignant deux grandes taches d'un vert un peu sale de chaque côté du tableau (fig. 246), où je peindrai plus tard les bosquets de peupliers. Ces taches serviront de fond pour le feuillage des peupliers, de couleur plus claire : j'y ai donc mis beaucoup de térébenthine afin qu'elles sèchent rapidement. Et je m'arrête jusqu'à demain.

241

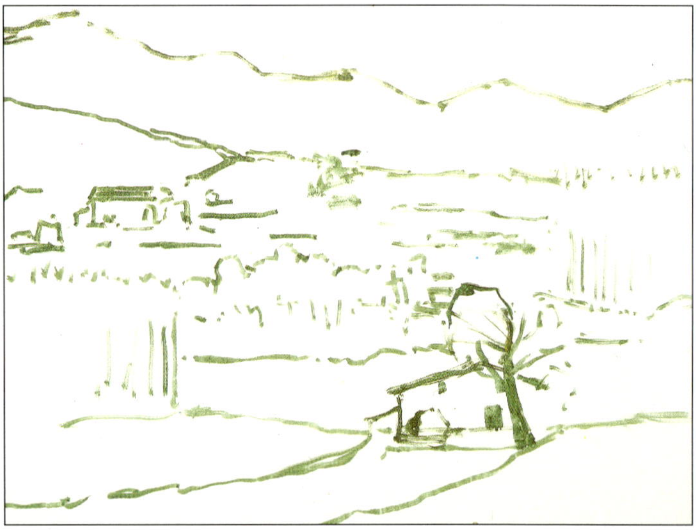

242

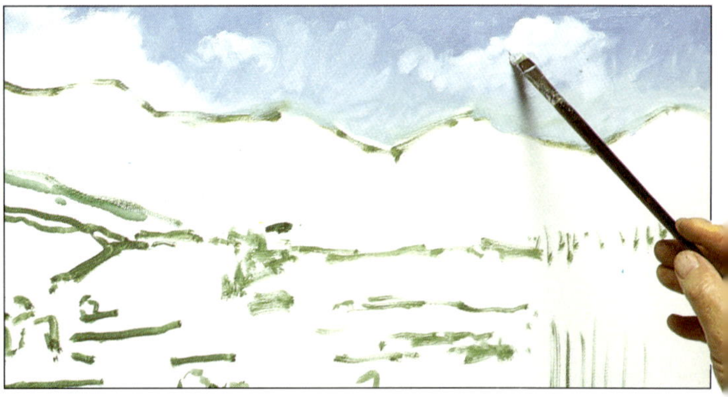

243

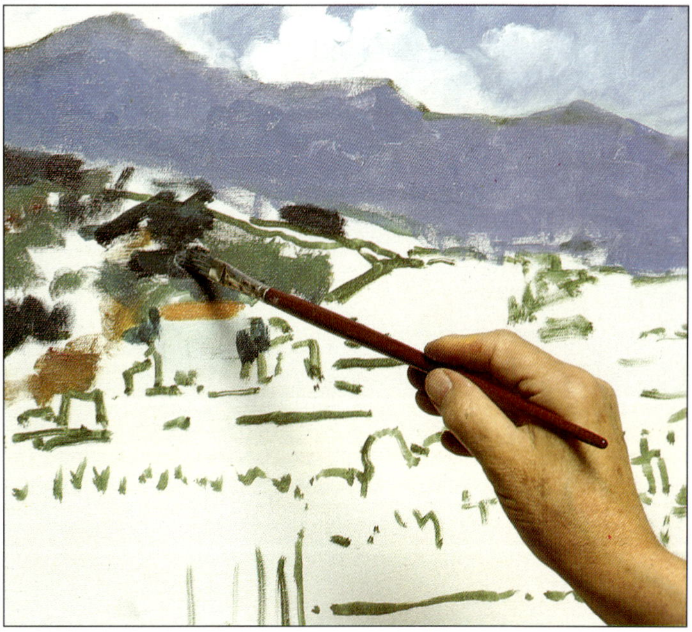

Fig. 241. Le dessin du sujet exécuté de façon linéaire.

Fig. 242. Le ciel et les nuages. Ils sont définitifs et on les voit tels quels sur le tableau terminé.

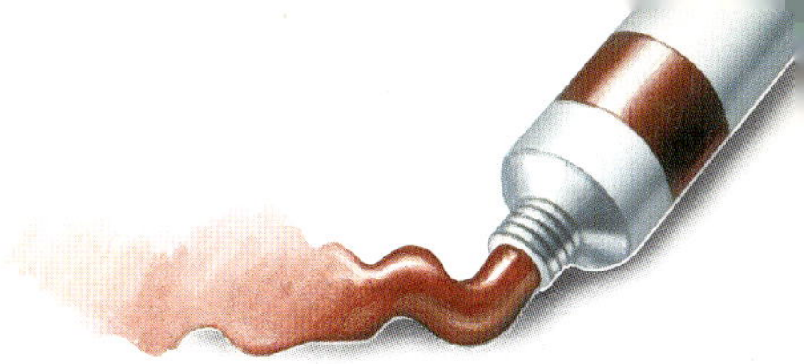

247

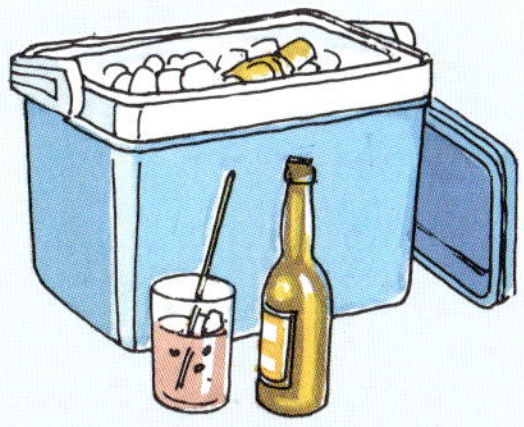

Vous avez certainement une glacière portative ... Prenez-la afin de vous désaltérer tandis que vous peignez. Bien sûr, le chevalet, la toile, le pliant, l'appareil photo, le lecteur de cassettes, la glacière... cela fait beaucoup de choses à transporter. Mais je suppose que vous avez une voiture !

244

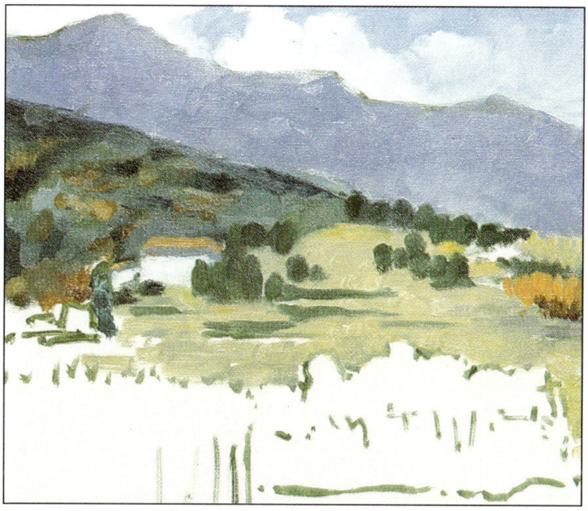

245

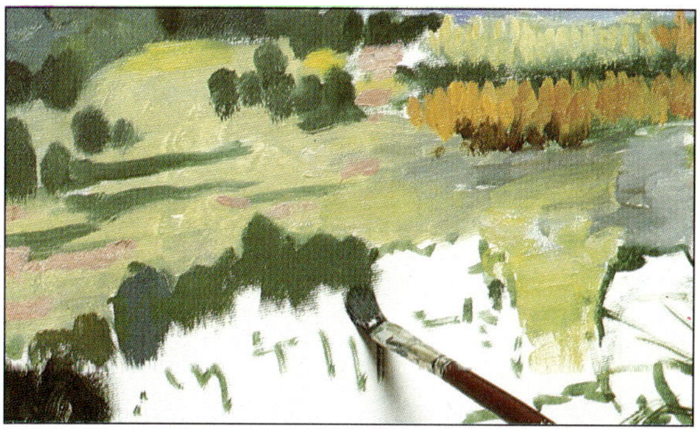

246

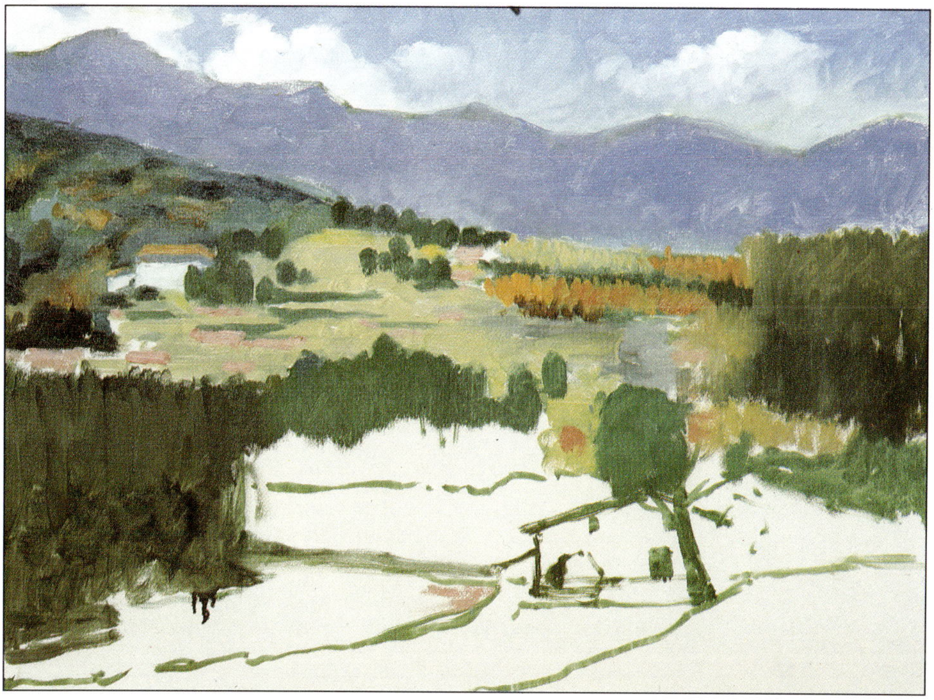

Fig. 243 et 244. Je peins la montagne à gauche en diversifiant la couleur par une série de taches de teintes différentes que j'harmonise ensuite (fig. 245).

Fig. 245 et 246. Je continue à « remplir » le tableau pour éliminer l'influence du blanc de la toile et les contrastes simultanés : je peins le plateau, les arbres et deux taches sombres de chaque côté du tableau qui me serviront de fond pour les peupliers.

Deuxième phase : ajuster les couleurs et les volumes

248

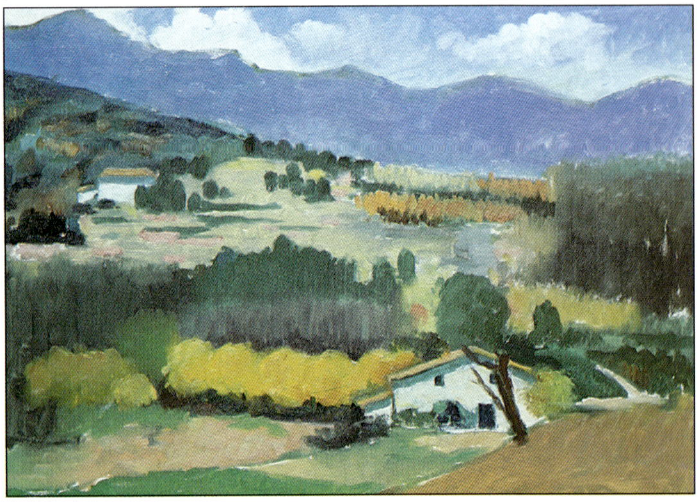

Je commence cette deuxième séance en recouvrant le reste du tableau avec des couleurs approximatives, et je donne quelques premières touches aux arbres du centre, en rehaussant leur couleur et leur volume. Pour modeler ces arbres et tous les arbres verts, j'utilise les mélanges suivants : pour les ombres, bleu de Prusse, vert émeraude et sa complémentaire le carmin de garance ; pour les zones éclairées, vert émeraude, ocre, un peu de carmin et de blanc, et dans certains cas une touche de vert permanent (fig. 248 et 249).

Je continue en renforçant le bleu du ciel et des montagnes, et je peins ces petites taches roses correspondant aux parties rocheuses avec un mélange de carmin de garance, de bleu de cobalt et de blanc (fig. 250 et 251).

Je reviens sur les arbres du centre ; je n'aime ni leur couleur ni leur forme et je n'hésite pas à effacer ce que j'ai déjà fait avec un vieux chiffon (fig. 252 et 253).

Je reprends la partie effacée, j'ajuste la couleur automnale des arbres du premier plan (fig. 254) et je fais une « révision générale » en corrigeant et en ajustant les formes et les couleurs... Je travaille le plateau, les arbres du plan le plus éloigné et ceux du centre. Je peins aussi le feuillage des peupliers toujours dépourvus de troncs et j'élimine l'arbre sans feuilles devant la maison... (fig. 255).

249

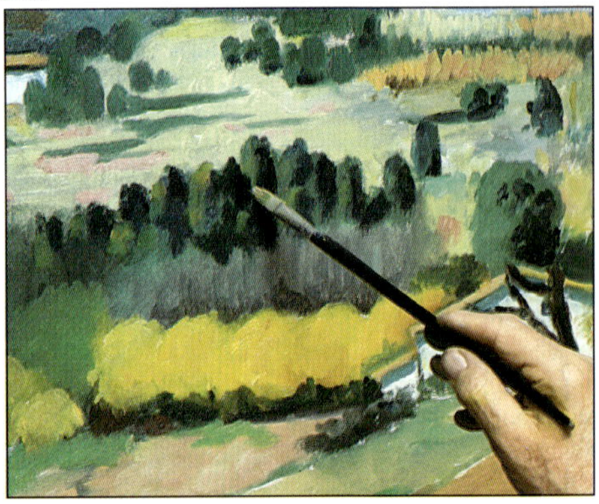

250

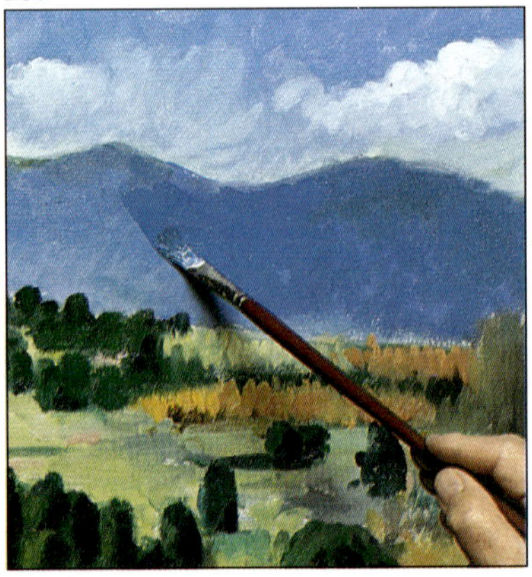

251

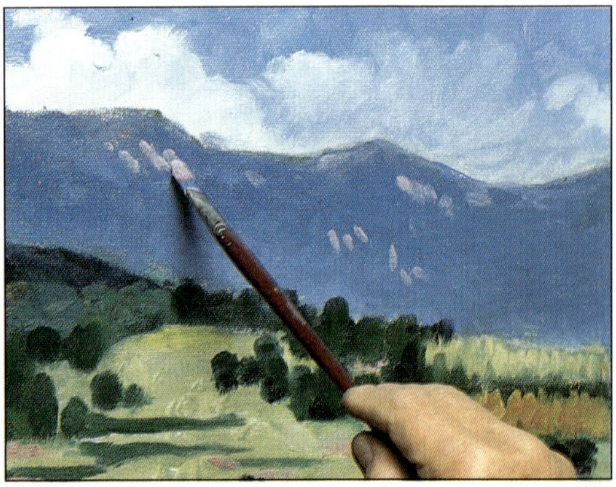

Fig. 248 et 249. Je recouvre le reste du tableau et je commence à donner du volume aux arbres.

Fig. 250 et 251. Si vous comparez le bleu des montagnes de la figure 243 (page précédente) au bleu de la figure 248, vous verrez que le premier est – ou semble être – plus foncé que le second, ce qui est dû à l'effet des contrastes simultanés. Il faut renforcer ce dernier et peindre ensuite les taches roses. C'est ce que je fais.

Fig. 252 et 253. (Page ci-contre) Je peins les arbres clairs du bosquet central... et je les efface en frottant avec un chiffon légèrement imbibé de térébenthine.

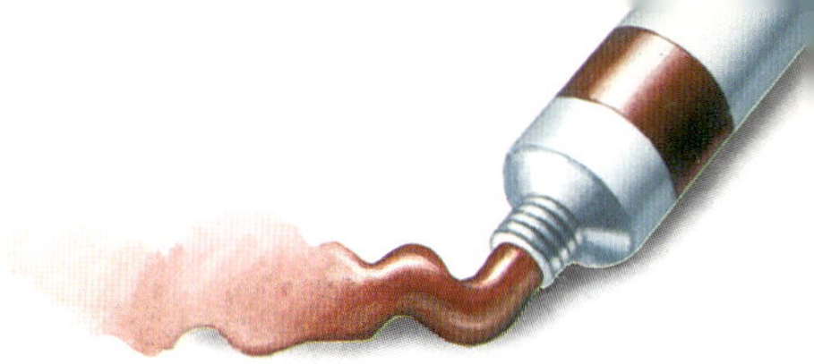

252

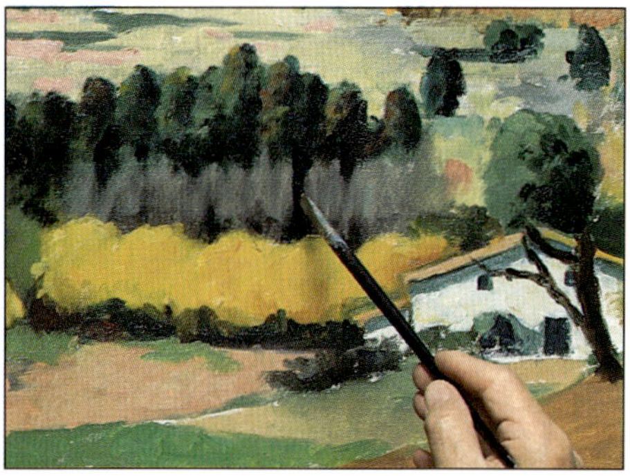

253

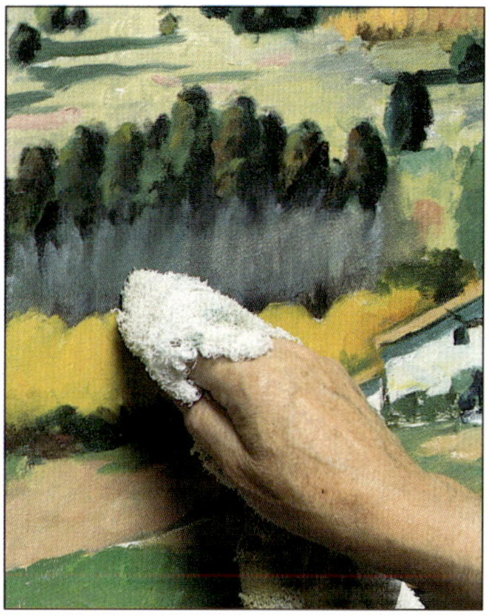

254

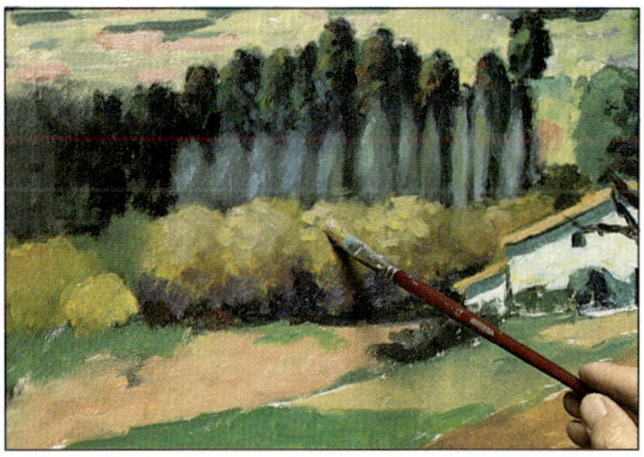

Fig. 254 et 255. Je termine cette phase en peignant la partie feuillue des peupliers et en reprenant, en corrigeant, quelques formes et certaines couleurs.

256

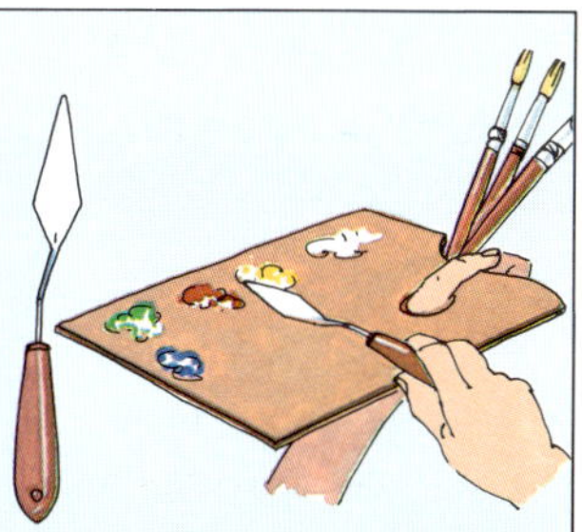

Ayez au moins une spatule (ou couteau) pour rectifier et corriger certaines parties du tableau en grattant et en enlevant la peinture. Elle vous permettra également d'appliquer la couleur pour rehausser, par exemple, le blanc d'un nuage. Mais elle vous servira surtout à nettoyer votre palette au cours de votre travail et à la fin. Je vous conseille une spatule large, en forme de truelle.

255

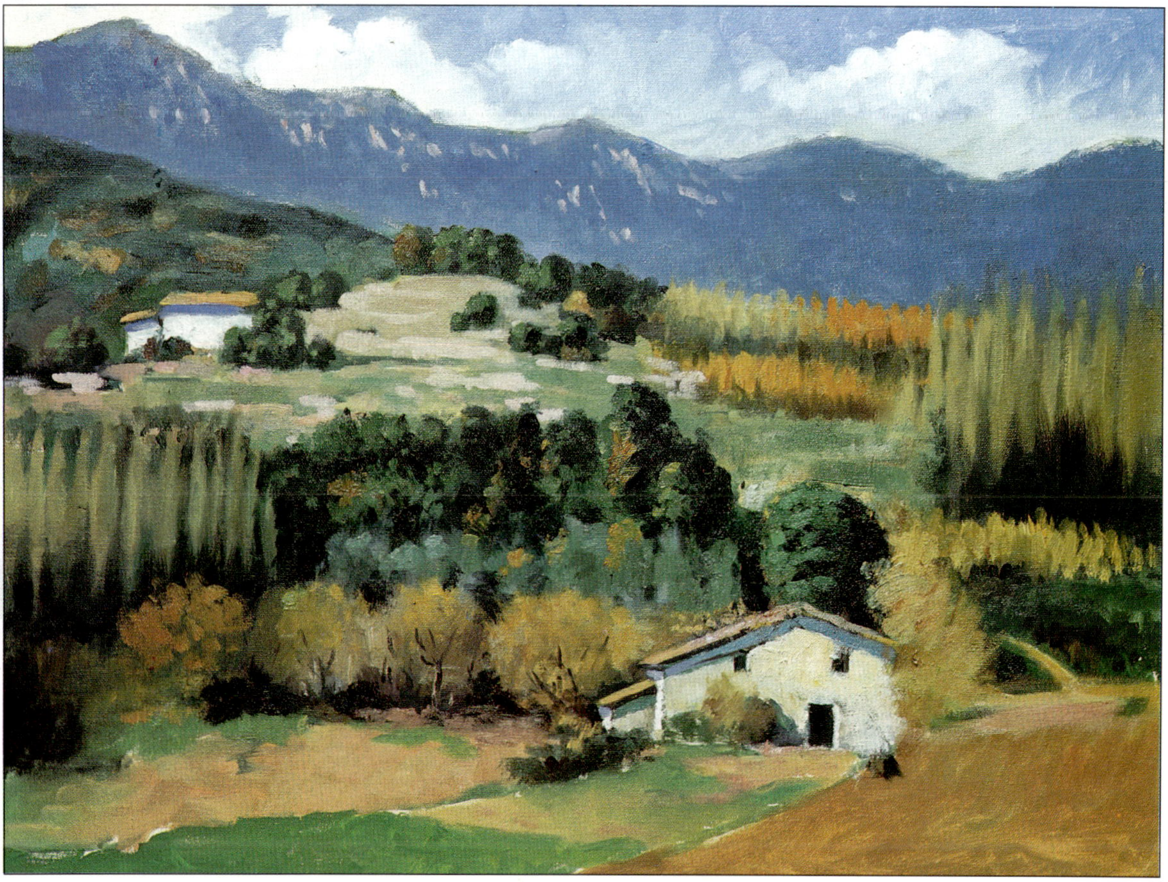

Troisième et dernière séance : finition

257

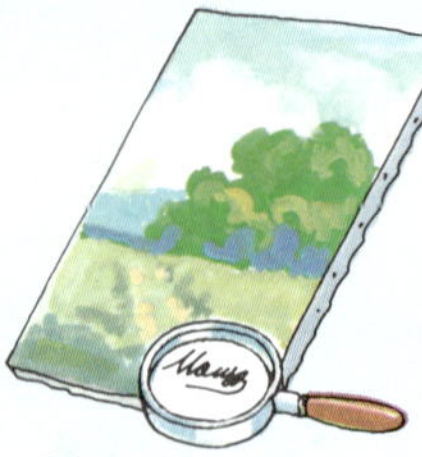

Signez comme un professionnel, d'une couleur discrète et d'une signature de taille moyenne. Si votre tableau est bon, on trouvera bien votre signature. S'il est mauvais, pourquoi proclamer en majuscules : « C'est moi l'auteur ! » ?

258

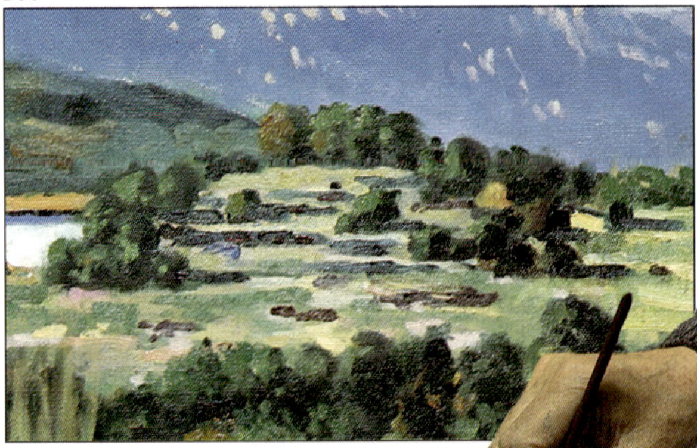

Fig. 258. J'ajuste définitivement le plateau et les arbres du dernier plan.

259

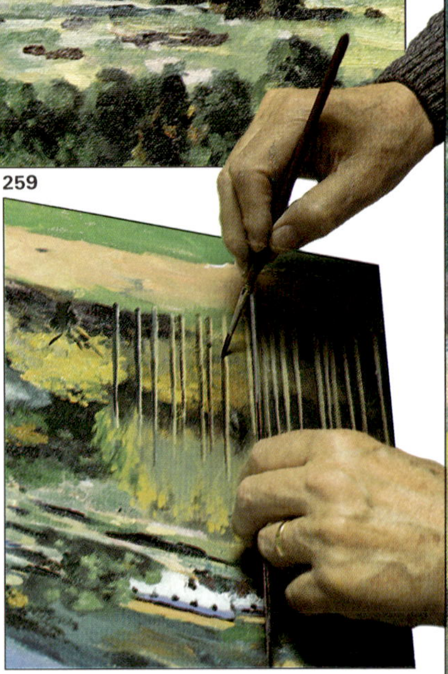

Fig. 259 et 260. Je peins les troncs des peupliers à l'aide d'une règle et je retouche à main levée les intervalles qui séparent chacun des troncs ; tout cela avec un pinceau de martre n° 8.

260

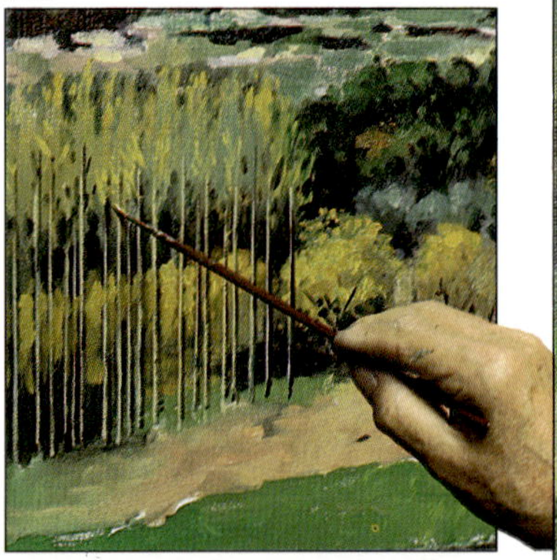

262

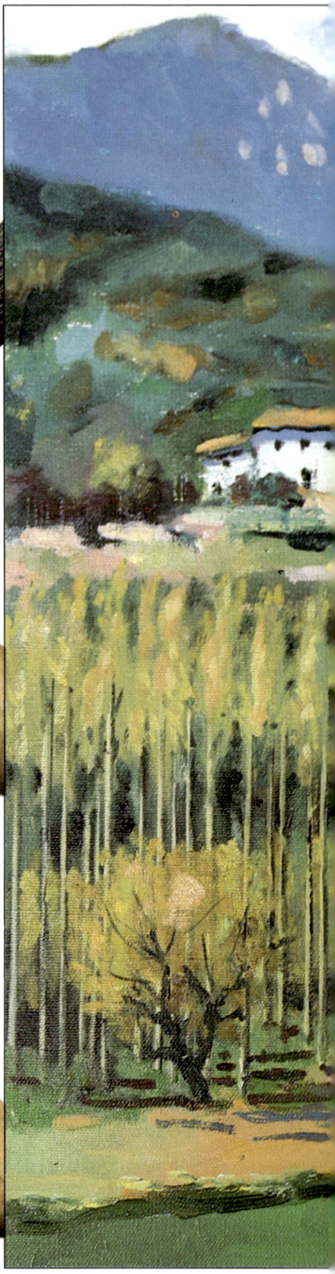

C'est peu de chose, pensez-vous ? Cela dépend du point de vue. Sur le moment j'ai passé un certain temps à repeindre le plateau avec ses terrasses cultivées, ses lumières et ses ombres, et à apporter de nombreuses retouches aux arbres (fig. 258). Puis j'ai dessiné et peint les troncs des peupliers, avec un pinceau rond en poils de martre, d'abord à l'aide d'une règle ; c'est tout à fait normal dans des cas comme celui-ci, puis à main levée (fig. 259 et 260). J'ai imaginé et peint l'arbre ocre jaune devant la maison (fig. 261). Pour finir, j'ai peint la terre avec ses sillons, les prairies du premier plan, les ombres portées des arbres ; j'ai rajouté un arbre devant les peupliers, qui se voit à peine sur le modèle... et je suis revenu pour la énième fois au bosquet central, regardant le modèle, inventant, pour le laisser finalement tel que vous pouvez le voir sur le tableau définitivement achevé (fig. 262).

261

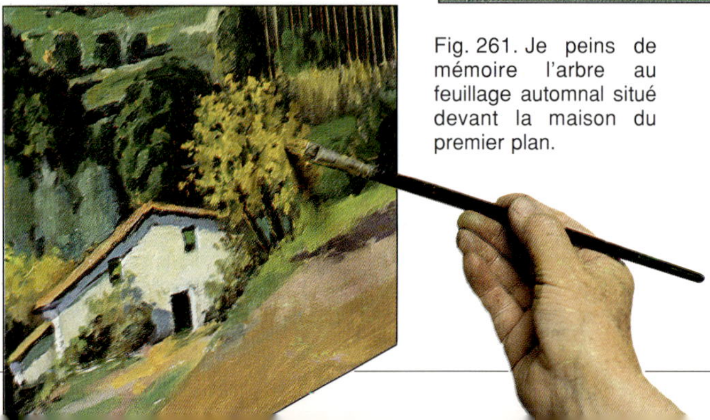

Fig. 261. Je peins de mémoire l'arbre au feuillage automnal situé devant la maison du premier plan.

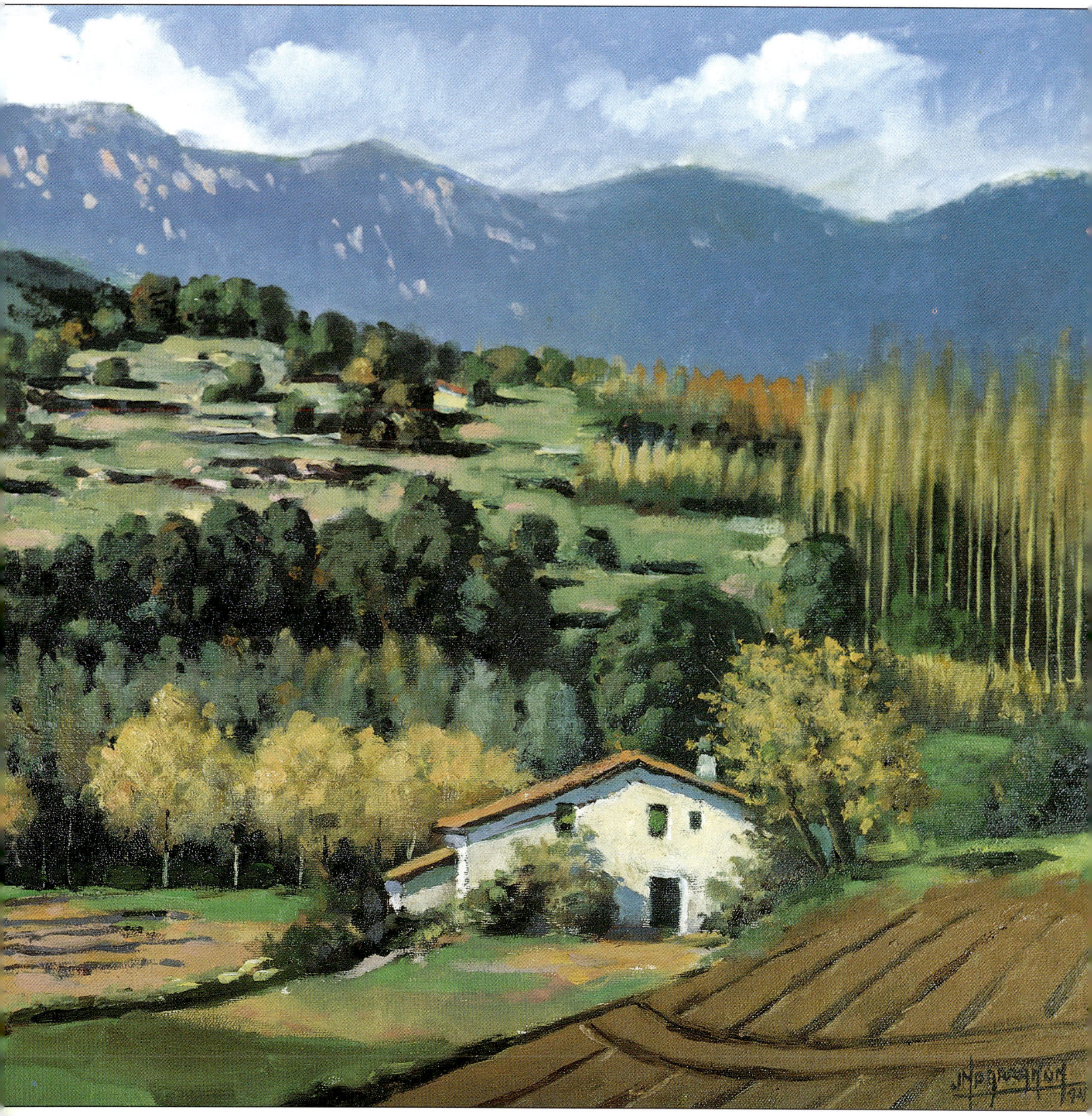

Fig. 262. Voilà le tableau terminé, après une dernière séance bien laborieuse. Lorsque je suis allé une dernière fois à Montseny, l'herbe verte avait été fauchée et je me suis retrouvé devant une terre cultivée avec des sillons bien tracés. J'ai modifié la couleur et je crois que le tableau y a gagné. Il fallait en outre que je rende les ombres des peupliers donnant sur le terrain près de la maison, et j'en ai profité pour peindre cet arbre devant. J'ai retouché encore quelques détails, mais c'est pour le bosquet central que j'ai mis le plus de temps, à peindre et à repeindre, pour finalement le laisser tel que vous le voyez, considérant mon tableau comme terminé.

Glossaire

A

Asymétrie. Distribution intuitive, mais équilibrée, des éléments qui entrent dans la composition d'un tableau.
Atmosphère. Effet préconisé et appliqué pour la première fois par Léonard de Vinci. Il consiste à saisir sur la toile la couche d'air légèrement brumeuse qui apparaît dans un paysage ou une marine, entre les premiers plans et les plans les plus éloignés, particulièrement sous un éclairage à contre-jour. Il se manifeste par la décoloration et le manque de définition.

B

Bleu cyan. Couleur bleue, correspondant au bleu primaire du spectre, équivalant par approximation à notre bleu de Prusse éclairci de blanc. Figure actuellement sous ce nom sur certains nuanciers de couleurs.

C

Châssis. Cadre en bois sur lequel on tend la toile pour peindre. On le trouve avec la toile toute montée dans des mesures standard, qui correpondent à une table internationale, et en trois formats différents : Figure, Paysage et Marine.
Clair-obscur. Parties du tableau qui, bien que dans l'ombre, même la plus dense, permettent de voir les formes et les couleurs. C'est l'art de peindre de la lumière dans l'ombre, dont Rembrandt fut un précurseur et un maître incontesté.
Coin. Petit triangle de bois, d'environ 5 mm d'épaisseur, qui s'utilise comme cale aux quatre angles d'un châssis pour tendre la toile.
Couleur locale. Couleur propre des corps ou des objets : le bleu d'une fleur bleue, le rouge d'une tomate rouge, etc., là où elle n'est pas modifiée par des effets de lumière et d'ombre ou par d'autres couleurs reflétées.
Couleur reflétée. C'est un facteur constant si l'on tient compte de la couleur locale et du reflet direct ou indirect des autres corps.
Couleur tonale. Couleur des corps quand ils se trouvent dans les zones d'ombre.
Complémentaires (couleurs). Le mélange de deux couleurs primaires donne une couleur secondaire. Celle-ci est complémentaire de la couleur primaire qui n'est pas intervenue dans le mélange. La juxtaposition de deux complémentaires crée un extraordinaire contraste de couleurs. Le mélange de complémentaires et de blanc en quantités inégales donne la gamme de tons rompus.
Contraste simultané. Effet d'optique qui nous fait voir une couleur plus foncée quand elle est sur fond clair, et *vice versa.* Par ailleurs, la juxtaposition des tons différents d'une même couleur intensifie chaque ton, le ton clair devenant plus clair et le ton foncé plus sombre.
Contraste de tons et de couleurs. Le contraste de tons est donné par la juxtaposition de gris, de blancs, de noirs ou d'une couleur foncée par rapport à la même couleur plus claire. Les contrastes de couleurs sont obtenus par la juxtaposition de couleurs complémentaires ou similaires.

D

Directe (peinture). Terme qui a d'autres équivalents : *a la primera* en espagnol, du premier jet en français, *alla prima* en italien, et qui signifie en résumé peindre rapidement, en une seule séance et sans doutes ni repentirs.

E

Enduit. Couche de plâtre et de colle appliquée sur la toile, le carton ou le bois, comme préparation pour peindre à l'huile. Actuellement ce mélange tout préparé existe en tubes ou en pots. L'enduit sur carton peut se faire en frottant la surface avec une gousse d'ail.
Empâtement. Façon caractéristique de peindre à l'huile, avec une grosse couche de peinture dense, couvrante et généralement visible par son relief.

F

Frottis. Technique qui consiste à charger le pinceau avec une peinture épaisse et à peindre en frottant le pinceau sur un endroit déjà peint et sec, ou presque.

G

Gamme. En 1028, Guido d'Arezzo inventa le système de notes de musique (*do*, *ré*, *mi*, *fa*, *sol*, etc.), défini comme « gamme ou succession de sons parfaitement ordonnés ». Par analogie, on a appliqué en peinture le terme de gamme à une succession de couleurs ou de tons parfaitement ordonnés, en établissant la gamme des couleurs chaudes, froides et rompues.
Gomme mie-de-pain. Type de gomme dont la texture malléable permet de modifier la forme, comme pour une pâte à modeler, et qui efface parfaitement la mine de plomb du crayon, le fusain ou le pigment des craies et du pastel.
Godets à huile. Petits récipients, généralement en métal, pour contenir l'huile de lin et l'essence

de térébenthine. Le modèle classique est constitué de deux récipients métalliques à la base desquels se trouve une pince permettant de les fixer à l'extrémité de la palette. Certains modèles n'ont qu'un récipient.

H

Harmonisation des valeurs. Rapport entre les tons d'un même sujet. En dessin comme en peinture, harmoniser les valeurs, c'est comparer et rendre les effets de lumière et d'ombre au moyen de tons différents.

Humide (peindre sur). Peindre à l'huile sur un endroit fraîchement peint : il faut pour cela un pinceau en poil de martre, plus doux que les soies de porc ; et peindre sans frotter, en préservant la peinture, qui peut être plus ou moins dense, selon l'épaisseur de la couche sur laquelle on peint.

L

Lin (huile de). Liquide gras extrait des graines de lin, employé dans la peinture à l'huile. On l'utilise comme diluant, mélangé généralement à de l'essence de térébenthine.

M

Maniérisme. Style apparu en Italie et répandu dans presque toute l'Europe de 1520 (fin de la haute Renaissance) à 1600 (début du baroque). Le maniérisme, s'opposant au classicisme, se caractérise par une certaine ostentation dans l'art de représenter les formes et se complaît dans l'insolite et l'artifice.

Mordant. État d'une couche de peinture quand elle est presque sèche et, par conséquent, légèrement collante. On peut peindre par-dessus, car elle offre une certaine résistance pouvant déterminer et améliorer la facture de l'œuvre.

P

Porte-châssis. Instrument en deux morceaux qui se fixent en haut et en bas de deux châssis et de leur toile, maintenant ainsi leurs surfaces séparées et permettant de transporter un tableau récemment peint sans le tacher ni l'abîmer.

Primaires (couleurs). Couleurs de base du spectre solaire. Le vert, le rouge et le bleu intense sont des « primaires lumière », le bleu cyan, le pourpre (ou magenta) et le jaune sont des « primaires pigment ».

R

Repentir. Terme utilisé quand l'artiste modifie ou reconstruit une partie du tableau déjà peinte. Velázquez exécuta quelques repentirs, découverts par rayons infrarouges sur certains de ses tableaux.

Rompus (tons). Couleurs provenant du mélange de couleurs complémentaires ou de blanc, en quantités inégales.

S

Secondaires (couleurs). Couleurs du spectre provenant du mélange de deux couleurs primaires. Les « secondaires lumière » sont le bleu cyan, le pourpre (ou magenta) et le jaune ; les « secondaires pigment » sont le rouge, le vert et le bleu intense.

***Sfumato* (estompage).** Technique appliquée à la peinture par Léonard de Vinci, qui conseillait et pratiquait le *sfumato* sur les contours du modèle.

Symétrie. Terme propre à la composition et qui se définit comme « la répétition des éléments du tableau de part et d'autre d'un point ou d'un axe central ».

T

Térébenthine (essence de). Liquide non gras, éthéré, volatil, employé comme diluant dans la peinture à l'huile. Mélangé en quantités égales à de l'huile de lin, il donne un médium classique en tant que dissolvant. Employé seul, il donne un aspect mat à la peinture.

Tertiaires (couleurs). Série de six couleurs pigment obtenues par le mélange binaire de primaires et de secondaires ; les couleurs pigment tertiaires sont : le vert clair, le vert émeraude, le bleu outremer, le violet, le carmin et l'orange.

Texture. Apparence visuelle et tactile d'un support peint. La texture peut être lisse, rugueuse, craquelée, granuleuse, etc.

V

Veduta. Dessins de paysages représentant des « vues » de monuments de la Rome antique, à la mode au XVIIIe siècle dans toute l'Europe, mais particulièrement en Angleterre, où ils provoquèrent de façon indirecte l'engouement pour la peinture à l'aquarelle.

Verdaccio. Couleur à l'huile employée autrefois par les maîtres au cours de la première phase ou de la construction du tableau. Appliquée avec un diluant, c'était un mélange de noir, d'ocre et de blanc.

Vernis de protection. S'applique sur le tableau terminé et sec, afin de le protéger. Il existe en mat ou en brillant, en flacon ou en aérosol. Mais certains artistes préfèrent la qualité mate obtenue en employant comme unique diluant l'essence de térébenthine.

Remerciements

L'auteur remercie pour leur collaboration :

• l'artiste Jordi Segù, qui a réalisé les planches illustrant les idées et les conseils donnés dans certaines pages de ce livre.
• la firme Piera pour la fourniture des chevalets figurant dans le matériel pour peindre à l'extérieur, page 73.
• Juan, Jaume et Toni, de Nos & Soto, qui ont réalisé les photographies illustrant les différentes étapes du travail dans le premier chapitre.

Merci aussi à Jordi Martínez pour les démarches faites auprès des musées et des agences pour l'obtention des autorisations et des droits de publication de certains tableaux.